走向靜默 如你本來

BE AS YOU ARE

The Teachings of Sri Ramana Maharshi

頓悟的聖哲為何常處靜默中？
上師的靜默，領我們跳脫心智的限制，
見到真正的自己。

室利・拉馬納・馬哈希 Sri Ramana Maharshi——著 石宏——譯

目次

致謝詞 5
【譯者序】頂禮一代宗師——室利．拉馬納．馬哈希 6
【導　論】靜默的聖哲 17

第一部 真我

大千世界似乎穩定存在其內，大千世界為其所屬，大千世界由其所出，這一切均為其而存在，因為有它，才有大千世界，這一切，的的確確都是它，唯獨它，才是存在的「真實」。我們該珍惜那個真我，它即是「真實」，就在本心之內。

第一章 什麼是真我？ 26
第二章 如何才能證悟真我？ 40
第三章 智者如何感知世界？ 63

第二部 參究與歸伏

拉馬納常把「歸伏」和「參究」的修法畫上等號，說它們是同一種修行過程。依「虔愛」方法的人稱之為「歸伏」，依「參究」方法的人稱之為「智」，兩者的目標都是要孤立「我念」，讓它消逝於其源頭中。

第四章 參究自我——理論 80
第五章 參究自我——實踐 94

第三部 上師

第六章 參究自我——誤解 116
第七章 歸伏 133

上師是神化成人的形態，同時也是每位弟子本心內的真我。他既在「內」又在「外」。外在的上師能夠施教，讓弟子的注意力集中於真我上；內在的上師能將弟子的心智拉回它的源頭，讓它融入真我。

第八章 上師 150
第九章 靜默與薩桑 168

第四部 冥想與瑜伽

冥想、持咒、瑜伽、世間生活都是為了適應不同根器、不同境地的人，而有不同修行的方式。它們有一個共通的目的，就是要打破眾人長久以來所珍惜的妄見——以為他們和真我不同。

第十章 冥想與專注 182
第十一章 咒語與持咒 196
第十二章 世間生活 208
第十三章 瑜伽 222

第五部 親驗

心靈修行的道上，經常會經驗到一些副作用，例如三摩地的妙樂、超自然的神通，或者身體的各種狀態，這些都是心智的產物，只會妨礙而不會有助於證悟真我，所以，重點應該放在經驗者本身，而不該放縱這些經驗或對它們進行深究。

第六部 理論

第十四章 三摩地 240
第十五章 影像與神通 252
第十六章 問題與經驗 262

一切關於世界如何而有、宇宙之本質、物種進化、神的旨意等等的爭論，都是無用之舉，唯有嘗試找到「我是誰」才能得到快樂。只要解決了「我」如何生起，便解決了「創世」的謎題。

第十七章 創世理論與世界的「真實」 276
第十八章 轉世 293
第十九章 神的本質 304
第二十章 苦難與道德 317
第二十一章 業、命運與自由意志 332

參考書目 343

※本書分章注釋分為兩種，(1)為原書注；[1]為譯注。

致謝詞

感謝室利・拉馬納道院（Sri Ramanasramam）允許編者引用本書所列參考書目內大部分書籍的內容。

感謝Rider and Co., London允許編者從《印度——尋祕之旅》（*A Search in Secret India*）一書中引用一段文字。

感謝雲遊僧「嗡」（Om）允許編者引用《室利・拉馬納之道》（*The Path of Sri Ramana*）一書中的材料，以及使用他所翻譯但尚未出版之室利・拉馬納・馬哈希的作品與《上師嘉言華鬘》（*Guru Vachaka Kovai*）。

感謝麥可・詹姆斯（Michael James）協助編者從《上師嘉言華鬘》的偈頌中取材，以及在編排本書的全程中提供寶貴的建議。

——英文編者 大衛・高德曼（David Godman）

譯者序

頂禮一代宗師——室利．拉馬納．馬哈希

一次難得的學習因緣

我的老師斯瓦米．韋達（Swami Veda）形容室利．拉馬納是百年、乃至五百年間不世出的大師。斯瓦米．韋達的上師斯瓦米．拉瑪（Swami Rama）年輕時四處參訪得道聖人，其中一位就是室利．拉馬納。在他的半自傳《大師在喜馬拉雅山》（*Living with the Himalayan Masters*）一書中，斯瓦米．拉瑪寫道：

> 我在他道院的期間，室利．拉馬納一直處於靜默中，他讓一位著名的弟子為大家授課，自己就默默坐著。……在他跟前，我發現一件非常特別的事，是其他地方甚少遇到的。他「靜默的音聲」遍布於整個道院之中，永久不散，若你能敞開心中的耳朵即可以聽到，僅僅坐在他的附近，就足以解答自心中產生的一切疑問。有說，在聖人跟前就可以得到如同三摩地一樣的體驗，此言的確不虛！

其時（一九四九年）斯瓦米．拉瑪本身是一位備受推崇的青年大師，已經受封為五大宗廟領袖之一的「商羯羅阿闍梨」，在謁見拉馬納回來之後，斯瓦米．拉瑪毅然放棄名位掛印而去，重回喜馬拉雅山中修行。

如此一位人物自然會讓人對他極度好奇，自己屢屢在許多不同地方見到拉馬納的相片，那是張見過就難忘的面容。但是，一直以來卻沒有機緣讀到他的專著，只有在別的書中讀到些關於他教誨的吉光片羽。二〇一三年自印度長住一段時間後，在台北與時任橡實文化的總編輯周本驥相見，她提到正找人翻譯一本拉馬納的書，書名是「Be As You Are」，問我是否願意幫忙校閱。當時答以校閱太費工夫，不如自己翻譯來得乾脆。不料她立即說：「那就你自己來吧！」即席之間只說可以考慮，但仍未敢應承下來。待回到香港家中在網上下載了這本書，才讀完「導論」就決定接下這份難得的學習機會。

有若現代禪宗祖師的拉馬納

對於我，拉馬納有若一位現代的禪宗祖師。他十六歲時自然開悟，隨即隻身前往聖山阿如那查拉山，終其一生未再離去。拉馬納教人必須要有上師，可是他自己卻沒有跟過上師。有人拿這個問題問他，他並不明確回答，只回問怎知他沒有上師。禪宗六祖惠能本是一名目不識丁的樵夫，卻能夠初次聽聞別人誦讀《金剛經》時，「一聞經語，心即開悟」，所以連被認為讓他給比下去的神秀大師都讚嘆他是「得無師之智」，用這句話來形容拉馬納應該也極為貼切。

對於來問道之人，拉馬納會說真我是唯一的存在，真我之外空無餘物，所以一切都是真我，一切都是「一」，「一」就是一切，這是唯一、終極的真理。根據本書英文編者大衛．高德曼（David Godman）的介紹，拉馬納口中的真我是和「上師」、「神」、「本識」、「本心」、「超越第四」、「智者」、「存在—本識—妙樂」、「真實」、「梵」等名詞幾乎無所差別。我以為這個真我就是禪宗祖師口中的「自性」，在《壇經》中「自性」也被稱為「本體」、「本心」，也就是「般若」、「真如」、「菩提」、「涅槃」、「佛性」、「法身」等等。惠能在五祖為他解說《金剛經》而徹悟之際嘆道：「一切萬法不離自性」，和拉馬納的說法何其相似。

大師用許多不同的名字來稱呼同一個東西，我們讀起來或許覺得混亂，但是既然「那個」無所不在，哪有地方、哪有東西不是「那個」？所以，「乾屎橛」可以是那個，莊子也說過「道在便溺」，但是這終究是個方便，有如海在每一滴海水中，然而一滴海水並不是整個海。然而我們往往栽在名詞用語上，用佛家的話來說，就是還在名相上打轉，抓住手指不放，不去看手指所指的月亮。

所以，拉馬納規勸學人不要空談理論，要實修。實修的目的沒有別的，就只在證悟真我。因為一切都是真我，就無所謂「得」或「不得」，就不用求也不能求。目前我們不能證悟真我都是因為這個心把真我給遮住了，就像太陽總是在的，只是被雲層所遮而看不見。所以修行不外就是除去遮住真我的心，這又和禪宗所主張的「不用求真，只須除妄」、「明心見性」是不謀而合的。

心智和真我也本無區別

拉馬納所謂的「心」，英文原文是「mind」，它包括了所有的知覺和感覺作用在內，例如思想、情緒、意志、記憶、習氣、感觸等等都是。拉馬納更強調，連大千世界都是由這個「心」所顯現出來。我在本書中特意把「mind」譯成「心智」，是因為拉馬納經常又提到大寫的「Heart」，如果把「mind」譯成「心」，就容易引起混淆。而「Heart」則譯成「本心」，是「真我」的同義詞，不是心臟。

拉馬納常常用播放電影的妙喻來說明心智和真我。畫面投射在銀幕上，來了又去了，看電影的人只見到畫面，見不到銀幕，要等電影結束，所有畫面消失了，才見到銀幕。看電影的人即使知道電影中的情節與自己無關，但是仍然「自願地」讓自己的情緒隨著畫面中的劇情起伏。而電影一定要在黑暗的地方才能上映，一旦大放光明就沒有電影看了。這黑暗的環境就是無明，光明是開悟境地；銀幕是比喻真我，上演的電影是心智。那看電影的人呢？拉馬納說，連觀眾都是心智。只要看電影的人有個「是我在看電影」的知覺，仍然認為自己是個分離存在的個體，他就會認為是「自己」這個人在看電影，旁邊有「別人」在一起看電影，那麼這個在看電影的我，就還是心智的一部分。古時候沒有電影，所以在佛經中常見到的說法，是「幻人」在看「幻術」。

什麼是「幻」？「幻」就是非真實的。會變易、有生滅的就是「幻」，反之就是真實的。從這個角度來看，宇宙山河大地、一切眾生，乃至我們的思想、覺知，都是時刻在變幻中的，也就都是非真實的。原因是這種種「名」（概念）和「相」（形體、相貌）都是因心智的「顯相」（manifestation）作用而有，拉馬納不會說萬物是因「創造」而有。若一朝心灰智滅，萬物隱而不顯回到太初的冥冥之境，因「隱相」（un-manifestation）而無，也就能離相。執著於無常的「幻」，就是引起一切煩惱痛苦的根本。所以，修行的目的在放掉這些「幻」，捨除了「幻」（所以「捨離」、「出離心」是瑜伽修行的基本要件之一），光明便破除了黑暗，電影因而結束，就只看見銀幕，也就是他常說的，所剩下來的唯有真我而已。

其實，上面這個說法還是有矛盾的。既然說真我之外別無他物，所以心智不可能存在於真我之外，否則豈不是說真我之外還有心智，就成了有對待、相對的「二」？如果說心智不在真我之外，而既然真我是真實的，則心智當然就是真實的，如此何來「幻」可言？對此，拉馬納說，心智和真我也本無區別，真我往外照就成了心智，就顯現出萬物，於是就有迷惑，就成「幻」。心智往內轉就消融於真我中，就是「覺」，就是「真實」。說要滅絕心智是種方便，說一切是「幻」，是為了讓還在迷中的眾生能生起捨離心，能將心智向內轉而得悟。如果說一切都是真實的，豈不會更加重眾生執著的念頭？所以他說，我們別無選擇，必須要先視世界如幻，才能在終極證悟之後「見山仍是山，見水仍是水」。這是個境地層次的問題，是真諦與俗諦的區別。

跳出心智的三種狀態即是三摩地

說起境地，本書中拉馬納常常提到清醒、做夢、沉睡三種不同的心智狀態，這是我們常人每天都會經歷到的，可是卻對其中的意義往往不予深究。我們往往只把清醒的狀態當作是真實的，視夢境為虛幻的，至於無夢的沉睡狀態則認為是種無覺的狀態。人覺得在夢中所發生的事不是真實的，因為是站在清醒的狀態去看夢境。可是在夢中所發生的事情，對於正在做夢中的那個人卻是再真實不過的。清醒和做夢的狀態是兩個完全不同的世界，例如在夢境中，不必依靠生理的感覺器官一樣能夠看、聽、聞、嚐、觸摸。做夢狀態中的時間也和清醒狀態中的時間長度不同，我們不能執著於只有一種時間概念。正如同土星上一晝夜（自轉一圈）只等於地球時間的十小時半，而土星的一年（繞日公轉一圈）卻約等於地球時間的二十九年半。至於沉睡狀態則是無夢的睡眠狀態，那又是另一個世界。在沉睡狀態的人，相對於在清醒和做夢狀態中的人而言，因為心智不起作用，所以不但不會有個自我的覺知，大千世界也隨之消沉不見，乃至時間都不存在。我們說自己或別人睡了幾個小時，都是以清醒狀態的時間觀念來說的，對於在沉睡中的人，是沒有意義的。同理，有人問拉馬納，何以說人在沉睡之際世界消失了，我們明明見到世界還在。他回答，你認為世界在睡眠時仍然存在，那只是你在清醒時所觀察到的現象。這都是在試圖用一個境界的觀念和語言，去了解另一個完全不同層次的境界，怎麼都無法說通的。

拉馬納說沉睡是心智在無明的狀態下和真我融合，假如心智能保持在有覺知狀態下和真我融合，那就是三摩地境地。所以，沉睡狀態不是修行人應該追求的境地，靜坐也不是要人坐到無知覺的地步，他說很多修行人到了這個無知無覺地步時，往往會自以為是，反而斷送在這上面。六祖惠能也反覆告誡「不可著空，若空心靜坐，即著無記空」。睡眠時縱然無知無覺，心智只是表層的部分暫時沉寂而已，並未絕滅。待醒了，心智立刻回復作用，種種煩惱也就隨之而來。拉馬納認為不究竟的靜坐冥想也是一樣，縱然能定上千百年，一旦出定，心智就又故態復萌。他打的比喻是有如一只栓著條繩的水桶沉入水底，桶雖然不見了，但是只要一拉繩子就會被提出水面。而終極心智滅絕的悟境則是桶子不再栓著繩子，永遠沉入水底。這繩子比喻的是什麼？那又是另一個題目。

拉馬納教人做工夫就要在清醒的時候，因為凡人一入到夢境或是進入到睡眠狀態就無能為力，也就是做不了主了。禪宗祖師會問弟子白天能否做得了主，有修持的白天就可以做得了主，能夠不被外境牽著鼻子走，能夠控制得了自己的情緒和欲望，內心能夠時時在定中，這已經是很大成就了。若白天做得了主，進而問在夢中能否做主，這就很少人能辦得到了。果真在夢中做得了主，祖師再逼問：「無夢無想時，主人公安在？」也就是問在沉睡時（或陷入無記空定時）能否做得了主。試想，心智陷入無明之際，誰做得了主，又是誰在做主？當年高峰原妙禪師到了「虛空粉碎，大地平沉」境地，本以為自己已經開悟，就是被雪巖禪師問到這裡答不上來，所以又入山閉關參了五年才徹悟。

清醒、做夢、沉睡三種狀態都還不離心智，能夠跳出這三種狀態就能見到真我，所以就把超越的境地稱為「第四境」（梵turiya avastha），也就是三摩地。當然「三摩地」也有好幾種不同層次，本書有提及，在此不贅言。拉馬納說，一講「跳出」、「超越」就還是落入了相對的局面，其實我們一向不離「第四境」的三摩地，只不過不覺而已。所以「第四境」在清醒、做夢、沉睡三種狀態中都存在。瑜伽中有一種稱為「瑜伽睡眠」（梵yoga nidra）的法門，修練這個法門不是在幫助人放鬆身心，也不是為了治療失眠焦慮，乃至不是為了開發創造力和學習力的潛能，這些都只能算是副產品，不是它本來的目的。做「瑜伽睡眠」是為了要有覺知地進入沉睡狀態，進入模擬的三摩地定境。我的老師斯瓦米．韋達說，真正掌握了「瑜伽睡眠」，三摩地就只有一步之遙。拉馬納當然也認為「瑜伽睡眠」並非究竟之道。

參究自我——回溯心念的源頭處

既然拉馬納教人要實修，那麼，該如何修？他主張最直截了當的就是回溯到心念的源頭處，明白心智是什麼，知道心智是浮現在真我上的畫面，向內一轉，縱身躍入真我中，工夫就到家了。他說心智是所有心念的聚合體，而所有心念之中，牽頭的就是起了「有我、我有」的一念——就是我執（ego），但是這個「我」不是最終真實的那個真我之「我」。我執的「我」是從心智所浮現的，而既然心智本身就是不實的，所以這個「我」也是不實的。「ego」常被譯成「自我」，一般是帶有

「自高我大」的意思。可是在本書以及大多數印度心靈哲學裡，它並不是「驕傲自大」的代名詞，而是指我執，認為有個個人之「我」，並非真正的那個「我」。

禪宗有個公案是有人問臨濟大師：「狗有沒有佛性？」他說：「有。」這合於教理，因為佛性無所不在。但是另一個人再問他同一個問題，他卻答：「沒有。」到底哪個才對？還是兩個都對，或兩個都不對？這個追問下去是不會有所謂正確答案的，我們能「想」到的答案都是自己的答案，誰知是不是臨濟的本衷？可是，如果在百思不解萬般無奈之際能跳出這個沒有答案的問題，去想「是誰在問這個問題？」更具體的如我的老師建議的「去找這個問題是從哪兒來的」，也就是去找那個「我」，或許才能參透公案。

拉馬納認為，心智是因為先有了這我執，所有其他的念頭才跟著起來。所以治本之道是去看住這我執，若能看住它，其他的念頭就不容易生起。他說，你真正去找它，就會發現它不見了，那你就來到了心智的源頭處。常常有人向他提問，他會反問：「是誰在問這問題？」若人回答：「是我。」他就再問：「這個『我』是誰？」通常到這裡，提問者就答不下去了。他教人要不斷地去尋覓這個「我」是誰，尋覓不是在做智性的分析調查，而是把心念完全繫在這個上面，久了心念就不會外馳，他把這個尋覓查找的工夫稱為「vichara」，英文譯為「enquiry」，本書中譯成「參究」。而「參究自我」就成了最具代表性的拉馬納教人做工夫的方法。

我執錯把身體當作我

我執的念頭一起就立刻變成了對待的「二」，因為有「我」，當然要「不是我的」來托襯，否則怎會有「我」？有「我」，又相對有了「你」、「他」。而這個

「我」如何能區分「我」和「非我」，就要靠劃下界限，如果沒有界限也就無法區分。對於眾生而言，最原始的界限是自己的身體，於是就把這個身體當作「我」，一切執著、妄想、煩惱、痛苦就跟著而來。拉馬納進一步說，我執就是一個「結」，是它把身體結在真我上。在相對意義的修行上來講，求解脫也就是把這個結解開來。

所謂「身體」不限於這個肉身而已，印度傳統的哲學一談到身體就有「三身」的分類——粗身（肉體身）、細微身（就是在輪迴之身，包括了能量身、心智作用）、因緣身（心智起源，最接近真我本我的身），也有「五身層」的分類，像是層層的身套，由外至內分別為：食物身層（肉身）、氣身層（呼吸之外氣及能量之內氣）、意身層（心智、意念）、智身層（智性、理性）、樂身層（相當於「三身」中的因緣身）。不論是「三身」或「五身層」，執著住任何一個就都還沒有徹悟，就仍然有個我執。例如佛教所說的天人（deva），是超脫凡人的神祇，他們不像我們具有這個肉身，但是還有個我執的念頭，他們所執著的「身」有可能是一個太陽系，乃至於一個銀河系。更高的天人可能不具有物質有形的身，但是會執著於抽象的自身觀念，這仍然是身見，就還沒得解脫。

我老師說他當年受上師啟引之後，不但覺得自己身體完全沒有了，甚至連世界也都消失，完全沉浸在一種喜樂境界中，他以為自己大概已經進入了樂身層。其後他想去問上師，誰知不待開口，上師就對他說你還只在意身層打轉。這個身見之難擺脫，由此可見。如果走所謂「漸修」的路子，要一步步脫去這層層身套，不知要用上多少時間。

參究「我是誰」才能見到真我

拉馬納則一再強調只有參究「我是誰」才是最直截了當的法門，他並不貶低別的法門，但是其他一切法門最後都必須走上這條路才是究竟。以下引用一段他回答該如何修行的長文：

常有人問該如何息滅心智。我告訴他們，「你把心智找出來給我看，你自然就會知道該怎麼辦」。事實上，所謂的「心智」不過是一堆念頭，怎麼可能以消滅它的念頭或以任何意欲來消滅它自己？你的念頭和意欲都還是心智的部分或一分，每生起一分新的念頭，心智就又「肥」了一分。因此，試著以心智來消滅心智就是不切實際的。唯一有效的方法就是去尋找它的源頭，然後握著不放，那麼心智就會自然而然地消失了。瑜伽教人要「息滅心智的活動」，可是我主張的是「參究自我」，這才是最實際的辦法。要息滅心智活動，在睡眠、昏厥或飢餓狀態下都能做到。可是只要這原因一消除，念頭立即復生。那又有什麼用呢？人在昏沉狀態中是平靜而無苦痛的，可是一不昏沉，苦痛又回來了。所以，這種「息滅」是無用的，沒有長效的。

該如何維持長效呢？那就要靠找到苦因。苦，是來自因為有覺知的對象。如果對象不存在，就不會引生念頭，那麼苦就不存在。隨後的問題便是：「要如何讓對象消失？」所有的經典和聖人都告訴我們，對象是由心念所生，它們沒有實質的自體。自己去好好地參究這件事，來驗證前面那句話。結論會是：「客觀世界存在於主觀意識中。」因此，真我是唯一的「真實」，既充塞於世界中，又含攝世界於其中。既無二元的對立，就不會生起心念來干擾你的平靜，這就是證悟真我。真我是永恆的，證悟也是永恆的。

所謂「心靈修行」，就是每當妄念干擾一起，就回攝於真我之中。這不是在講禪定或摧伏心智，而是回溯到真我之內。

當心智的對象都消失了，當一切我所執著的身分、姓名、性別、年齡、身體形象、感覺與觀念都消失了，剩下來的是什麼？六祖對門人說：「吾有一物，無頭無尾，無名無字，無背無面，諸人還識否？」神會立即說：「是諸佛之本源，神會之佛性。」六祖痛罵神會，告訴你說沒有名字，你偏要叫它什麼「本源佛性」。因為那個是超越了心智的範圍，言語文字則是心智層面的產物，怎麼能夠形容得了它？那個就是在「不思善、不思惡」心念不起之際，驀然見到的「本來面目」。

脫稿於二〇一三年

時值六祖惠能圓寂一三〇〇週年

靜默的聖哲

離家出走的少年

一八九六年，有一位名叫溫克塔拉曼（Venkataraman）的十六歲少年學生離家出走。

他受到內在一股動力所驅使，慢慢地走向位於南印度朝聖中心的聖山阿如那查拉山（Arunachala）(1)。他一抵達目的地時，就迫不及待地丟棄隨身所有的財物，捨身進入他新近發現的覺知境界——自己的真實本性（梵swarupa smarana）是沒有形相的、本具的本識（梵chit）[2]。他徹底地專注於這個覺知境界中，完全忘卻了自己的身體與周遭世界，乃至於雙腿的部分組織遭到蟲齧也都無所覺；他極少意識到需要進食，身體變得非常孱弱；頭髮和指甲也任其無限止地生長而變長。

他在這樣的狀態下過了二、三年，才慢慢地開始回到正常的生理狀態，但是這也需要好幾年的時間才能完全回復。生理的轉變並未影響到他覺知自己即是本識，這樣的覺知終其一生都未中斷或減弱。依據印度的說法，他已經「證悟了真我」（realised the Self），亦即他已經由直接體驗而證悟到除了那不可分、周遍一切的本識之外，其他的一切都不存在。他所體驗到的本識，未開顯的相是「存在」

(1) 阿如那查拉山（Arunachala）是南印度的聖山，拉馬納成年後的人生都在此山中度過。

[2]「本識」原文為「consciousness」，可譯為「識」、「意識」、「真心」等，在此譯為「本識」，是指真實本性，以免和書中其他名詞混淆。

（beingness）或「覺知」（awareness）[3]，而開顯的相則是宇宙全貌。

這種覺知通常只有在經過長期而艱辛的心靈修行（梵sadhana）(4)之後才會產生，可是在此例中卻是自發而成，並非經由努力或由意願而來。溫克塔拉曼住在他叔叔位於馬杜賴（Madurai，靠近印度南端的城市）的家中，有次他獨自在樓上的房間內，忽然陷入一股對死亡的強烈恐懼感。隨後的幾分鐘之內，他經歷到一種模擬的死亡狀態，在這個過程中，他第一次清楚地意識到自己的真實本性是不會滅失的，而真實本性和身體、心智（mind）、人格都無關。很多人也聲稱有過這種突發的體驗，但是幾乎毫無例外地都只是屬於一種短暫的現象。溫克塔拉曼所體驗到的，卻是永久而不會逆轉的。從那一刻開始，他那「獨立個人」的意識就消失了，那種意識此後永遠不再對他起任何作用。

溫克塔拉曼並未將這個經驗告訴任何人，此後的六個星期內，他刻意保持正常的學生模樣。可是他發現越來越難維持，終於在六星期之後離家出走，直接走向聖山阿如那查拉。

拉馬納特殊的教學方式——靜默

他會選上阿如那查拉山並非偶然。在他短暫的一生中，一直把「阿如那查拉」這個名字與神聯想在一起，因為印度人向來認為這座山是印度濕婆（梵Siva）(5)的現形。因此，當他後來發現這地方並非某個天界而確實存在於人間時，便視之為重大的啟示。在其後的歲月中，溫克塔拉曼常常對人提及，是阿如那查拉山的靈性力量讓他證悟真我。他和這座山的感情非常深厚，自一八九六年來到山中，直到一九五○年去世為止，其間從未有人能夠說動他走到離山兩哩之外的地方。

[3]「存在」（beingness）與「覺知」（awareness）兩者不分就是「有」，是俱生的、同時剎那而起的。

(4)梵語「sadhana」：字義是指「方法」、「手段」，但一般通指「心靈修行」。

(5)濕婆（梵Siva）是印度三大主要神明之一。拉馬納也用之為「真我」（The Self）的同義字。

[6]「Maharshi」是「Maha」（音譯為「摩訶」，意指「大」）與「Rishi」（音譯為「瑞希」，舊譯為「仙人」）兩字組合而成，音譯為「馬哈希」。近代很多大修行人都被冠以此尊稱。

他在山坡上住了幾年之後，內在的覺知開始顯現於外，靈性四射。即使他大部分的時間仍保持在靜默的狀態中，這靈性的光芒還是吸引了一群追隨者，從此展開了他的教學生涯。

早期的追隨者之中，有一位深受這位年輕人展現的神聖氣質和智慧所感召，決定為他取個新的名字——薄伽梵．室利．拉馬納．馬哈希（Bhagavan Sri Ramana Maharshi）。「薄伽梵」（梵Bhagavan）意指「世尊」、「神」；「室利」（梵Sri）是印度對人尊稱的頭銜用語；「拉馬納」（梵Ramana）是其本名「溫克塔拉曼」的簡稱；「馬哈希」（梵Maharshi）[6]在梵語中意指「偉大的見道者」。其他的追隨者也很喜歡這個新名字，所以，很快地就成為他舉世皆知的稱號。

在他人生的這個階段，室利．拉馬納（以下略稱「拉馬納」）其實很少開口說話，而是以某種特別的方式來傳授教導。他不使用言語，可是他的沉默卻不斷地散發出一股能量。能夠與之相應的人，心就會靜止下來，乃至偶爾也能夠直接體嘗到拉馬納一直浸潤在其中的那種境界。在其後的歲月中，他變得比較願意開口教學。但即使如此，對於能夠直接受益於他沉默境界的人而言，那種不言之教一直都不曾停歇。終其一生，拉馬納堅決地主張，他的教導透過這種默默外流的能量，是最直接和簡便的表達方式。他經常表示自己之所以會使用言語開導，是為了顧及那些無法從其靜默中得到心傳的人，由此可見，他對不言之教的重視程度。

隨著歲月推移，他的名聲越來越響亮。追隨者在他身邊形成了一個社區，成千上萬的人前來瞻仰他的風采。在人生最後的二十年內，他被公認為是印度最知名與最受擁戴的聖人。前來的仰慕者當中，有的是為了要從他身上感受那股平靜（梵shanti）；有的則是為了聽取開示，無論是對靈修者（梵sadhaka）的指引，或對宗教教義的說明，他的開示都非常直截了當；而有的人則僅僅只是為了向他傾訴自己所遭遇的難題。不論為何而來，幾乎所有接觸到他的人都會被他的簡樸和謙遜所打動。

為了接見晝夜不停來到的訪客，他乾脆住在一間人人可以自由進出的小廳中，晚上就睡在那裡；而他所擁有的私人物品只限於一條纏身腰布、一個水瓶與一支拐杖而已。儘管成千上萬的崇拜者將他視為活生生的現世神，但他從不允許任何人當面把他當成特殊人物。任何供養他的物品，如果無法平均分配給道院所有的人一起享用，他就會拒絕接受。他和大家同樣地分擔團體的作務，很多年來他持續每天凌晨三點起身，親自為住在道院的人煮食。他這種徹底平等的堅持成了傳奇，來訪者無論是達官貴人或平民小農，乃至於動物，他都一視同仁，給予同樣的禮遇和關切。這種平等觀甚至惠及當地的草木，他勸導追隨者不可隨意摘取花朵或枝葉，也要求大眾一定要以對樹木造成最小傷害的方式，去採摘道院的果實。

本識是唯一的存在

這段期間（一九二五至一九五〇年），整個道院生活的中心就在拉馬納所起居、睡眠、會客的那間小廳內。他每天大部分時間就只坐在廳中的一個角落，散發出內在靜默的能量，也會不時地開口為來自世界各地川流不息的訪客解答問題。他一向極少動筆寫下自己的理念，因此，在現存資料中，最能展現他教導來源的，即是他在這段期間內所做的口頭答問（構成他這一生所留下最完整的文獻紀錄）。

他口授的教導流利而信實，因為它們來自直接證悟到的真理——本識是唯一存在的「真實」（reality）。因此，他所有的解說和教誨，都只是為了要讓追隨者明白本

[7] 梵語「vichara」的字義為「參究」、「審查」。《瑜伽經》（梵 *Yoga Sutras*）把它列為是冥想的一種，是屬於心識活動變得專一而細微的狀態。拉馬納口中的「vichara」則不專指冥想，而是一種用功的方式，詳見第四至六章。

(8) 業（梵karma）的主要意義有三：（一）行為；（二）行為的結果；（三）命運。

識才是其真實和本來的狀態。但是在眾多的追隨者中，只有少數人能夠徹底如實地證悟到這最高的真理，而前來問道者的理解程度又有限，所以，他也必須為了他們而調整自己教導的內容。因此，他的教導就可以區分成不同的層次和等級。在言語所能表達的最高層次理念，他會說本識是唯一的存在。如果遇到對此表示懷疑者，他會說由於我們的心所產生的觀念有其局限，所以就會受到蒙蔽而不能如實覺知真理，如果能捨棄這些觀念，本識就會展現。

然而，對大多數的追隨者而言，這種高層次的方法還是太過於理論化，他們仍然深陷於自我局限的觀念中，以為若不經過漫長的心靈修行，就無法如實見到本識，而這正是拉馬納苦口婆心勸他們應該放下的。為了適應這種心態的人，拉馬納就給予他們一個稱為「參究自我」（梵atma-vichara）[7]的創新方法，要他們把注意力放在自己身上。由於他經常極力地向人推薦這個方法，許多人因而將它當成他教導中最獨特的一個主題。

即便如此，還是有很多人對此無法滿意，而進一步追問他對其他法門的意見，或者要和他進行哲學理論的玄辯。對於這些人，拉馬納就會暫時放下他絕對的立場，而根據問題本身的層次來提供意見。在這些場合，拉馬納似乎對來訪者所持的錯誤見解表示同意，他這麼做完全是種方便，為了要幫助他們如實認識他教導的全貌，只好先以他們能夠接受的某些方式作為入門。

無可諱言地，為了適應不同人的需要而修改自己的教導，就會產生很多矛盾。例如，他告訴某人，個己的自我是不存在的，回頭又為另一人仔細講解個己的自我如何作用，如何造「業」（梵karma）[8]而積累「業」，又如何轉世。旁觀者大可說這兩種相互矛盾的說法都是對的，只不過是從不同的觀點來說明而已。可是從拉馬納所體驗到的那個絕對觀點而言，第一個說法自然更正確一些，這個觀點可簡單地以他的一句話來概述：「本識是唯一的存在。」究竟而言，我們只有以這句話作為標尺，從他曾說過的許多大相歧異乃至矛盾的表述中，來檢驗其中相對的真實性。他的言論只要是背離了這個立場，就可認為是有所失真的。

本書的編排與架構

遵從這個原則，本書的內容編排方式是把他最高的教導置於最前，比較次要的與有所失真的部分則置於最後。唯一例外的是，他談及靜默教導的那一章（譯按：即第九章）。這一章原應置於接近開頭的位置，但是為了種種理由，我覺得還是放在本書中間的章節比較合適。

我是基於兩個理由而決定本書的結構大要。第一，這可以幫助讀者權衡書中所展現種種觀念的輕重；第二，也是更重要的一點，這是拉馬納本人所屬意的教學方式。每當有訪客來到，他總是會先試著用最高真理來開導對方，只有在發現來人似乎對此難以接受時，他才會降低高度，使用相對較低層次的說法來答問。

拉馬納的教導是以一系列的問答來鋪陳，他對許多種主題的觀點都在其中表達無遺。每一章都是針對一個不同的主題，而在進入各個主題之前，編者會先以一段文字簡單地介紹或解釋該章的內容。構成每章主體的問答部分，則是廣泛收集自多種不同的來源，然後編排成好像是出自一次連續不斷的談話。事實上，由於並無任何一次單獨的談話內容能夠完整地表達他對某個特殊的主題的看法，於是我就非得採用這個編排方式不可。書中所引用問答的出處都表列在本書最末所附的「參考書目」中，有興趣的讀者可以自行參照。

(9)塔米爾語（Tamil）是南印度的主要方言，也是拉馬納的母語。

[10]泰盧固語（Telugu）是通行於印度南部、斯里蘭卡東北部的一種官方語言。

(11)馬拉雅拉姆語（Malayalam）是南印度的主要方言。

[12]「Self」也可譯成「自我」、「大我」、「本我」。譯者認為拉馬納對於「Self」的描述非常接近禪宗所講求的「自性」。

[13]本書將大寫的「Heart」譯為「本心」，而英文的「mind」則譯為「心智」，以表示思想、分辨、認知、決意等精神作用的總和。

拉馬納在答問時，通常會使用南印度的三種方言：塔米爾語（Tamil）[9]、泰盧固語（Telugu）[10]與馬拉雅拉姆語（Malayalam）[11]。他的答問從未被錄音下來，大多數都是由他的口譯員以英文草草記錄。由於翻譯人員的英文程度參差不齊，所以有的紀錄不是文法出錯，就是筆調太過矯揉造作，以至於偶爾讓拉馬納的語氣讀來像是出自於維多利亞時代的浮誇之士。編輯本書時，我將文字極差的部分做了些許修正，所以會和已經印刷成書的版本有所出入，但是變動僅僅限於文字表達的方式，而不涉及文義。還有些章節中為了避免離題太遠，我也刪減了些問答的內容。全書中，「問」表示所提的問題，「答」則是拉馬納的回答。

本書談話錄所引用的原文中，有大量的普通名詞字母被大寫成專有名詞，它們絕大多數在本書中被還原成小寫，保留成大寫的只剩下三個：「上師」（梵Guru）、「真我」（Self）[12]、「本心」（Heart）[13]。拉馬納在使用這些詞語時，常常把它們當成是本識的同義詞。如果遇到包含這種意思的用法時，為了避免混淆，我就保留成大寫名詞。

舉凡在正文中未解釋的梵語名詞，就收集在書末的「名詞解釋」中。書中所引用的較為偏僻的人名、地名與經名，也會收集在其中，並附上簡短的說明。（編按：前述這兩部分解說皆已納入「注釋」之中）在本書中，拉馬納所使用的梵語名詞偶爾會不依照傳統意義，遇到此我就不跟從字典的定義，而是依他的本意來注解該名詞。

第一部

真我

大千世界似乎穩定存在其內，大千世界為其所屬，大千世界由其所出，
這一切均為其而存在，因為有它，才有大千世界，
這一切，的的確確都是它，唯獨它，才是存在的「真實」。
我們該珍惜那個真我，它即是「真實」，就在本心之內。

～《瑪哈瑜伽》

第一章　什麼是真我？

拉馬納教導的精髓，就是他一貫的主張——唯一的「真實」存在於我們之內，每個人都可以直接體驗到它；於一切存在之萬物，它同時既是本源，又是主體，又是真實本性。他曾經用過許多不同的名字來稱呼它，用以彰顯那無可分割的「真實」所展現的種種面向。以下收錄的是他經常使用的那些同義詞，以及這些詞彙意涵的簡要說明。

一、真我：

這是他使用最頻繁的詞彙。他對此詞的定義是——真我（梵atman；the Self）或真正的「我」（I），它和一般的感覺經驗不同，不是那種察覺到有個個體性的經驗，而是種非個人、含攝一切的覺知。這個「真我」不可以和個己的「自我」相混淆，他說後者本來並不存在，是由心智所編造出來，並足以蒙蔽對真我的真正體驗。根據他的主張，真我一向存在，也一向在我們的經驗中，不過他強調，唯有當那些心智自我局限的種種習氣都消除時，我們才能有意識地去如實覺知它。所謂「證悟真我」（Self-realisation），就是永久而連續不輟地覺知真我。

二、存在—本識—妙樂：

(1)梵（梵Brahman）是印度教義中抽象的絕對至尊。（譯按：「梵」和大梵天（梵Brahma）不同，大梵天是具體的神明。）

「Sat-chit-ananda」是個梵語複合字，意思是「存在—本識—妙樂」。根據拉馬納的教導，真我是種純然的「存在」（梵Sat），是主觀覺知有個「我是」（I am），但是完全沒有任何「我是這個」或「我是那個」的感覺。真我沒有主體、客體之分，只是覺知有個「存在」。因為這覺知是種意識，所以它被稱為「本識」。根據拉馬納的說法，這種「本識」的直接體驗是無間的妙樂境界，因此，它也被形容成為「妙樂」（梵ananda）。「存在」、「本識」、「妙樂」代表三個面向，經驗起來卻是一個整體的，而不是說真我有三種分離的屬性。它們是無可分離的，正如同水的不可分離屬性是潮濕、透明與流體。

三、神：

拉馬納特別強調，整個宇宙世界都靠著真我之力才有的。由於有神論者認為這種力量來自於神，所以他們常常使用「神」這個字作為真我的同義詞；拉馬納有時也使用「梵」（梵Brahman，印度教中的至尊）(1)和濕婆（印度人所稱呼的神）來指稱「真我」。拉馬納心目中的神不是種人格神，而是宇宙賴以維持的那個「無相的存在」。然而，他又不是宇宙的創造者，因為宇宙只不過是他本有之力的顯相。他和宇宙不可分，但是他又不受宇宙的生滅之相所影響。

四、本心：

拉馬納在談論真我時，常會使用梵語「hridayam」。它通常被譯成「心」（the Heart），但是更符合字義的翻譯應該是「此是中心」（this is the centre）。他在使用這個特殊字眼時，並非意謂真我有個特殊的所在或中心，而只是說真我是個源頭，從這個源頭一切相得以顯現出來。

五、智：

對真我的證悟有時也稱為「智」(2)。這個名詞不能理解成是有個人知道了真我，因為真正到達了覺知真我的境地，就不會有個能知者，也沒有個離於真我之外的所知對象。真智或「智」既不是能被經驗的對象，也不是一種不同於能知者且與之分離的了悟境地；它是種直接了悟的覺知，覺知那唯一的「真實」，而在此「真實」境地中，主體和客體都不復存在。住於這種境地的人，即稱為「智者」（梵jnani）(3)。

六、第四、超越第四：

根據印度哲學理論的主張，相對的意識狀態有清醒、做夢、沉睡三種交互存在的層次。拉馬納說，這三種意識狀態都是生滅無常的，因受到「真實」底層那恆常的真我所撐托才得以顯現。因此，他有時將真我稱為「第四境」（梵turiya avastha），偶爾也會使用「超越第四」這個名詞，也就是說不是真的有四種狀態，而只有一種真實、超越的狀態。

七、其他詞彙：

還有幾種他對真我的稱呼法也值得一提。拉馬納經常強調真我是每個人存在真實的、自然的狀態，因此他偶爾會稱其為「sahaja sthiti」，意指「本然狀態」，以及「swarupa」，意指「真實本相」或「真實本性」。他也會使用「靜默」（梵mouna）一詞，來表示真我是沒有紛擾的平靜、完全寂靜的靜默無念狀態。

(2)智（梵jnana）是能知真我之智慧。
(3)智者（梵jnani）已經證悟真我之人
(4)M. Venkataramiah (comp.), *Talks with Sri Ramana Maharshi*, p.123.
(5)Muruganar, *Guru Vachaka Kovai*, vv.1036, 1034, 901, 438.
(6)D. Mudaliar, *Day by Day with Bhagavan*, p.244.

【第1問】什麼是「真實」？

答——「真實」必須永遠是「真」的。它既無形，也無名，但一切形和名卻由它而生起。它本身是無邊無際、無有約束的，但邊際與限制卻由它生起；虛妄也由它生起，雖然它本身是真實的。「真實」即是如實、如是，它超越語言文字，無法被以「存在」、「不存在」之類的方式來表達。(4)

「真實」就是掃除了無明（梵ajnana, avidya），連帶去除了有對象之知，然後所剩下的唯一本識，只有那個才是真我。「梵」的真實本相（梵Brahma-swarupa）就是完全地覺知真我，一點無明也不容。

「真實」就是那完全散放的光明，沒有苦痛和形體，不僅對世界有知時如此，未知有世界時也是如此，這就是你的真實本相（梵nija-swarupa）。

「本識—妙樂」所放的光明就是那一覺知，它平等地照內照外，是至上、至樂的本初「真實」。它的形相就是靜默，也就是智者們所宣稱，究竟且無礙的真智境地。

要知道，「智」就是離欲（梵vairagya）；唯有「智」才是清淨；「智」即是證得神位；「智」就是不忘真我，唯有「智」，其為永生；唯有「智」，其為萬物。(5)

【第2問】這種覺知究竟是什麼？我們如何才能得到它，該怎麼去培養它？

答——你就是這覺知，「覺知」是你的別名。既然你就是這覺知，就不用去得到它、培養它。你唯一需要做的，就只是放下對其他事物的覺知，就是不要去覺知「非真我」（not-Self）。一旦捨棄對其他事物的覺知，剩下的就只有清淨的覺知，那就是真我。(6)

【第3問】假如說真我本身即是覺知，那為什麼我此刻覺察不到它？

答——它是「不二」（梵advaita）(7)的。你現在有的知，是因為有「我執」（梵ahamkara）[8]而有，是屬於相對的，是「二」。凡是屬於相對的認知，就需要有主體和客體，而認知真我的覺知是絕對的、且不需要有對象。

同樣地，記憶也是相對的，需要有個被記得的對象和能記得的主體。如果沒有這種對立關係，誰又能夠記得什麼呢？(9)

真我無時無刻不在眼前。每個人都想認識它，而要認識自己何須幫手？人們想見到真我，好像是在求見到什麼新事物。然而，它卻是永恆的，從未改變。大家以為它像是什麼耀眼的光明之類的東西，可是它怎麼可能如此呢？它不是光，當然也不是黑暗，它只是如其本然，無法被定義。對它最好的說法是「我是自有永有的」（I am that I am）[10]。眾多經典（梵srutis）中，有說真我大小如自己的拇指，有說如髮尖、電火，或巨大無朋，或微過於至微者等。這些都是毫無根據的，它只是「存在」，但不同於真實或虛妄；它是「智」，但不同於有知或無知。怎麼有辦法去定義它？它就只是「存在」。(11)

【第4問】若人證悟真我，他是見到了什麼？

答——沒有所謂的「見」，「見」也只是「存在」。我們所謂「證悟真我」的境地，不是得個什麼新事物或達到某個遙遠的目標，而就只是你永遠是、一向都是的那個。你唯一該做的，就是放下把「非真」當成「真」的觀念即可。我們以為是真實的

(7)「不二」（梵advaita）是吠檀多（Vedanta）學派之下的一個支流。

[8]梵語「ahamkara」又可譯為「自我」、「我慢」，其中的「aham」代表「我」，「kara」代表「製造者」，「ahamkara」即持續不斷地創造著「我」的感覺，例如「我聽」、「我說」、「我看」、「我做」等等，它是一種感到自我存在的意識。

(9)同注(4)，p.243。

[10]此句出自英譯本《聖經．出埃及記》第三章，是摩西問神：「你是誰？」神以此自稱。其希伯來原文是「Ehyeh」，意譯為「我是」，音譯為「耶和華」（正確讀音為「雅威」），也有用「主」或「上主」來稱呼。中文對此句的譯法極多，如「我就是我」、「我是那個我是」等都是直譯。為了保留英文妙譯「I am that I am」的意境，譯者建議中文似可譯為「我本彼本我」。

(11)同注(4)，pp.110-11。

(12)同注(6)，p.296。

(13)同注(6)，p.155。

(14)同注(5)，v.1161。

一切，其實都是虛妄的。對我們而言，只要放下這種觀念，那麼我們就會悟到自己即是真我；換言之，就是「成為真我」（Be the Self）。到了這個階段，你會笑自己居然想要去找一個再明顯不過的真我。所以，對這個問題我能說什麼呢？

到達那個階段，能見的人和所見的對象都超越了，不再有見者和所見。此時能見到這一切的那個人就不再存在了，剩下的唯獨是真我。(12)

【第5問】要怎麼才能以直接體驗去認知這個？

答——如果要講認知真我，就會變成了兩個自我，一個是能認知的自我，一個是被認知的自我，還有一個「知」的動作。我們所謂「證悟」的境地，只是單純的「是」自己，不是去認知什麼，也不是去成為什麼。人只要證悟，這人就是那唯一的，而且從來只是那唯一的。那個境地無以言之，只能為之。當然，所謂「證悟真我」這個說法也並不嚴謹，不過也沒有其他更好的詞彙可使用。它原本就是真實的，何庸去「證悟」或使其成真呢？(13)

【第6問】您有時說真我是「靜默」，為什麼？

答——人如果能沉浸於真我的無念之美，就沒有什麼該去思慮的。因為在這樣殊勝的境地中，除了真我，別無所存，也無所得，所以唯一該有的體驗，就只是靜默。(14)

【第7問】什麼是「靜默」？

答——「靜默」是超越言語思慮的境地，(15)那本來如是的即是「靜默」。「靜默」怎麼能用言語來形容呢？(16)

聖人說，在那個境地，連最細微的「我」念（我執）都不起，所剩無它，唯有真我，也就是「靜默」。唯有靜默的真我是神，唯有真我是個體的靈魂（梵jiva），唯有真我是這宇宙世界。

其他一切的「智」，都是無關緊要的小知小識，唯有對「靜默」的體證，才是真實圓滿的「智」。我們要曉得，諸多客觀的差異都不是真實的，都只是外加於真我的種種幻相，只是真智的外相而已。(17)

【第8問】我們到處所見，是無數的自我在驅動著無數的身體，怎麼能說唯有一個真我呢？

答——假如我們接受「我就是這個身體」的觀念，自然就有無數個自我。在真我的境地，沒有任何其他事物存在，所以這個觀念到了那境地就會消失。因此，真我被視為只有「一」（one）。(18)

由於在真我本然的視野中，身體是不存在的，它只存在於心往外望的視野中，而這個心又是受到「幻」（梵maya）的力量所迷惑。真我是本識的所在，千萬不要誤以為真我是身體的持有者（梵dehi）。

沒有身體，就沒有世界；沒有心，就絕沒有身體；沒有本識，就絕沒有心；本識

(15) T. N. Venkataraman (pub.), *Maharshi's Gospel*, p.15.
(16) S. Nagamma, *Letters from Sri Ramanasramam*, p.81.
(17) 同注(5)，w.1056, 422。
(18) S. Natanananda, *Spiritual Instruction of Bhagavan Sri Ramana Maharshi*, p.20.
(19) 同注(5)，w.97, 99, 343。
[20] 種種先天習氣（梵samskara）是印度哲學經常提到的一個概念，泛指一切我們所作所為、所見所聞在自己心中所留下永不磨滅的印象，從而形成種種人格習性。
(21) 同注(6)，p.88。
(22) 同注(6)，p.65。

絕不能離「真實」而有。

懂得向自己內在探索而認識真我的智者，對他而言，真我之外沒有事物可知。何以如此？因為智者成了沒有形體的「存在─本識」，原本那個錯把身體的形相當成「我」的我執已經消失了。(19)

智者（證悟真我者）知道自己即是真我，除了真我之外，他的身體以及其他一切都不存在。對於此人，身體之存在與否有何分別？

去談論「證悟」就是在打妄語。有什麼可證悟的？真實的本來一貫就是真實的，不是原本沒有，而我們去創造或獲得什麼新的事物。經典中舉例，如果我們要掘井就得在地上挖一個坑，在坑中的空間並不是我們創造出來的，我們只不過是移開佔據那空間的土而已。空間原本就在那裡，此刻也在那裡。同樣地，我們要做的，就只是捨棄內在那些以往所形成的種種先天習氣（梵samskara）[20]。一旦放下它們，就唯有真我在放光。(21)

【第9問】但是要如何做到這地步，然後得到解脫呢？

答——解脫（梵moksha）就是我們的本性，我們就是它。我們祈求解脫，正正表示我們的真實本性是不受任何束縛的。它不必重新獲得。我們誤以為自己受到束縛，所以，唯一該做的就是除去這種觀念。一旦如此，所有一切的欲望和念頭就不會再生起。只要還存有解脫的欲望和念頭，可說就是還在束縛中。(22)

【第10問】據說證悟真我的人就不再會有清醒、做夢、沉睡三種狀態，是真的嗎？

答——你根據什麼說他們沒有那三種狀態？如果你說：「我作了個夢，我睡得很沉，我現在醒著」，你就必須承認三種狀態中都有個你，那不就很清楚地表示一直有個你在其中。假如你現在是清醒的，這清醒的狀態到了睡夢的狀態就藏了起來；當你進入沉睡狀態時，睡夢的狀態又藏了起來。過去有你，現在有你，一直都有你。這三種狀態是有來有去，但你一直都在。這就像電影，總是有個銀幕，不同類型的電影在銀幕上顯現又消失，銀幕上不會留下任何東西，銀幕還是銀幕。同樣地，在那三種狀態中，你仍然是你的真我。只要你明白這個道理，對那三種狀態就不會起煩惱，正像是畫面無法留在銀幕上一般。有時你在銀幕上看到汪洋大海，無數的浪濤洶湧，然後又消失。有時你看見遍地大火焚燒，隨後也消失了。銀幕上顯現了大海和大火，可是銀幕是否有被海水打濕或被大火燒焦？銀幕絲毫不受任何影響。同樣地，在你清醒、做夢、沉睡時所發生的事，也完全不能影響到你。你仍然是你的真我。

【第11問】那是否意謂，人人都有清醒、做夢、沉睡三種狀態，可是它們不會影響到我們？

答——是的，說得對！所有這些狀態都會來來去去。真我完全不在意，它只有一個狀態。

【第12問】那是否表示證悟真我的人雖處於世事之中，但仍然僅是個旁觀者？

(23) 毘迪亞朗雅（梵*Vidyaranya*）是印度十四世紀的聖人。他是《十五論》（梵*Panchadasi*）的作者，這是十四世紀一部闡揚「不二」（梵advaita）哲理的論著。

[24] 在此提到的「我執、智性、記憶、意」是構成廣義「意」（梵manas）的四個作用，統稱為「內作具」（梵antahkarana），就是司職：（一）智性（梵buddhi）：明理的智力心識；（二）我執（梵ahamkara）：有「我」的心識；（三）心（梵chitta）：貯存記憶的心識；（四）意（梵manas）：覺知作意的心識，此為狹義的心識。「意」是有生滅的，乃至於被視為是「物質」，不具有生命，它之所以能表現出有生命的模樣，實是反映真我之光而已。

(25) 同注(16)，pp.310-11。

(26) 'Who', *Maha Yoga*, p.202.

答——可以這麼說。毘迪亞朗雅（梵Vidyaranya）(23)在他的名著《十五論》（梵*Panchadasi*）的第十章中，以劇院舞台上的燈為喻，對這一點有很好的說明。當戲劇在演出中，燈在照明，既照著飾演各種角色的演員，不分帝王、臣僕、舞者，也照著全體觀眾。那個光明在演出前、演出時、演出後一直都在。同樣地，內在的光明——真我——把光給了我執、智性（梵buddhi）、記憶、意（梵manas），[24]自己卻毫不受生滅的過程所影響。即使人在沉睡中或某些其他狀態中不覺得有我執，但是真我仍然無所損，自照不懈。(25)

其實，把真我當成旁觀者也只是在心智內所形成的觀念，並不是真我的究竟之理。如果要能旁觀，就要有個相對的觀察對象，旁觀者和他所觀察的對象都是由心智造作出來的。(26)

【第13問】那三種狀態是如何不如第四境真實？究竟這三種狀態和第四境的關係如何？

答——所存在的唯有一種狀態而已，就是本識、覺知或存在。清醒、做夢、沉睡這三個狀態都不是真實的。它們只是來來去去，如果是真實的，就會永遠存在。在此三種狀態中都有個不變的「我」或「存在」，那才是真實的。這三種狀態都不是真實的，所以也無從說它們的真實性有所不如。我們可以大致這麼說，存在或本識才是唯一的「真實」，本識加上「清醒」我們稱之為「清醒的狀態」，本識加上「沉睡」便稱為「沉睡的狀態」，本識加上「做夢」則稱為「做夢的狀態」。「本識」是銀幕，所有的圖像來到其上又消失。銀幕是真實的，圖像只是在它上面的影子。由於我們一向習慣把這三種狀態當成真實的，所以才把那單純的覺知或本識稱為「第四境」。可是實際上沒有所謂「第四境」，唯有一種狀態而已。(27)

做夢的狀態和清醒的狀態沒有本質的不同，只不過做夢的狀態短而清醒的狀態長，兩者都是心智的產物。由於清醒的狀態比較長，我們就把它想像成是自己的真實狀態。事實上，我們的真實狀態是第四境，它總是如其所是，也不知有清醒、做夢、沉睡三種狀態。因為我們稱此三者為「狀態」（梵avasthas），就把「turiya avastha」稱為「第四境」，但其實它不是其中一種狀態，而是真我真實而本然的狀態。一旦證悟真我，我們就明白它不是第四境，說「第四境」仍然是相對的，但「超越第四」則是超越的。(28)

【第14問】但是真實的狀態或真我的銀幕上，為什麼會有這三種狀態的來去？

答——是誰在問這個問題呢？是真我在問有這些狀態的來去嗎？事實上，會說有這些來去的是那個能見之人。有能見者再加上有所見者，就構成了心智。去找找看，是否有心智這個東西存在。然後，心智就會融入真我，就不再有能見者和所見者。所以，關於你這個問題的真正答案是：「它們不來不去。」存在的唯有真我，而且一向如此。之所以似乎有那三種狀態，是因為沒有去深究，如果一經深究，它們就不再存在。無論作再多的解釋，唯有等到證悟真我後，我們才能真正明白，然後就會笑自己長久以來對這麼明顯的存在居然視而不見。

(27)同注(6)，p.90。
(28)同注(6)，p.79。
(29)同注(6)，pp.90-1。
(30)同注(16)，p.196。
(31)同注(18)，p.21。

【第15問】心智和真我的區別何在？

答——兩者沒有區別。心智向內轉就是真我，向外轉就成了自我和山河大地。棉紗織成種種衣服，它們就成為種種不同名稱的衣服。金子打成種種金飾，我們就給它們不同的名稱。但是衣服總是棉，金飾終是金。真實的是「一」，只有名稱和形相才是「多」。

然而，心智不能離真我而有，換言之，它不是自有的。真我不依心智而有，心智不依真我則不存。(29)

【第16問】據說「梵」即是「存在─本識─妙樂」，此是何義？

答——是的，所言不虛。凡是「是」的，唯有「存在」，那就稱為「梵」。「本識」是「存在」的光耀，「妙樂」是「存在」的本質，這些和「存在」並無不同。三者合共即是「存在─本識─妙樂」。(30)

【第17問】既然真我是「存在」、「本識」，有何道理說它既非存在亦非不存在，既非「有覺」（sentient）亦非「無覺」？

答——雖然真我是真實的，可是因為它無所不包，因而沒有相對真實或非真實的問題。所以，說它既非真實亦非不真實。同樣地，雖然它是本識，可是因為它沒有認知的對象，自己也不是被認知的對象，所以說它既非有覺亦非無覺。(31)

談論「存在—本識—妙樂」，是用以表示至上的那個不是「非存在」（梵asat）、「非本識」（梵achit）、「非妙樂」（梵ananda）。由於我們處於一個表象世界，所以就只好以「存在—本識—妙樂」來標誌真我。(32)

【第18問】說我們的本質是妙樂，這是什麼意思？

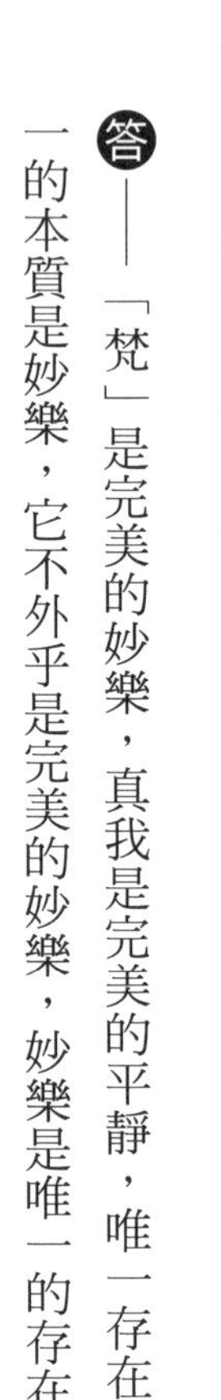

答——「梵」是完美的妙樂，真我是完美的平靜，唯一存在的只有本識。(33)真我唯一的本質是妙樂，它不外乎是完美的妙樂，妙樂是唯一的存在。明白這個道理，並安住於真我之境地，享永恆之妙樂。(34)

假如某人認為他的快樂是來自於外在的因素或他所擁有的東西，那麼合理的推論是，如果他擁有的越多，就應該越快樂；反之，若擁有的越少，則快樂的程度就應該會降低。因此，如果取走他所擁有的一切，他應該就沒有快樂可言。但我們現實的人生經驗是什麼？它與這個推論相符合嗎？

人在沉睡時，是一無所有的，連自己的身體都不例外。可是他卻未感到不樂，反倒是在樂境中，聽起來似乎每個人都希望能夠熟睡。這引申的結論是，妙樂是每個人本有的，不是來自於外在的因素。可是想要開啟那妙樂之境，就必須要證悟真我。(35)

【第19問】尊者，您曾經說本心是本識的所在，就是真我。本心究竟有何重要？

答——你可以用任何名字來稱呼它，例如「神」、「真我」、「本心」、「本識」的所在等等，這些都是相同的。要抓住的重點是，在此所說的「本心」，指的是我們那個

(32) 同注(4)，p.402。
(33) 同注(4)，p.31。
(34) 同注(5)，v.1029。
(35) 同注(4)，p.1。
(36) 同注(15)，p.72。
(37) 《奧義書》（梵*Upanishads*）是印度哲學最主要經典《吠陀》（梵*Vedas*）的結尾部分，是總結其中哲學含意的文字篇章，是一切「吠檀多」（梵Vedanta）哲學的本源。
(38) 同注(4)，pp.92-3。
(39) 同注(4)，p.93。
(40) 同注(4)，p.229。
(41) 同注(5)，v.435。

本然狀態的核心，是中心，若沒有它，就一無所有了。(36)

本心不是物質的，它是精神的。梵語「hridayam」（心）這個字是由「hrit」和「ayam」組合而成，意思是「此是中心」。心念因它而起，由它而成，又終歸消融於它。心念構成了心智的內容，也塑造了世界。本心是一切的中心。《奧義書》（梵 *Upanishads*）(37)說，萬物的源頭是「梵」，那就是本心，「梵」即是本心。(38)

【第20問】那該如何證悟本心？

答——我們隨時都在體驗真我，沒有一刻例外，也沒有任何人例外，因為沒有人會承認自己是離於真我的。他就是真我，真我即是本心。(39)

本心是一切的中心，萬物如湧泉般由此冒出。因為你看到的是世界、身體等等，所以才告訴你這一切都有個中心，它就是本心。可是當你在本心之中時，它就無所謂是中心或邊緣，因為除了本心之外，別無其他。(40)

本識是那真正的存在，它不會往外去認知不是真我的事物，唯有它是本心。因為只有本識才知道真我的實義，而本識又是如如不動的。所以，本識會一直注意真我，唯有本識才是在照耀的澄明之智。(41)

第二章　如何才能證悟真我？

拉馬納偶爾會講述心靈路上的求道者（梵abhyasi）分為三等。第一等人一聽到有人為他談起真我的真實本性，立刻就能證悟真我。第二等人需要些時間反思，然後才能穩固地覺知真我。第三等人比較不那麼幸運，因為他們往往要經過許多年精進的心靈修行，才終於達成證悟真我的目標。拉馬納有時以爆炸為喻來形容這三種層次：火藥只需要一點星火就能引爆；煤炭則需要短時間的火力來引燃；受潮的煤炭就要先曬乾後，長時間放在火中才會開始燃燒。

為前兩種人說教時，拉馬納會告訴他們，真我是唯一的存在，我們只要不再因循執著於對自己的錯誤知見，就可以直接地、有意識地體驗到它。他把那些錯誤知見統稱為「非真我」，因為它們是由錯誤的知覺和感覺積聚而成的一種妄覺，適足以遮蔽了對於真我的真實體驗。其中最主要的錯誤知見，是以為真我就只限於這個身體和心智而已。一旦不再視自己為存在於某個特別身體之中的「個人」，所有積聚而成的錯誤知見就會瓦解；取而代之的，則是對真我清晰而永恆的覺知。

對於在這個層次的人，他的教導就不涉及努力或修練。唯一必要的，是明白真我不是什麼可得的目標，它就只是那遍在的覺知，但只有捨棄關於「非真我」的那些固執成見才有可能顯現。

【第1問】我該如何才能證悟真我？

答——「證悟」不是得到什麼新事物，它本來就有。你唯一需要做的是，擺脫「我尚未證悟」的想法。

寂靜或平靜就是「證悟」。真我無時不在，只要你還有懷疑，覺得尚未證悟，其下手處就是擺脫這種想法。有這種想法是因為把「非真我」當成真我，一旦消除了「非真我」，剩下的就唯有真我。如果要騰出空間，只要移開東西即可，而不是從別的地方把空間帶進來。

【第2問】如果不能斷盡習氣，就不可能證悟，我該如何達到斷盡自己習氣的境地？

答——你此刻已經在那個境地中。

【第3問】這是否說，只要住於真我之中，習氣一生起就會斷除了？

答——你只要安住於自己的本來狀態，它們自己便會斷除。

【第4問】我該如何觸及真我？

答——真我是無法觸及的。如果真我可以觸及，那也就意謂真我不在此時、此地，你尚未得到它。而凡是能夠得到的，也一定會失去，那就是無常的，無常的就不值得去追求。所以，我說真我無法觸及，因為你就是真我，你已經是它了。

問題是你對自己的妙樂境界無知。這種無明一起，就如布幕般會覆蓋本質是妙樂的清淨真我。無明就是妄見，我們該做的就是直接揭去無明的布幕。妄見就是誤把身體和心智當成真我，這種誤認一定要除去，然後剩下來的唯有真我。

所以，並非人人都必須證悟不可，證悟之於求道者是無關緊要的。障礙就在於「疑」——懷疑自己能否證悟，執著於「我尚未證悟」的成見。我們也要驅除這種「疑」的障礙。(1)

【第5問】需要多久時間才能得到「解脫」？

答——解脫不在將來得到。它永遠都在，就在此時、此地。

【第6問】我明白，但是我體驗不到它。

答——這個體驗就在當下此時、此地，沒人能否認自己的真我。

【第7問】那表示有存在，但不是妙樂。

答——存在和妙樂是一樣的，妙樂和存在也是相同的。「解脫」這個詞太讓人心動，眾人為什麼去尋求它？是先認為有束縛，所以才尋求解脫。但其實並無束縛，唯

(1) T. N. Venkataraman (pub.), *Maharshi's Gospel*, pp.31-2.

(2) M. Venkataramiah (comp.), *Talks with Sri Ramana Maharshi*, pp.326-7.

有解脫。為什麼偏要為它取個名字，然後再去尋求它？

【第8問】對！可是我們是無明的。

答——那就只要除去無明，要做的只是這個而已。

所有關於解脫的問題都不成立。「解脫」意指脫離束縛，這就表示當前存有束縛。但束縛並不存在，所以解脫也不成立。(2)

【第9問】西方人士提到所謂宇宙意識的閃現，他們悟到的是什麼？

答——一閃而至的也會一閃而消失，有生就有滅。唯有悟到那恆在的本識，它才是永恆的，從未離開過我們。每個人都知道「我是」（I am）。誰能否認自己的存在？沉睡中的人不覺，及至醒來又好像有此覺知，但他還是同一個人，睡覺的人就是現在醒著的人，並無改變。當沉睡時，他感覺不到自己的身體，所以沒有的是身見（身體的意識）；當清醒時，他感覺到自己的身體，因而有了身見。所以，這中間的差別就在於是否產生身見，並非真實的本識有所改變。

身體和身見是俱生、俱滅的，這引申而來的結論是，沉睡時是不受任何限制的，清醒時反而是受限的，這些限制就是束縛。「這個身體是『我』」的感覺是錯誤的，這種錯誤的自我感必須去除。真正的「我」一直存在，就在此時、此地。它絕不會本無而今有，也不會有了又成無。既是本有的，就一定永遠存在，如果是本無今有的，也終會滅失。試比較一下清醒和沉睡的狀態，前者有身體，後者則無。因此，身體是會消失的。本識在有身體之前就已存在，如果沒有身體，它仍然存在。

沒有人不知道「我是」，但是誤認「我就是這個身體」便是一切煩惱的起因，必須除去這個妄見，那才是證悟。「證悟」不是去得個什麼新東西或新的本事，它只是移除覆蓋的偽裝而已。

究竟的真理就這麼簡單，即是回到原本的境地，不過如此而已。(3)

【第10問】我們在沉睡時是否會比清醒時更接近清淨的本識？

答——沉睡、做夢、清醒三種狀態不過是不動真我之上所顯露的種種現象。真我只是單純的覺知的境地。有哪個人能夠須與和真我分離？如果分離是可能的，才會有你這個問題。

【第11問】可是常常聽人說，我們在沉睡時會比清醒時更接近那清淨的本識。

答——這個問題大可以改成：「我在睡覺時是否會比清醒時更接近自己？」

真我就是清淨的本識，任何人都不可能和真我分離。這個問題的前提是有二元的對立，可是清淨本識的境地是「不二」的。

在沉睡、做夢、清醒時的其實都是同一個人。眾人以為清醒時的境界比較美麗而有趣，而沉睡中因為沒有這些經驗，所以就被認為很沉悶。在繼續這個題目之前，要先澄清一點，你是否承認即使在沉睡時自己仍然是存在的？

(3)同注(2)，pp.91-2。

【第12問】是，我承認。

答——現在清醒著的是同一個你，不是嗎？

【第13問】是的。

答——那麼沉睡和清醒時的狀態就是相續的。是什麼在相續？那就是你清淨的本然狀態。

這兩個狀態是不同的。有什麼不同？事件不同，也就是身體、世界、物件等在清醒時出現，但在沉睡時便消失了。

【第14問】可是我在睡眠中是沒有知覺的。

答——的確，你對身體和外在世界並無覺知，但睡眠時你一定存在。所以，你現在才能說：「我在睡眠中是沒有知覺的。」可是，是誰在說這句話？是這個醒著的人，但在睡眠中的人並不會說話。這就表示，現在是把身體當成真我的這個人說，這種覺知在睡眠中是不存在的。

因為你把身體認成自己，你能看見周遭的世界，然後便說清醒時的狀態比較美好而有趣，睡眠的狀態好像比較無趣，因為在那個狀態中，你所認知的這個人和所有外在事物都不存在的緣故。但是，實情又如何呢？在這三種狀態中，有個相續的本然狀態，但所認知的那個人和一切外物卻是不相續的。

【第15問】的確。

答——相續的才是持久的，所以是常的。不相續的，就是無常的。

【第16問】的確。

答——因此，那個本然狀態是常的，身體和外界則是無常的。後者會消散，它們是在那恆常不動的「存在—本識」銀幕上所顯現出來的現象。

【第17問】相對而言，是否在睡眠狀態時會比清醒時較接近清淨的本識？

答——是的，但是要這麼去理解：因為當人從睡眠中清醒時，「我念」（梵aham-vritti，「我」的念頭）就一定會開始作用，心智會活動起來，然後生起思慮，身體的各種功能於是開始運作。有了這些發展過程，我們才會說自己清醒了。睡眠的特徵正是缺少了這些發展過程，所以它會比清醒的狀態更接近清淨的本識。

但是，你可不要因而老是沉溺在睡眠中。首先，這是不可能的，它必須和其他狀態相互交替。第二，它也不是智者所處的妙樂狀態，因為妙樂是恆常不變而無交替的。此外，一般人在睡眠的狀態中並無知覺，但聖者隨時都在覺知中。所以，睡眠狀態和聖者所成就的境地是不可相提並論的。

此外，在睡眠狀態中，此人不會生起念頭，念頭的印記也就不會留下。但是人也無法憑意志來改變睡眠狀態，因為在那個狀態中，個人是完全使不上力的。所以，雖

(4)同注(2)，pp.561-3。

然它可說較為接近清淨的本識，但藉由努力來證悟真我並不適合。(4)

【第18問】對於像我這樣的凡夫而言，所謂「梵智」——證悟到人絕對的存在狀態，是否可望而不可及？

答——梵智（梵Brahma-jnana）不屬於可求之智，不是求來了就可以獲得妙樂。你要做的是抛開無明的見解，你所尋求認識的真我，就是真正的自己。你自以為是的其實是無明，會給你帶來不必要的傷痛，就像在寓言故事中的十個傻子，以為第十個人不見了而悲傷，其實一個都沒少。

這寓言故事講述，有十個傻子從河津涉水渡河，到了對岸後想要確認是否全體都安全過了河。其中有一人就開始點算人數，但是他數了別人卻漏了自己，他說：「我只看見九個，我們一定丟了其中一人，是哪個不見了？」另一個人問他：「你有沒有算錯？」然後自己開始點算，但是他也只數到九個人。於是每個人逐一出來點算，都只數到九個人而忘了自己。「我們只剩下九人」他們一致同意，「究竟是誰不見了呢？」他們不斷地問。無論他們怎麼努力，都找不出「失蹤」的那一個。「不管是哪一個，他一定淹死了」。十傻中最多愁善感的一個宣布：「我們把他給弄丟了。」他說著就哭了起來，其他的人也都跟著哭了。

有位好心的過路人看見河邊有一群人在哭泣，就上前詢問原因。他們為他述說原委，強調怎麼點人數都只剩下九個。過路人邊聽邊見到有十個人，就知道是怎麼回事。為了要讓他們明白全體十個人一個不少，大家都已經安全渡河，於是他對他們說：「你們大家『一、二、三、四……』逐個報數，每個人報完數我就拍他一下，這樣就知道大家都被數到，而且每人只被數到一次，如此我們就可以找到那失蹤的第十個人。」他們聽到了非常開心，終於有辦法找到是誰不見了，立刻同意照做。

於是隨著每個人大聲報數，好心的過路人就拍他一下。「十！」是最後一人被拍到時報出來的數。他們大感不解，互望一眼而同聲說：「我們有十個！」於是向過路人道謝，是他為他們消除了傷悲。

這是個寓言。第十個人是從哪裡冒出來的？他有失蹤嗎？他們現在知道原來第十人並未失蹤，請問他們有學到任何新東西嗎？造成他們傷悲的原因並非真的有人不見了，而是他們自己的無知，或者更準確地說，是他們憑空想像出有人失蹤了這件事。

你的情形正是如此。其實根本沒有任何原因引起你的傷悲和不快樂。你的真正本性是無邊無際的，你卻自己為它設下層層藩籬，然後哭訴自己是個受限的生命。所以，你會去做這種或那種的心靈修行，試圖去超越那不存在的種種限制。可是如果連這心靈修行你都假定有限制存在，它又如何能幫助你去超越那些限制？

因此之故，我說你一定要明白自己本來就是那無窮盡的清淨存在——真我。你一直都是那真我，撇除真我什麼都不是。因此，你絕不可能真的不明白它，現在你的無知僅僅是虛妄的，就如同那十個傻子不明白為何找不到第十個人一般。他們的苦痛就是無知所帶來的。

所以你要知道，真智不是變出一個新的你來，它只不過是能為你除去無明愚痴。真正的妙樂不是加諸於你的本性，它只是顯露出你真實本性的狀態——恆久不滅。去認識真我，並成為真我，除此之外，已無他法能為你解除傷悲。哪有可能做不到？(5)

(5)同注(1)，pp.52-4。

(6)S. Nagamma, *Letters from Sri Ramanasramam*, p.201.

(7)拉馬納道院（Ramanasramam）：圍繞著拉馬納所在地逐漸擴展而建立的修道院。

(8)D. Mudaliar, *Day by Day with Bhagavan*, p.287.

【第19問】不論尊者教我們多少次，我們都不明白。

答——你們一再說無法認識到那無所不在的真我，我還能怎麼辦？即使是個小小孩也會說：「我存在，我在做，這是我的。」所以，每個人都明白有個「我」是一直存在的。就因為有那個「我」，你才會感覺到「我是這個身體」、「他是維坎納（Venkanna）」、「這是拉馬納」等。要知道每個人自己的真我隨時可見，難道你非得點根蠟燭去照才認得？「真我的真實本性」（梵atma swarupa）在每個人自己的真我之內，你說你不認得它，那就像是在說：「我不認識我自己。」[6]

【第20問】但是，我們要如何達到這個境地？

答——既沒有要達成的目標，也沒有任何事物可得，你就是真我，你一直存在。真我就是「存在」，除此再也無法述說它。所謂見到神或真我，就都只是成為真我或你自己而已，「見到就是成為」（Seeing is being）。你本來就是真我，卻想要知道該如何得到它，這好像某人已經來到拉馬納道院（Ramanasramam）[7]，卻要問人有幾條路可以通往道院，哪一條路最好走。你唯一需要做的，就是放下「自己就是這個身體」的觀念，放下一切對外物或「非真我」的觀念。[8]

【第21問】什麼是自我？它和真我有什麼關係？

答——自我會出現又消失，是短暫而無常的，而真我是恆常的。雖然你的確是真

我，卻偏要認自我為真我。

【第22問】這錯誤是怎麼發生的？

答——要看它是否真的有發生。

【第23問】我們一定要提升自我，融入真我。

答——自我根本不存在。

【第24問】那它怎麼會讓我們生起煩惱？

答——給誰引起煩惱？煩惱也是想像的，自我才會生起歡喜和煩惱。

【第25問】世界為什麼會深陷於無明之中？

答——你要先照顧好你自己，世界自然會照顧它自己。你要見到真我，如果你就是這個身體，當然就有物質世界；如果你是心靈，一切就都只是心靈。

【第26問】這也許從個己來說可以成立，對其餘的人呢？

答——你先做到，再看這個問題其後是否會再產生。

【第27問】「無明」存在嗎？

答——對誰存在？

【第28問】對那自我存在。

答——是的，無明對自我存在，除去自我，無明就消失了。你一去尋找自我，它就消失了，唯有真我獨存。那似乎無明的自我是見不著的，但無明不是真實的，所有的經典原意都是要反駁有無明的存在。

【第29問】自我如何生起？

答——自我不是真的，否則你豈不是會有兩個自己？如果自我不存在，哪有無明存在？只要你開始參究，你要不是會發現那本來不存在的無明並非真的，就是會說無明已經溜掉了。

無明和自我息息相關。你想，為何有自我才有苦？無明又是什麼？它是不存在的，可是世俗生活卻需要假設有無明。無明就是我們的無知，不是其他。無知或忘失真我就是無明。太陽當前會有黑暗嗎？同樣地，自明顯、自明亮的真我，在它當前會有無明嗎？只要你認識真我，就不會再有黑暗無明和苦痛煎熬。

有煩惱和苦痛的感覺是因為有心智的緣故。黑暗從無來去，見到太陽，就沒有黑暗。同樣地，見到真我，就會發現無明並不存在。(9)

【第30問】為何會有不真實？不真實是否生自於真實？

答——你去看它是否會生出來。從另一個觀點來看，哪有不真實的事物？存在的唯有真我。我們之所以能夠覺知世界以及其他的一切，是以自我為基礎，如果你認真尋覓它，就會發現自我根本不存在，你見到它所創造出來的這一切也不存在。(10)

【第31問】都是神的「遊戲」（梵leela）過於殘忍，讓認識真我如此之難。

答——認識真我就是成為真我，「成為」就是存在——自己的存在。沒有人能否認自己存在，就如同人即使看不見自己的眼睛，但不能否認眼睛存在。問題出在於你想把真我當作對象，就如同你把鏡子放在眼前，使眼睛成為觀察的對象。你已經慣於把一切當作對象，所以才不認識自己，因為真我不能成為對象。誰能來認識真我？這物質構成的身體可以認識到它嗎？無論在何時，你口說心想的都是那個「我」，可是一經追問，卻又否認對它有所認識。你就是真我，可你還要問該如何去認識它。哪有神的遊戲，哪有什麼殘忍可言？就是因為人否定真我，所以經論才會說「幻」、遊戲等等。(11)

(9) 同注(2)，pp.330-1。
(10) 同注(8)，p.74。
(11) S. Cohen, *Guru Ramana*, p.63.

【第32問】我證悟了對別人會有幫助嗎？

答——當然會。如果要助人，沒有比這個更好的方法。事實上，並無別人可幫助，證悟者就只是見到真我，就如同金匠在估計諸多首飾內的含金量時，他見到的只有金子。假如你認定這個身體就是自己，那對你而言就只有形狀和相貌存在。若你超越了自己的身體，「別人」就會跟著你的身見一同消失。

【第33問】植物、樹木等等也都會消失嗎？

答——它們能存在於真我之外嗎？自己去找答案。你以為你見到它們，這個心念也是從真我所投射出來的。去找這念頭從哪裡生起，找到了，一切心念就不會再生起，剩下的就只有真我。

【第34問】我能夠明白這理論，但實際上它們還是存在的。

答——的確，這就如同在放映電影。先在銀幕上打光，配合映現其上而掠過的連串影子，讓觀眾覺得上面的東西在活動。假如同時把觀眾也放上銀幕作為劇情的一部分，那麼能看者和被看者就都在銀幕中。把這景象設想成你自己，你自己就是銀幕，真我創造出自我，自我衍生心念，心念顯現成山河大地、草木，也就是你現在所問的事物。事實上，這一切都是你的真我，別無其他。如果你見到真我，就會發現它即是一切，無所不在、無時不在。除了真我之外，其他都不存在。

【第35問】是的，我仍然只是從理論上去理解，可是您給的回答是如此簡單、精彩，又具說服力。

答——即使是「我尚未證悟」這樣的念頭，仍然是個障礙。其實，存在的只是真我。(12) 我們的真實本性是解脫的，雖然一直是解脫的，我們卻幻想自己受到束縛，於是才做出種種費力的舉動來嘗試解脫束縛，這真相只有等你到達那階段才會明白。屆時我們將會大感意外，我們大肆折騰所求取的居然是自己過去、現在一貫如此的本來。

以一個具體的例子較容易清楚說明，例如有個人在大廳內睡著了，他夢到自己去世界旅行，在山峰和谷底、森林和綠野、沙漠和汪洋各處漫遊，橫渡了幾大洲，經過了好幾年的旅遊勞頓後回到自己的國家，便直奔蒂魯瓦納馬萊（Tiruvannamalai）(13)，到了道院，走進大廳。剛好此刻他醒了過來，發現自己在原來躺下的地方睡著了，身體絲毫未移動半分。他並非歷經了千辛萬苦才回到大廳，而是本來一直身在大廳中。我所說的就是這種情形，如果有人問：「我們本就無縛，為什麼卻要幻想自己受縛？」我的回答是：「為什麼自己身在大廳中，卻偏要想像自己歷經千辛萬苦去世界探險，橫過高山、谷底、沙漠和汪洋？一切都是心智或『幻』。」(14)

【第36問】對於無智者（梵ajnani，尚未證悟真我之人）而言，為什麼會不幸生起這無明，以致對那個「二」且唯一的「真實」無所見呢？

答——無智者所見唯有心智，心智只不過是由本心發出的清淨本識之光所映現的倒

(12) 同注(2)，p.6。
(13) 蒂魯瓦納馬萊（Tiruvannamalai）是位於印度東南的朝聖名城，距拉馬納的道院約一英里。
(14) 同注(8)，pp.79-80。
(15) 同注(1)，pp.86-7。

影而已，他對於本心並無所知。為什麼呢？因為他的心智是往外的，從未向內去尋覓它的源頭。

【第37問】那發自於本心，無窮、無分別的本識之光，是受到什麼阻礙所以無法向無智者示現？

答——正如瓶中之水所顯現巨大太陽的倒影，必然受限於瓶口的尺寸，那發於本心，遍布一切、無窮盡的本識之光，經由心智反映出來，受到個人習氣所影響就更是如此。這個所映現出來的形相，就成為種種現象，我們稱之為「心智」。無智者只看到這些影像，便起惑以為自己是有限的存在，是個別的靈魂，且是個己的自我。(15)

【第38問】什麼是證悟真我的障礙？

答——習氣。

【第39問】如何克服習氣？

答——證悟真我。

【第40問】這成了循環論證。

答——這些困境都是因自我而起，是它在製造障礙，又是它在為這個矛盾局面所產生的迷惑而受苦。去找是誰在參究，就能找到真我。(16)

【第41問】這些心理的束縛為何如此難以去除？

答——束縛的本質無他，就是那個不斷冒出來的有害念頭：「『我』不同於『真實』。」既然「真實」須臾不離人，這種有害念頭一生起就要排斥它。(17)

【第42問】為什麼我從未記得我就是真我？

答——你們說記住或遺忘那圓滿充實的真我，遺忘和記憶都不過是種心念的形態。只要有心念，這兩種形態就會此起彼落。但是「真實」超越了這些，記憶或遺忘必定要依附於某個事物，這個事物對真我而言絕對是外來的，否則就不會有遺忘可言。記憶和遺忘所依附的是有個己自我的觀念。如果你真的去尋找它，定會找不到它，因為它不是真實的。所以，這個「我」和「幻」或無明（幻、無明或無智）都是同義詞。所有的靈性教導，其目的都是在教人了知無明並不存在。無明一定是有覺知的人才知道，覺知就是「智」。「智」是永恆、本然；無智（愚痴）則是非本然、非真實的。

【第43問】為什麼聽到了這個真理，還是不能令人知足呢？

答——因為種種習氣尚未去除，只要習氣還在，就會起疑，就會有困惑。所有的努

(16) 同注(2)，p.4。
(17) Muruganar, *Guru Vachaka Kovai*, v.779.
(18) 同注(2)，pp.248-9。

力都是在徹底摧毀疑惑，一定要斬斷其根——習氣，才能做到。上師交代你去做的功課，就是讓它們起不了作用。上師能為弟子做的也就僅止於此，他希望弟子自己去發現本就沒有無明。「聽聞」（梵sravana）真理是修行的第一步；為了要堅定理解，就要練習「思惟」（梵manana）；以及更進一步的「深度冥想」（梵nididhyasana）。後兩者可以燒焦習氣的種子，讓它們無法發芽。

有些不凡的人能夠一聽聞真理就立刻生起堅定不移的「智」，這要修行已有深厚根基的靈修者才能如此，初學者就要花上較長的時間才能獲得。

【第44問】無明是從何而起？

答——無明從來不生，它不是真實的存在。「明」（梵vidya）才是唯一的存在。

【第45問】那我為何體悟不到它？

答——因為習氣。可是你應該去找是誰無法證悟，以及未悟到的是什麼，那就會很明顯地看見無明是不存在的。(18)

【第46問】那麼，先設定目標才開始反而是錯誤的，是否如此？

答——如果有個可以達到的目標，它就不會是恆常的，且必須是早已存在的。我們以自我來達標，但是這個目標卻先於自我而存在，其內涵甚至在我們出生前就已存在，也就是早在自我誕生之前就已存在。因為我們存在，所以自我也彷彿存在。

如果我們把真我視為自我，我們就會成為自我；視真我為心智，我們就成為心智；視其為身體，我們就成為身體。之所以會造出這麼多不同的保護層，都是心念在作用。水中倒影會移動，有誰能讓倒影不移動？如果它不動，你就不會注意到有水，只會注意到在投射的光。同樣地，不要理會自我和它生起的作用，而只要去看它背後的光。有「我」的念頭即是自我，真正的「我」才是真我。

【第47問】如果問題就在揚棄這些觀念，那麼，離證悟豈不是只有一步之遙？

答——悟境早已存在，離於心念的狀態就是唯一真實的境地，證悟哪裡是種作為？有誰不證悟真我？有誰能否認自己的存在？如果說證悟，豈不暗示有兩個自己，一個是能悟者，另一個是被悟者，也就是有一個尚未被證悟者在求被證悟。一旦我們肯定自己的存在，又如何能不認識真我？

【第48問】這是否因為心念——心智——的關係？

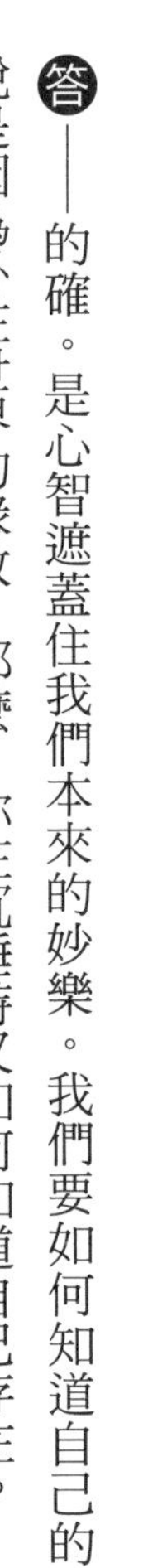

答——的確。是心智遮蓋住我們本來的妙樂。我們要如何知道自己的存在？如果你說是因為外在世界的緣故，那麼，你在沉睡時又如何知道自己存在？

【第49問】該如何捨除心智？

(19) 同注(2)，pp.128-9。
(20) 同注(8)，p.148。
(21)《世尊本生記》(梵 *Sri Bhagavata* 或 *Bhagavatam*)：記載世尊克里希那（Krishna）事蹟以及其教誨的經典。

答——是心智要殺掉它自己嗎？心智無法殺掉自己。因此，你要做的工夫是找到它的真實本性，然後就會了知本無心智。一旦找到真我，心智就不見了。住於真我即可，不必理會心智。(19)

【第50問】解脫是否即等於證悟？

答——我們的本性是解脫的，它可說就是我們的別名。我們想要去追求解脫，本身便是件很可笑的事。譬如有個人原本在陰涼處，自己卻離開那裡站到大太陽底下，覺得陽光太熾熱，費了好大勁兒才又回到陰涼處，慶幸不已地說：「能夠不受日曬多好啊！我終於回到了陰涼處！」我們所做的與此又有何不同？我們本就與「真實」無別，卻憑空想像自己不同於「真實」，而生起「同中有異之感」（梵bheda bhava），然後潛心刻苦於心靈修行，以泯除「同中有異之感」而求得證悟一體（梵kevala）。我們何苦生起「同中有異之感」，然後再來摧伏它呢？(20)

【第51問】唯有依靠大師的加持才有可能證悟。我讀《世尊本生記》（梵*Sri Bhagavatam*）(21)，書中說唯有拜在大師足下，才有可能得到賜予妙樂。我祈求得到加持。

答——除了你自己的本然狀態，哪來的妙樂？與你不相離的本然狀態就是妙樂。你現在認為自己是身體或心智，這些都是變異無常的。可是你是不變的、恆常的，這才是你應該明白的。

【第52問】它是闇昧的，我是無知（無明）的。

答——無明必須要去除。可是，是誰在說：「我是無知的？」他一定是在見證無明的那個，而你就是那個。蘇格拉底說：「我只知道我一無所知。」這豈是無知？這才實在是智慧。

【第53問】為何我回到韋洛爾（Vellore）(22)就不快樂，而在您身邊就感到平靜？

答——在這裡的那種感覺能夠稱為「快樂」嗎？你說如果離開這裡就感到不快樂，因此，這種平靜就並非恆常的，它會混雜了在另外一個地方的不快樂感。它要有用的話就必須是恆常的，是以你不可能說一定要在何處或何時才能找到妙樂。永久的是你的本然狀態，成為真我就是妙樂。你一直就是那個。(23)

真我一直是證悟的，既然已經證悟，也一直是證悟的，何須再求證悟？你能否定自己的存在嗎？那個存在就是本識——真我。

除非你是存在的，否則你不可能發問。因此，你非得肯定自己的存在不可。那個存在就是真我，它已經是證悟的。所以，努力去求證悟適足以加深你目前的迷誤——誤以為自己並未證悟真我。證悟不是本無而新有，而是真我的展現。

【第54問】那會需要多年的時間。

答——為何需要多年的時間？時間只是你心智內的觀念，它並不在真我裡，真我用

(22)韋洛爾（Vellore）是位於拉馬納道院以北五十英里的城鎮。
(23)同注(2)，p.615。
(24)同注(2)，p.589。
(25)同注(2)，pp.564-5。

不到時間。那是因為生起自我之後，才有時間的觀念。但你是超越時間和空間的真我，即使沒有時空，你仍然存在。(24)

假如你要將來才能證悟的說法是成立的，這就表示你現在並未證悟。此刻未證悟，則未來任何時刻都有可能無法證悟，因為時間是無盡的，那麼，這種證悟就是無常的。但這又不是真的，因為認為證悟是無常的就是妄見，它其實是真、是常且是不變的。

【第55問】是的，我想我再花些時間終會了解它。

答——你已經是那個了，時空對真我毫不起作用，它們就在你裡面。同樣地，你所見到周圍的一切也統統在你裡面。有則故事可說明這一點。有位女士頸子上常掛著條非常珍貴的項鍊。有次，忘了項鍊還掛在頸上的她，以為弄丟了項鍊，焦急地在家中到處尋找，卻遍尋不著，四處詢問鄰居和朋友也無人知道它的下落。最後，有位好心的朋友要她摸摸頸子上有無項鍊，她一試才知道項鍊一直都戴著，這才開心起來。別人問她是否找回了項鍊，她回答：「是，我找到它了。」她仍然覺得那件珠寶失而復得。

珠寶原本有遺失過嗎？它一直都掛在她頸上，可是從她的感覺來看，她可是為了能夠找回遺失的珠寶而開心。我們也是如此，幻想自己在將來的某個時刻才能證悟真我，而其實我們無時無刻不是真我。(25)

【第56問】我在想，要達到這種境地，一定非要做些什麼不可。

答——以為有個目標、有條路可行，這個想法是錯誤的。我們一直以來就是目標或

「平靜」。要放下「自己不是『平靜』」的這種妄見，除了要做這個，就別無其他了。

【第57問】所有的書都說，一定要有上師引領。

答——上師會告訴你的，也只是我現在所說的。他所給你的，並非你原本沒有的東西。不論何人，都不可能得到他本來沒有的東西。即使他得到了，那東西怎麼來的就會怎麼去。凡是會變成有的，就會變成無。本來一直是有的，才是唯一存在的，上師也無法給你原本就沒有的新東西，我們要做的，就只有除去自己尚未證悟真我的想法。我們一直以來就是真我，只不過自己不明白而已。(26)

我們到處去尋求真我，問人：「真我在哪兒？它在哪兒？」到最後，智見（梵 jnana drishti）出現，我們會說：「這個是真我，這個是我。」我們應該獲得的是這種見地。有了它，就算入世待人接物，也會無所執著。你一旦穿上鞋子，就可步行於無數的石礫或荊棘之上而不覺腳痛，任意行走也無所畏懼，即使碰上層峰峻嶺亦然。同樣地，有了智見的人，一切都會成為自然。除了自己的真我，有何餘物？

【第58問】這種本然境地只有等到妄見消退了才能認識，但是妄見是如何消退的？

答——只要心智消退，整個世界就會消退。心智是一切的起因，它消退了，本然境地就會出現。真我不停地宣示它自己是「我、我」，它自己散放光明。它就在此，所有的一切都是那個，我們只在其中。既然已經在其中，何必還要去尋找它？古人說：「若人之心眼能專注於智，其人見世界一如梵。」(27)

(26) 同注(8)，pp.15-16。
(27) 同注(6)，p.130。

第三章　智者如何感知世界？

很多來參訪拉馬納的人對於證悟真我的境地好像都有無比的好奇心，他們特別有興趣知道的是，已證悟的智者對於自身及周遭世界有如何的體驗。所有的提問中，有些問題反映出提問者本身對這種境地有著非常古怪的想法，但是大多數的問題則不出以下四類：

一、既然智者沒有一己意識的覺知，他怎麼能擔任起智者的角色？

二、眾人都見到拉馬納還在世間有所作為，他怎麼能說自己「無所作為」（這是拉馬納常用的詞句）？

三、他對世界有何感覺？他能感覺到世界嗎？

四、智者所覺知的清淨本識和身心的種種交替狀態（清醒、做夢、沉睡）有何關係呢？

這些問題背後所隱藏的前提是：有一個人（智者）在經驗到稱為「真我」的那種境地。但是這個前提是無法成立的，因為它只是那些無智者在試圖去理解智者的體驗，但即便使用「智者」一詞，這都表示觀念有誤，這個詞彙的字義是指認識到「智」之人。之所以使用「無智者」一詞，那是因為在他的觀念裡，認為世界上有兩種靈修者，一種是還在追求「真實」的人，另一種是已經認識「真實」的人。真我的真理則無此兩者，唯有「智」。

拉馬納在很多場合裡，用盡了各種直接或間接的說法來陳述這個意旨，可是眾多的提問者中能夠心領神會，即便僅停留在概念層次上的，也是寥寥無幾。因此，他只好依聽者的偏見所能接受之程度，來調整自己的說法。本章所錄的對話，是他知道提問者認為「智者」和「無智者」是有所區別的，所以他就暫且不理會這個基本前提是否成立，而是扮演一位「智者」的角色，試著來解釋在那個境地的情狀。

(1) K. Sastri, *Sat-Darshana Bhashya*, p.xx.

【第1問】那麼，受縛者（梵baddha）和已解脫者（梵mukta）的區別何在？

答——一般的凡夫活在頭腦中，不知道自己是在本心中。智者活在本心中，他無論去任何處所、應人接物，都知道所見到的一切都不離於那唯一的「真實」——「梵」，「梵」就是他在本心中所證悟的真我——「真實」。

【第2問】那凡夫呢？

答——我已經說過，他見外在的一切事物都和自己是分離的。他離於此世界，離於自己深層的真理，離於支撐自己及所見一切的真理。證悟到自己存在究竟真理的人，所悟到的就是自己及世界的後盾都只是一個究竟的「真實」。事實上，他覺知到所有的「我」，以及所有恆常不變的或無常變化的事物，它們內在都是同一個真我。(1)

【第3問】智者所證悟到的清淨本識和那個「我是」有何不同？一般認為後者是初始經驗的來源。

答——那純粹存在、無分別狀態的本識，就是本心，就是你真正的本然狀態。由本心而生起「我是」（'I am'-ness），成為每個人的初始經驗來源。它本身的特質是全然清淨的（梵suddha-sattva）。這純然清淨的本性（梵suddha-sattva-swarupa）的相，尚未受到躁動（梵rajas）和怠惰（梵tamas）屬性的染污，智者那似乎存有的「我」的特質就是如此。

【第4問】智者的自我是以清淨的形相存在著，所以它似乎是真實的。我這樣說對嗎？

答——自我不論以何種形相出現在智者或無智者之內，它本身就是一種經驗。但對無智者而言，因受幻覺所蒙蔽，把清醒狀態和世界當成是真實的，自我也就似乎是真實的。由於他見到智者的舉止和其他人一樣，便自然而然地認為智者應該也如同凡夫，有某種個體性的觀念。

【第5問】那麼，智者的「我」的念頭如何起作用？

答——對智者而言，「我」的念頭並不會起作用。他的真實本性就是本心，因為他和那無分別、清淨的本識是一如的。此本識在《奧義書》中被稱為「般若」（梵prajnana）。「般若」即是絕對者——「梵」，「梵」不是別的，就是「般若」。(2)

【第6問】智者有意欲（梵sankalpas）嗎？

答——凡夫心智最主要的屬性是怠惰和躁動，所以充滿了自我的欲望和缺失。但是智者的心智清淨而和諧（梵suddha-sattva），是無形相的，是精微的「智身層」（梵vijnanamayakosha）[3]內的作用，而智者是以智身層來接觸世間。因此，他的意欲也是清淨的。(4)

(2) T. N. Venkataraman (pub.), *Maharshi's Gospel*, pp.85-6.

[3] 在印度瑜伽傳統中，認為人的身體是由五身層所組成，當中包裹著真我。「智身層」（梵vijnanamayakosha）是其中的第四層，包括智性和理性。其餘分別為第一層的食物身層（肉身）、第二層的氣身層（呼吸之外氣和能量之內氣）、第三層的意身層（心智、意念）、第五層的樂身層（相當於「三身」中的因緣身）。

(4) S. Cohen, *Guru Ramana*, pp.101-2.

【第7問】我想試著了解從智者的觀點來看世界。在證悟真我之後，是否還覺知到世界的存在？

答——你何必去擔心世界？何必擔心證悟真我之後世界會有所改變？先證悟真我再說，何必在乎對世界是否有所覺知？你在熟睡時對世界就無所覺知，能幫你達到所追求的目的嗎？反之，你現在能覺知到世界，這對你又有什麼損失呢？對智者或無智者而言，對世界是否有覺知根本無關緊要。他們都見到世界，但是他們的觀點會有所不同。

【第8問】如果智者如無智者般能覺知世界，他們兩者的分別何在呢？

答——智者看世界時，他所看到的是萬物底蘊（梵adhishtana）的真我；而無智者則不論是否見到世界，他對自己真正的本然——真我，則是無知的。

例如戲院放映電影，尚未開演之前，在你眼前的是什麼東西？那只是個銀幕而已。整部戲都在這個銀幕上演出，畫面所顯示的影像看來都是真實的。可是你上前試試看能否抓住它。你抓到的是什麼？只是顯示畫面的銀幕。當戲演完而畫面消失時，留下來的是什麼？又只是銀幕。

真我也是如此。唯有它是存有的，畫面來來去去。如果你能掌握真我，就不會受到顯現的畫面所愚弄，乃至畫面是否顯現根本無關緊要。無智者昧於真我，以世界為實有，正如同有人只見到銀幕上的畫面而無視銀幕，以為畫面影像能離開銀幕而獨立存在。假如人能明白，無觀看者就無被看者，無有銀幕就無有畫面，便不會再受愚弄。智者知道銀幕和畫面都只是真我，有畫面是真我開顯的形態，無畫面則是真我閉藏的形態。對於智者而言，真我是呈現此相或彼相，根本無關緊要，他自己始終是真我。但是無智者看到智者居然還會活動，就會感到困惑。(5)

【第9問】請問尊者您視世界為自己的一部分，是一個對象嗎？您究竟是如何看待世界？

答——唯有真我存在，別無其他。可是，它卻因無明而有分別。有三層分別：

一、同類者；

二、異類者；

三、自己之部分。

世界不是另一個與真我相同的真我。它並非別於真我，也非真我的一部分。

【第10問】世界不是反映在真我中的嗎？

——反映就必定要分別有個對象和影像，但是真我不許有這些不同。(6)

【第11問】智者會有夢境嗎？

——會，他有夢境，但是他知道那是夢，就如同他知道清醒的狀態也是夢。你可以稱其為「夢境一」和「夢境二」。智者已經穩定地處於那「第四境」——至上的「真實」，他可以從清醒、做夢、沉睡三種狀態抽離開來，旁觀它們猶若投射在「第

(5)同注(2)，pp.60-2。

(6)M. Venkataramiah (comp.), *Talks with Sri Ramana Maharshi*, p.217.

(7)同注(4)，p.100。

(8)S. Om (tr.), 'The Original Writings of Sri Ramana', *Ulladu Narpadu Anubandham*, v.32.

(9)同注(2)，p.88。

四境」之上的畫面。(7)

對於經驗到清醒、做夢、沉睡三種狀態的人，他會把那超越了前三者的、清醒的睡眠狀態稱為「第四」。可是唯有「第四」是存在的，其餘三種狀態似乎並不存在。你要清楚明白「第四」本身就是「第四境」，意指「超越第四」。(8)

【第12問】那麼，對於智者而言，心智的三種狀態就無所分別了？

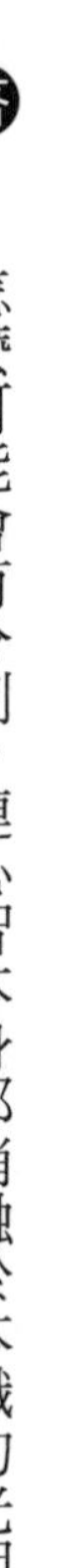

怎麼可能會有分別？連心智本身都消融於本識的光明中。

對於智者，這三種狀態都是虛妄的，可是無智者就無法明白這點，因為他以清醒狀態作為「真實」的標準，而對於智者，「真實」的標準就是「真實」自己。清淨本識自然恆久是真實的，所以在你稱為清醒、做夢、沉睡時，都是一樣存在。已經與「真實」合一之人，則既無心智也無心智的三種狀態可言。因此，既無向內也無向外可言。

他的狀態是永遠醒著的，因為他已經喚醒了那永恆的真我。他也永遠在做夢的狀態，因為對他而言，世界猶如重複的夢境。同時，他也永遠在沉睡的狀態，因為他在一切時中都不會有「身體是我」的意識。(9)

【第13問】難道智者絕對沒有「我身念」（梵dehatma buddhi，「我就是這個身體」的念頭）？譬如，尊者您被蟲子咬了，會沒有感覺嗎？

——會有感覺，也會起「我身念」。智者和無智者都會起這種念頭，但不同之

處在於，無智者認為只有這個身體是我自己，而智者明白一切都是真我，這一切盡是「梵」。若有苦痛，就隨他去，它也是真我的一部分。真我是完美圓滿的（梵poorna）。

能超越「我身念」，此人就成為智者。而能夠沒有「我身念」，就不會有「行為者念」[10]（梵kartritva），連「行為者」（梵karta）也都沒有了。因此，智者就不會造「業」，也就是說智者是無所作為的，這是他的體驗，否則他就不是智者。然而，無智者認為智者就是智者的身體，但智者從不做此想。(11)

【第14問】我見到您在做事情，您如何可以說自己無所作為？

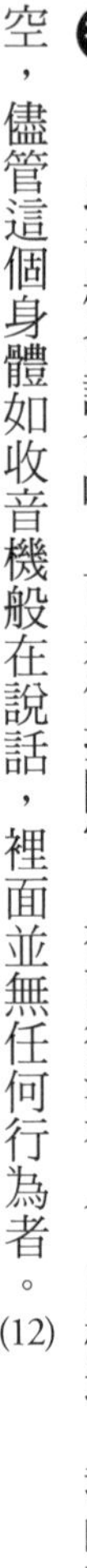

答——收音機會說會唱，可是你打開它，裡面卻沒有人。同樣地，我的存在有如虛空，儘管這個身體如收音機般在說話，裡面並無任何行為者。(12)

【第15問】我覺得這很難懂，可否請您再說詳細些？

答——許多書裡都不乏具體的例子，幫助我們了解雖然生存和各種行為要使用到心智，可是智者卻能有作為而不使用心智。做陶甕的轉輪在陶師完成陶甕之後，即使陶師不再去轉它，仍會繼續旋轉。同樣地，電風扇在我們關掉電源後也會繼續轉動一會兒。那股「此生業報」（梵prarabdha karma）[13]形成了這一世的身體，會繼續驅使身體去完成任何它本來注定要做的事。但是智者在做這些行為時，不會有自己是「行為者」的概念。這的確不容易了解，常見的舉例是，智者的行為類似孩童在晚上熟睡時

[10] 執著於有一個行為者是行為背後的主宰，如此的觀念稱為「行為者念」。

(11) 同注(6)，pp.349-50。

(12) S. Om, *Guru Vachaka Kovai Urai*, p.360.

[13] 此生業報（梵prarabdha karma）：積業中必須於此生承受的部分。由於業報理論意謂著人的遭遇是先天決定的，所以「此生業報」常被譯成「命運」。參見第二十一章。

(14) 伊濕瓦若（梵Iswara）即是印度教義中之「上帝」，是被人格化的最高神祇。（譯按：舊時中國佛經中亦譯為「自在天」。）

(15) D. Mudaliar, *Day by Day with Bhagavan*, pp.189-90.

被叫起來吃飯，但第二天早上他並不會記得吃過飯。

我們要記得一點，這些解釋都不是為了智者而做，因為他已明白且無有任何懷疑。他了知自己並非這個身體，即使身體有所行為，他自己並無作為。這些解釋都是為了旁觀者而做的陳述，因為他們以為智者和其身體無異，於是把智者的身體當成是智者。

【第16問】有種說法是證悟之際的震撼太強，以致身體無法存續。

答——關於智者在證悟後是否可繼續存活在肉體之內，是有幾種不同的理論和主張，但並非毫無爭議。有些人認為死了就證明他不是智者，因為如果是智者，他的肉體就一定會憑空消失或諸如此類的情況，他們因而提出許多好笑的主張。假如人一旦證悟真我後就必須立即捨棄自己的身體，那麼，關於真我的智慧和證悟的境地怎麼能留傳給後人？這也意謂那些把證悟真我之果以書面留傳給我們的人，就不能被認為是智者，因為他們證悟後仍繼續活了下來。此外，如果堅持主張，只要此人還在世間有所作為，他就不算是智者（如果沒有心智就不可能有作為）的話，那麼史上那些偉大的聖人在成為智者後，仍然繼續從事各種的工作，他們就必須被認為是無智者了。

不單如此，連諸多神祇乃至伊濕瓦若（梵Iswara）(14)也會被認為是無智者，因為他們仍然繼續在照顧這個世界。事實上，智者可以去從事任何作為，而且會做得特別好，因為他絕不會把所做的事歸功於自己，更不會幻想自己是行為者，只不過是有種力量透過其身體而利用它在作為，把工作完成。(15)

【第17問】智者是否有能力或有可能犯罪？

答——無智者視某人為智者，並把某人的身體當成智者。因為他尚未見到真我，所以誤把身體當作真我。他把這個錯誤用在智者的境地上，因此，認為智者是那生理的形體。

同樣地，因為無智者幻想自己是行為者（雖然他其實並非行為者），會把身體的作為視為是自己的行為，他會認為智者的身體動作即是智者在作為。可是智者明白真相為何，不會起疑惑。智者的境地不是無智者可以斷定的，所以只有無智者才會糾纏於這種問題，而智者則絕對不會。如果是行為者，就必須要判定行為的性質，而真我不會是行為者。你只要去找出行為者究竟是誰，那麼真我就會顯現。

【第18問】總而言之，能看見智者不表示你能了解他，你看見的是智者的身體，而非他的「智」。因此，必須是智者才能了解智者。

答——智者不會視任何人為無智者，所有的人在他眼中都是智者。在無明狀態中的人，將其無明套用於智者，就誤以為智者是行為者。在「智」的狀態中的智者，所見無有一物和真我相離。真我是全然光明、全然清淨的「智」。所以，他眼中無一物不是「智」。有個例子可以說明如何套用這種幻覺。有兩個朋友相傍而眠，一人夢到他們兩人一同遠行，擁有稀奇古怪的遭遇。醒來後，他把夢境述說一遍，問朋友難道不是如此。另一人嘲弄他，說這是他的夢境，怎麼會影響到別人。

這就像是無智者把自己虛幻的概念套用在別人身上。(16)

(16) 同注(6)，pp.479-80。
(17) 同注(1)，pp.xxx-xxxi。

【第19問】您說過，智者有能力也確實會有所作為，也會應人接物。我現在不懷疑這點。但是您同時說，他不起分別，對他而言，一切都是一體，他一直是在本識中。既然如此，他要如何因應顯然是不同的人和物？

答——他視所有的分別只是各種的假相，所有的人和物在他眼中是和真理、「真實」不相分離的，他也和這是一體的。

【第20問】智者的表達方式似乎更精確，他比凡夫更能欣賞分別。如果我能感覺糖是甜的，而苦艾是苦的，他似乎也能體嘗到。其實所有有形的、有聲的、有味的等等，對他和對其他人都是一樣的。若是如此，怎麼能說這些只是假相？難道這些不是他生活經驗的一部分嗎？

答——我曾經說過，真智表現在平等上，而「平等」一詞本身就暗示著有「異」的存在。智者能在所有的「異」中見到「一」，我稱之為「平等」。「平等」的意思並非無知於差別。當你證悟時，就能見到這些差別都是表面的，都沒有實質，都不恆久，而這所有假相之中所不可或缺的是那同一個真理、「真實」，那個我稱之為「一」。你提到聲、味、形、嗅等等，智者的確能體會其中的差別，但是他永遠能覺知、體驗到所有這些內在共有的那同一「真實」，這就是為什麼他無所偏好的原因。無論是行走、言談或作為，他都是在同一個「真實」內去作為、行走或言談。除了那同一、至上的真理，他一無所有。(17)

【第21問】據說，智者視一切眾生是絕對平等的？

——是的。

慈心、悲心、喜心及諸如此類的心態，於智者都是自然流露。對在樂境之人以慈，對在苦境之人以悲，對有德之人以喜，對無德之人以捨（恕），這些都是智者自然具有的心態特質。（引自帕坦迦利〔梵Patanjali〕(18)《瑜伽經》〔梵*Yoga Sutras*〕I：37[19]）(20)

你問到有關智者的問題，他們處在任何環境之中都不會改變，因為他們已經了知「真實」——真理。他們日常的行、住、坐、臥等一切行為，無非不是為了利他而為之，沒有任何行為是為了自己的私利。我以前告訴過你們很多次，就像有一種人以代人哭喪為職業來賺錢，智者也是以無執的心態專門為他人服務，自己不受影響。

智者會與人同聲哭泣，放聲歡笑，與人同樂，同聲歡唱，且會負責歌曲的節拍。他有失去什麼嗎？他在場時，就猶如一面清淨、透亮的鏡子，能如實地映現影像。但是智者只是面鏡子，不會受到自己行為的影響。鏡子和鏡架怎麼會被鏡中的影像所影響？它們不受任何影響，因為它們只是從旁輔助而已。另一方面，世上的行為者——那些以為自己是在作為的無智者，就必須自行決定哪首歌、哪種行為有益於世界，或哪種行為合乎經論，什麼才是可行的。(21)

【第22問】據說有所謂「帶身解脫者」（梵sadeha mukta，在世時證得解脫）與「消身解脫者」（梵videha mukta，於去世時證得解脫）。

答——無有解脫，何來解脫者？

(18) 帕坦迦利（梵Patanjali）：《瑜伽經》的作者與王道瑜伽（梵raja yoga）的創立者。

[19] 原文注明是引自帕坦迦利所著的《瑜伽經》第一篇‧第三十七經，應該是第三十三經之誤，而完整原經文為：「慈心、悲心、喜心及諸如此類的心態，於智者都是自然流露。對在樂境之人以慈，對在苦境之人以悲，對有德之人以喜，對無德之人以捨（恕），能如是修行者，其心地將愉悅而清明。」

(20) S. Nagamma, *Letters from Sri Ramanasramam*, p.147.

(21) 同注(20)，pp.139-41。

(22) 同注(6)，p.221。

(23) 商羯羅（梵Sankara）常被尊稱為「商羯羅阿闍梨」（梵Sankaracharya），是印度第八世紀的宗教改革家、哲學家，是首先推廣「不二論吠檀多」（梵advaita vedanta）教法之人。

【第23問】可是印度經論中不是屢屢提及「解脫」？

答——「解脫」是真我的同義詞。所謂「今生解脫」（梵jivan mukti，得解脫而仍未捨棄肉身）和「消身解脫」是為無明者而說，智者不會有「解脫」或「束縛」的意識。「束縛」、「解脫」、「解脫道」都是為了要讓無智者擺脫無明而說的。除了解脫，別無其他。

【第24問】這從尊者的觀點來看也許無妨，但我輩如何是好？

答——有「人」、「我」之別是「智」的障礙。(22)

【第25問】您曾經說過：「已解脫者能隨心所欲，脫離塵世之時即得大自在，但不復出生，因為生其實是死。」這句話給人的印象是，智者雖然不再回到人世，他可以選擇在天界繼續作為。既然他有所選擇，是否表示他仍然有意欲存在？

答——不，那不是我的意思。

【第26問】再者，有位印度哲學家在他寫過的一本書中，對商羯羅（梵Sankara）(23)的看法有這樣的解讀：「消身解脫」是子虛烏有的，因為解脫者去世後會以光明身留形，直到全人類得解脫為止。

答——那不可能是商羯羅的看法。商羯羅在其所著《寶鬘辨》（梵*Vivekachudamani*）(24)一書的第五六六頌說，已解脫者的物質身層既已消融，他就有如「水入水，油入油」一般，那是既無束縛也無解脫的境地。若是再有身，無論這個身體是多麼地微妙，就意謂著加覆蓋於「真實」之上，這正正是種束縛。解脫是絕對的，是不可逆的。(25)

【第27問】為什麼說智者不存在於兩個世界？他跟我們一起在這個世界四處遊走，見到我們所見到的一切，並非說他見不到。譬如在走路時，他會見到所走的道路。假如路中間有張椅子或枱子，他見到後，也會從旁邊繞過去。所以，他固然見到真我，難道我們不必承認他也看見世界和其中的事物？

答——你說智者看見道路、走在路上、遇到障礙、繞過它等等，這一切是在誰的眼界內所見，是智者的或是你的？他唯一所見到的是真我，而一切都在真我中。

【第28問】在我們的書中，好似沒有為我們解釋什麼是「自然俱生」（梵sahaja）的境地？

——有的。例如你見到鏡中的影像，也見到鏡子。你知道鏡子即是「真實」，它裡面的影像只不過是倒影。我們在看鏡子時，難道需要停止去看它裡面的倒影？(26)

(24)《寶鬘辨》（梵*Viveka-chudamani*）世傳為商羯羅宣揚「不二論」（梵advaitic）的著作。但現代大多數學者則認為，此書成書的年代至少在他逝世後二百年。
(25)同注(4)，pp.101-2。
(26)同注(15)，p.144。
(27)同注(6)，p.393。
(28)同注(6)，p.3。
(29)同注(6)，p.53。

【第29問】有哪些基本的檢驗標準可以讓我們發現某人是否真的是位心靈大師？據說有些人物的舉止和瘋子無異。

答——唯有智者才能認出另一位智者。你自己必須是智者，才能了解另一位智者。不過，聖人那寧靜的心所散發出來的氣氛，你在他周圍應該可以感受得到，這是靈修者能據以辨認偉大聖人的唯一方法。

他的言語、行為或外表都不足以顯示其偉大，因為這些一般都不是普通人能夠輕易理解的。(27)

【第30問】為什麼經典上常說聖人猶若幼兒？

答——幼兒和智者是有些相似。任何東西要能引起幼兒興趣，就必須要一直擺在他的眼前。一旦它消失了，幼兒就不會再去想它。因此，幼兒很明顯地並未把它一直掛在心中，心念自然不會受到它的影響。智者也是如此。(28)

【第31問】您是位世尊，所以您應該會知道我何時能得到「智」。請告訴我，我何時才能成為智者？

答——如果我是世尊，則除了真我之外，就沒有任何「人」存在——沒有智者，也沒有無智者。如果我不是世尊，那我跟你不相上下，所知道的也跟你一樣多。無論怎麼說，你的這個問題我都答不上來。(29)

有些來到這裡的人不問我關於他們自己的事。他們問：「今生解脫者」（梵jivan mukta）是否能見到世界？他是否還受業力支配？脫離肉體之後如何是解脫？是否唯有在脫離肉體之後才能得解脫，或即使活在此身中仍然可得解脫？聖人的身體究竟是消融於光明之中，或是用盡其他方式從視野中消失？即使留下的肉身已成為屍體，他是否還能得解脫？

他們有問不完的問題。為什麼要讓自己在這些問題裡打轉？知道這些問題的答案後是否能解脫？

因此，我對他們說：「別去管解脫。哪來的束縛？要知道的是：最優先、最必要的是去見到你自己。」(30)

(30)同注(6)，p.534。

第二部

參究與歸伏

拉馬納常把「歸伏」和「參究」的修法畫上等號，
說它們是同一種修行過程。
依「虔愛」方法的人稱之為「歸伏」，依「參究」方法的人稱之為「智」，
兩者的目標都是要孤立「我念」，讓它消逝於其源頭中。

第四章 參究自我——理論

回顧前述的第二章，拉馬納強調，我們有個牢固的概念——認為有個一己的自我，它是依靠身體和心智來起作用，我們只要能捨棄這個概念就能證悟真我。他的追隨者之中，確實有少數信徒（梵bhakta）能夠很容易地快速做到，但是對於其他的人而言，要去除一輩子累積形成的習氣，[1]如果沒有依循某個心靈修持的方法就不可能做到。拉馬納基於同情後者的處境，所以，每當有人要求他給個能夠覺知真我的心靈修持法時，他會建議他們做一種他稱之為「參究自我」的方法。這個修持法是實踐他哲學的基石，本書接下來的三章對此將有全方位的詳盡介紹。

拉馬納之所以要人去參究自我，目的在於讓人直接體認到所謂的「心智」並不存在，所以在開始具體描述這個方法之前，就必須要先解釋他對於心智本質的看法。拉馬納認為，任何有意識的心念活動或任何身體動作都離不開一個潛在的前提——有個在作為的「我」。一切「我想」、「我記得」、「我在做」等等，其中共通的因素就是「我」，它以為自己是所有行為的主人翁。拉馬納把這個共通的因素稱為「我念」（梵aham-vritti，「我」的念頭），其字義是「心智變異而成的我」。真正的「我」或真我絕對不會幻想自己在思考或作為。這種幻覺是心智所想像出來的，所以把它稱為「心智變異而成的我」。因為這個名稱太過冗長，所以它通常簡譯為「我念」。

[1]此處可能為了適應西方人不接受轉世的觀念，所以沒有說是多生累劫而來的習氣。

拉馬納主張，有「個己」的觀念不過是「我念」在用種種方式來彰顯它自己。雖然心智分有種種不同的活動和作用（例如：自我、智力與記憶），他傾向於把它們都視為是「我念」的種種不同形式。因為他視「個己」與心智無異，視心智與「我念」無異，所以，我們可以進一步說，如果沒有「個己」的意識（即證悟真我），那就意謂著心智和「我念」都消失了。我們的佐證是，他經常談到證悟真我之後的景象，大意是不再有心念的動念者，不再有行為的行為者，不再有個人存在的覺知。

由於他主張真我是唯一存在的「真實」，因而視「我念」為虛妄的假想，它本身根本不存在。他解釋「我念」的顯現意味著一定有某個可以執取的對象，才可以顯現其存在。每當念頭生起，「我念」立刻就據為己有——「我想」、「我相信」、「我要」、「我在做」，但是在那個它所執取的對象之外，並沒有一個獨立存在的「我念」。它之所以能顯現為一個相續存在的真實體，是因為執取的相續之流不停地發生的緣故。所有這類的執取，幾乎都可以歸因於初始那個只把身體認作是「我」的假想——不是把「我」當成身體的主人兼住戶，就是直接把「我」當作是身體。這個「我就是這個身體」的概念是所有其後妄想執著的主要源頭，參究自我的主要目標就在於泯除這個概念。

拉馬納主張，若要制止這種自我設限的執取習性，就是要試著去分開主體的「我」和執取對象的念頭。由於個己的「我念」不能沒有對象而存在，如果能把注意力集中在主觀的「我」或「我是」的感覺上，只要專注力夠強，「我是這個」或「我是那個」的念頭就不會生起，那麼，個己的「我」就不會和對象再有所交涉。若是這種「我」的覺知能保持下去，個己的「我」（我念）就會消失，取而代之的就是對真我的直接體驗。拉馬納把這種持續對「我」、「我是」的向內覺知，稱為「參究自我」（梵vichara）。他認為這是最有效、最直截了當、引人發覺「我念」並非實有的方法，也是他經常向問道者所推薦的方法。

依拉馬納的用語，「我念」是起於真我或本心之內，當它執取心念對象的習性消失時，就消泯於真我之中。因為如此，他經常要在言語上做出相應的調整，以配合有個「我」生起、消泯的意象。他可能會說：「回溯到『我念』生起的源頭」、「找出『我』從何處生起」，其中的含意都是相同的。不論他使用什麼字眼，都是在規勸追隨者保持對「我念」的覺知，直到它消融於其所來自的源頭之內為止。

有時，他會說就只要在心中想著或重複默念著「我」，也可以引人走上正確的方向，但必須要明白的是，這只屬於修行的初階而已。重複「我」，仍然牽涉到一個主體（「我念」），它覺知到有個對象（「我、我」的心念），而只要還有這種二元對立，「我念」就會繼續增長。唯有等到對所有物理或心理之對象的覺知都止息了，「我念」才會消失。這不是靠覺知「我」就可以達成，而是唯有成為「我」才行。這是主體經驗的階段，其中沒有客體對象的覺知，是屬於「參究自我」的最終階段，在後面的章節中會有詳盡的解釋。

這一點是參究自我和所有其他心靈修行不同的關鍵所在，也因為如此，拉馬納才經常主張大多數其他修持法的效果有限。他指出，傳統的冥想（梵dhyana）[2]和瑜伽修法必須要有某個主體在冥想某個客體，並說有這種主、客關係反而是在維持「我念」，而不是在斷除它。從他的論點來看，這類的修行方式或許能有效地讓心智沉靜下來，甚至帶來妙樂的經驗，但是它們永遠無法導入最終極的證悟真我，因為未能孤立「我念」，並剝除它的假面。

[2]梵語「dhyana」（meditation）在中文有許多種不同的翻譯，如音譯的「禪那」、「禪」，譯義的「靜慮」、「冥想」、「打坐」、「靜心」、「靜坐」、「專注」等等。在本書中譯為「冥想」。

本章所包括的問答，大多數是在表達拉馬納對「參究自我」理論所依的觀點，而這方法的實踐部分，則會在第五章中詳細解釋。

【第1問】什麼是心智的本質？

答——心智不是別的，就是「我念」。心智和自我是一如的，其他心的要素，例如智性、記憶都只是這個。意、智性、心（梵chittam，習氣貯藏所）、我執這些都是心智它自己。這就像是同一個人，只是依他不同的角色而有不同的稱謂。所謂「個別的靈魂（梵jiva）也就是這個靈魂或自我。(3)

【第2問】我們該如何發現心智的本質，也就是如何找到它最究竟的因，或找到它所彰顯的那個本體？

答——如果以重要性來安排各種心念，「我念」是整體上最重要的念頭。「一己之念」是所有其他念頭的根源，因為每個念頭的生起都只能是某個人的念頭，若是念頭能離自我而獨立存在，就不會為人所知了。因此，是自我在展現所有的思緒活動。第二人和第三人（他、你、那個等等）是對第一人（我）而有，因此這三人是俱生俱滅的。那麼，就要去找什麼才是「我」或一己人格最究竟的因。(4)

這個「我」是從哪裡生起的？向內去搜尋，它就會消失，這就是在尋求智慧。當心智不停地查找它自己的本質，就會發現並無心智這個東西，這是最直截了當的途徑。心智不外乎是各種心念，而一切心念的根本心念是「我」這一念。所以，心智就只是「我」這一念。(5)

「我念」生起，就是一己個人的出生。「我念」消失，便是此人的死亡。生起「我念」，就會生起「我就是這個身體」的妄想，所以你要除「我念」。只要有

(3) M. Spenser, 'Sri Bhagavan's letter to Ganapati Muni', *The Mountain Path*, 1982, vol.19, p.96.

(4) M. Venkataramiah (comp.), *Talks with Sri Ramana Maharshi*, p.25.

(5) A. Osborne, (ed.), *The Collected Works of Ramana Maharshi*, *Upadesa Saram*, vv.19, 17, 18, p.85.

(6) 同注(4)，pp.232-3。

(7)《瓦西斯塔瑜伽》（梵*Yoga Vasishtha*）是一部有關「不二論」的典籍，相傳由蟻蛭（梵Valmiki）所撰寫，內容是聖人瓦西斯塔為毘濕奴化身的王子羅摩（梵Rama）解答疑惑。

[8] 粗身（梵sthula sharira）是指肉體之身；細微身（梵linga sharira）是指在輪迴之身，包括了能量身、心智作用等；因緣身（梵karana-sharira）是指心智起源，是最接近真我的身，也是此三身中最細微精緻之身。

「我」在，就會有苦；如果「我」不存在，苦也就消失了。

【第3問】是的，可是我一試著去到「我念」，其他的念頭都跟著生起，反而靜不下來。

答——去看它們是誰的念頭，它們就會消失。它們共通的根就是在單一的「我念」。只要看住「我念」，它們就會消失。(6)

【第4問】既然是自我在做參究，它哪有可能認識到自己是虛幻不實的？

答——當你深入參究生起「我念」的源頭所在，就能超越自我的表象存在。

【第5問】「我念」不是自我所顯現自己的三種形態之一而已嗎？《瓦西斯塔瑜伽》（梵*Yoga Vasishtha*）(7)和其他古籍都提到自我有三種形態。

答——是的。根據他們所描述，自我有三種身——粗身（梵sthula sharira）、細微身（梵linga sharira）、因緣身（梵karana-sharira）[8]，但那只是為了分析說明的方便而做。因為自我可以有無數的形態，假如我們所介紹的「參究自我」方法是要借用到自我的種種形態，這種參究肯定不會有結果。因此，若是談到「參究自我」，你參究的根本前提必須是只有一個自我——「我念」。

【第6問】但是那好像還不足以證悟「智」。

答——循著「我念」的線索去參究自我，就有如狗循著主人的氣味找到他。主人可能身在不知何處的遠方，但是這並不會因此妨礙狗尋找到他。主人的氣味對於狗就是個足夠的線索，其他如他穿什麼衣服、他的身材和姿勢等都無關緊要。狗就專心循著氣味去找主人，終於成功地找到他。

【第7問】問題仍然是，為什麼尋求的不是其他的心念，而只有尋找「我念」的源頭才是證悟真我最直截了當的途徑？

答——雖然在使用上是把「我」、「我是」的概念稱為「我念」，嚴格而論，它和其他心智的心念不同。其他的心念彼此之間並不真有交涉，可是「我念」卻公平地和心智的每一個心念確有交涉。若沒有「我念」，就不會有其他的心念，「我念」自己可以存有，而不必依靠其他心念。因此「我念」和其他心念有根本的不同。

因為如此，參究「我念」的源頭，是在找到那個冒出「我是」的根源所在，而不只是在尋找某一種自我形態的根本。換言之，循著「我念」來尋找自我的源頭，並且證悟這源頭，意謂著必然要超越一切形態的自我。

【第8問】就算我們承認「我念」在本質上是包含了一切自我的形態，但是為什麼只選這一個心念作為參究自我的手段？

(9) T.N. Venkataraman (pub.), *Maharshi's Gospel*, pp.83-5

答——因為它是你最精純、最原始的經驗，無可再予解析；也因為唯有去尋找它的根源才是證悟真我的確實可行途徑。有一種論點說自我有一個「因緣身」（熟睡之際的「我」的狀態），但是你要如何把它當作查找的對象？當自我化成了那種形態，你已經陷入熟睡昏昧的狀態。

【第9問】但是，心智是在清醒狀態下去參究「我念」的源頭，而自我所化成的細微身和因緣身形態是否會太過無形而無法觸摸，以致心智會錯失它們？

答——不會。去參究「我念」的根源，所觸及的是自我存在與否的根本問題。因此，自我的精微形態並不是重點。

【第10問】我們只有一個目標，就是證悟那沒有雜染的、清淨本然的真我。既然它完全不倚靠自我，那麼去查找以「我念」為形態的自我怎會有用？

答——從起用的角度來看，自我只有一個特性，它的作用就如一個結，把清淨本識的真我和那本無生命、無知覺的身體連繫起來，因此被稱為「識身結」（梵chi-jada-granthi，本識與本無生命身之結）。你去查找「我念」源頭時，基本上所取的是自我連接本識的那一面。因為如此，參究它自然能體證清淨本識的真我。(9)

你務必要將本來清淨的「我」和「我念」區分開來。後者僅僅是個念頭，它會見到有主體和客體，會睡眠、清醒、進食、思想、死亡與出生。但是清淨的「我」是清淨的本然狀態，是永恆的存在，沒有無明且不起妄念。如果你就住於「我」，能獨一、無念，就會沒有「我念」，永離迷惑。電影院裡必須是完全黑暗，或只能有微光，你才能看見畫面。若是全部的燈都開亮，畫面就會看不見了。同樣地，在無上真我的光明中，一切對象都會消失。

【第11問】那就是超越的狀態。

答——不！何來超越，超越了什麼？又有誰在超越？唯獨你存在。(10)

【第12問】有說真我超乎心智，可是要證悟又偏要用到心智。「心智不能思惟它。它雖不能被心智所思惟，可卻偏偏只有心智才能證悟它」。該如何來調和這些矛盾？

答——能悟到真我的是「死心」（梵mruta manas。譯按：即心智活動的止息），也就是沒有思惟、返轉向內的心智。然後心才見到自己的本源，才成為「那個」（真我）。這情形不是有個主體在感受客體。

如果室內是黑暗的，就需要燈火照明，眼睛才能辨識物件。但是在太陽底下，則不需要燈火也能見到東西。要見太陽，你不需要燈火，只要把眼睛轉向那自我明亮的太陽即可。

心智也是如此。要看見東西就要靠被心智所反射出來的光明，如果要見到本心，把心智轉向它即可。然後心智就不見自己，唯有本心獨耀。(11)

(10) S. Cohen, *Guru Ramana*, p.46.
(11) 同注(4)，pp.94-5。
(12) 同注(4)，pp.154-5。
(13) Muruganar, *Guru Vachaka Kovai*, vv.42, 613.
(14) 同注(4)，p.574。

心智的本質不過是覺知和意識。不過，一旦受到自我的主導，它就成了推理、思惟、感受等作用的器官。宇宙心智則不受自我所局限，沒有任何東西不是它自己，因此它只是覺知。這就是《聖經》中所說「我是自有永有的」的意義所在。(12)

一旦心智消失於自己那無上本識的真我之內，就會認出心智喜愛的種種作用力（例如作為、認知等力量），都只不過是在一己意識形態內所出現的不實幻相，它們自然就會全部消失。不清淨的心智是似乎有思惟和忘卻的作用，而這些作用正是輪迴（梵samsara）——生死輪轉。唯獨真實的「我」才是純正的解脫，它裡面不存在思惟和忘卻的作用。它無所「疏失」（梵pramada，忘卻真我），而「疏失」正是造成生死輪迴之因。(13)

【第13問】要如何摧毀自我？

答——先抓住自我，再問該如何摧毀它。是誰在問這問題？是自我。問這個問題正是在珍惜它，而不能消滅它。如果去尋找自我，就會發現它不存在。那才是摧毀它的方法。(14)

【第14問】如何才能證悟？

答——猶如火中冒出星火，絕對真我中冒出一粒星火，這粒星火稱為「自我」。在無明之人，這自我會把它自己認作是跟它同時生起的對象，若無可執取的對象，自我就無法獨立存在。這種執取就是無明，我們要努力的就是消除無明。如果能夠磨滅它這種執取對象的傾向，它就會變得清淨，而融回它的本源。錯誤地執取身體就是「我身念」，認為「我就是這個身體」。這種妄見不除，就不會有進展。

可以在兩個狀態或兩個念頭之間，體悟到清淨的「我」。而自我就像是一條毛蟲，它非要抓住另一端才會把現在抓住的這一端給放開。它所執取的對象包括事物和心念，一旦把它和它所執取的對象隔開，就能發現它的本質。(15)

這鬼魅似的自我本來是無形的，它抓住了某個有形的事物就變成「有」（存在），便能存續。給它更多有形的事物，它就更豐滿。若是失掉某個有形的事物，它會立刻去抓另一個。可是如果去找它，它就會失去蹤影。

唯有先產生了第一人稱的自我，它的形態是「我就是這個身體」，然後才會有第二和第三人稱的「你」、「他」、「他們」等等出現。如果因為仔細檢查第一人稱的真相，使得第一人稱被排除了，那麼，第二、第三人稱的對象就會停止存在，然後自己的本性就會獨自照耀，因為真我的境地只是「一」。(16)

「我就是這個血肉之軀」的念頭就如一條繩索，會把其他的種種念頭都串起來。因此，只要我們能向內探尋「這個『我』何在」，則所有的念頭（包括「我念」）就會沉沒，然後「真我之知」（梵atma-vidya）就會自放光明。(17)

【第15問】我讀尊者的著作，發現證悟的方法在於去查找自我。

——是的，那就是參究自我。

(15) 同注(4)，pp.244-5。

(16) S. Om, (tr.), *'Ulladu Narpadu – Kalivenba'*, *The Mountain Path*, 1981, vol.18, pp.220, 219.

(17) S. Om, (tr.), *The Path of Sri Ramana, Atmavidya Kirtanam*, v.2, p.45.

【第16問】該怎麼做呢？

答——在參究的人一定要承認他有個真我存在，所證悟的就是「我是」。不斷地循線追尋下去直到證悟，就是所謂的「參究」。參究即是證悟。

【第17問】這還是很抽象，我該如何依之冥想？

答——一般的冥想需要有個所冥想或所專注的對象；參究則是只有主體而無客體對象。這是冥想和參究的不同之處。

【第18問】可是要證悟，冥想豈不是為最有效的手段？

答——冥想是將心智集中於某一個對象上。它的目的是為了要對治紛飛的心念，將心智集中於單一的念頭上，而最後連這個單一的念頭也要消失才能證悟。但是證悟不是要得來什麼新事物，它已經存在，只不過是被一層心念的布縵擋住了。我們一切的努力，都應該朝向揭開這層布縵，顯現證悟。

假如教靈修者去冥想，很多人領了這個教導會很滿意地離去。可是他們之中會有人起疑：「在冥想的這個『我』又是誰？」對這樣的人而言，就必須告訴他去尋覓真我。那才是究竟的，那就是「參究」。

【第19問】如果不冥想，光是參究就夠了嗎？

答——「參究」不僅是過程，也是目的。「我是」既是目的，也是最終的「真實」。努力去找到它就是「參究」，自動發起、自然而然即是「證悟」。[18]參究是最有效的心靈修行，如果拋開參究的方式不用，就沒有任何其他的方法可以讓心智平靜下來。即使有其他方式能讓心智平靜，那也只是暫時平靜，它還是會再度紛飛。[19]要證悟自己本來那個無為的、絕對的存在狀態，「參究自我」是唯一直接而究竟的方法。

【第20問】為什麼只有「參究自我」才能算是獲得「智」的直截方法？

答——因為除了「參究自我」之外，其他的心靈修持法無可避免地必須要靠心智來修，如果沒有心智，就無從修起。只要自我尚未被徹底消滅，修行到不同的階段，它也就會轉換成不同的、更微妙的形態出現。

史詩中國王迦那卡（梵Janaka）[20]高呼：「我終於發現一直以來是哪個賊把我給毀了。我會立即和他做個了斷。」他所說的「賊」，指的就是自我或心智。

【第21問】可是其他的心靈修持法也同樣可以捉賊。

答——除了「參究自我」的方法，其他想透過心靈修持法去摧毀自我或心智的嘗試，就如賊在扮警察捉賊，也就是自己在捉自己，唯獨「參究自我」才能暴露實情——自我、心智都不是實有的。從而讓人悟到那清淨、無分別的真我或那絕對的本然狀態。

(18)同注(4)，p.357。
(19)同注(13)，v.756。
(20)迦那卡（梵Janaka）：印度古代帝王，他證悟真我的記載見於《八曲身聖者之歌》（梵Ashtavakra Gita）。
(21)同注(9)，p.51。
(22)同注(13)，v.294。
(23)同注(4)，p.130。

既已證悟真我，就沒有餘物需要去認知，因為真我是圓滿的妙樂，它即是一切。(21)

【第22問】為什麼「參究自我」比其他方法更直截了當？

答——真我是一直在放光的「我」，是無可分割的清淨「真實」。被「我就是這個身體」妄想所蒙蔽的人，只有靠著專注於自己的真我才能登上竹筏，橫渡無盡輪迴的苦海。(22)

簡單而言，丟棄自我就有「真實」。為何尋找自我的認同感就是在消滅自我？因為自我沒有自體，就會自動消失，然後「真實」自然現前。這是最直截的方法，相較之下，其他方式的作法都還是在保存自我。走那些修法的道路會產生很多困惑，也無法解答最終極的問題：「我是誰？」但是，在參究自我時，這最終極的問題是唯一的、首先就提出來的問題。從事這種參究不需要做任何的心靈修行。

我們本身就是「真實」，可是偏偏要去尋求「真實」，哪有比這更不可思議的事！我們以為有個事物隱藏了我們的「真實」，要得到「真實」就必須摧毀這個事物。這真是荒謬！終有一天，你會回頭笑自己白費心機，而會讓你在那一天發笑的那個，此時、此地也在。(23)

第五章　參究自我——實踐

對於剛開始以「參究自我」進行修練的人，拉馬納會建議他們把注意力置於內在的「我」的感覺，而且能維持那感覺越久越好。如果注意力被別的念頭所分散，只要一察覺到注意力跑掉了，就立即把它帶回到「我念」的覺知上。他建議了幾種輔助的方法，例如問自己：「我是誰？」或「這個我是從哪兒來的？」但最終的目標是，要持續地覺知那個自以為在負責身心一切活動的「我」。

剛開始練習把注意力集中於「我」的感覺時，它是種心念活動，是個念頭或知覺的形式。當修練有所進步時，這「我」的念頭就變成一種感覺到「我」的主觀體驗，而到了這個感覺不再和任何的念頭和事物有所交涉、執取時，它就會完全消失，剩下的就是一種對本然狀態的體驗，當下對個體的意識都會暫時停止。初時，這個體驗可能乍有乍無，但是一旦熟練，它就會越來越容易來到，也越容易留駐。當參究自我到了這個地步，就可以毫不費勁地覺知到本然狀態。其實也無從努力，因為那個要出勁的「我」已經暫時不存在。但這還算不上是證悟真我，因為那「我念」仍然時不時會冒出來做主，可是這已經是修練的最高境界了。重複累積對本然狀態的體驗，就能削弱乃至於摧毀那生起「我念」的習氣。一旦削弱了盤踞的習氣，真我的力量就能完全淨除餘習，「我念」今後永遠不會再生起。這才是證悟真

(1) S. Abhishiktananda, *The Secret of Arunachala*, p.73.

我最終的、不再退轉的境地。

這種把注意力帶到自己或覺知「我念」的修練，不需要用那些慣見的壓抑方法去控制心智，可算是一種溫和的技巧。它不是在訓練專注，也不求壓制心念，只是啟動我們對於冒出心智那個源頭的覺知。「參究自我」的方法和目的就是要安住於心智的源頭處，而不去關注、不去愛好不是自己的那些，從而覺知真正是自己的那個。起初修練時最重要的是，別把注意力放在心念上，而是轉移到思惟者自己。可是，一旦已經能夠堅定地覺知到「我」的感覺，再努力就會有反效果。到了那個階段，過程就在於「是」(be)而非「做」(do)，這是無須費力的，不是透過努力而「是」的。

既然已經「是」了，就不需要再有何作為才是「是」；那個本然狀態時時刻刻現前，我們時時刻刻都能體驗到它。而要裝扮成不是自己本來的樣子(例如身體和心智)，反而會需要持續用上心力，當然此種心力幾乎總是會在下意識層面活動。因此，「參究自我」可說是深入到某個階段，刻意用心力反而無法體驗到本然狀態，一旦心力止息，它自然會現前。歸根究柢，真我無法因為有所「做」而被發現，只能透過「是」。正如同拉馬納所說：

不用冥想它——「是」即可！
不用思惟自己是什麼——「是」即可！
不用思惟如何「是」——你已經「是」！(1)

參究自我不是修練冥想，不是要在某個時刻、採取某種姿勢來做。只要是清醒的時刻，不論在做什麼事，都應該不停地去參究。在拉馬納眼中，參究自我和工作並無衝突，他強調只要稍微修練，在任何狀況之下都可以做到。他也的確曾說過，對初學而言，刻意安排時間專門做這項修練者是有益的，但是他從不建議長時間去靜坐冥想，若是他的追隨者表示想要放下俗務專門從事冥想，他一定會表示反對。

【第1問】您曾說過，去尋找真我就可以證悟真我。這「尋找」有何特質？

答——你就是心智，或你以為自己就是心智。心智無他，就是心念。在每個個別的念頭背後都有一個共通的念頭——「我」，那就是你自己。讓我們稱這個「我」為第一念，盯住這個「我念」，追問到底，看它究竟是什麼。當這個疑問變得非常牢固，你就無法去想別的念頭。

【第2問】我想要抓住我自己——「我念」，可是還有別的念頭來來去去，雖然我對自己說：「我是誰？」卻沒有答案冒出來。所謂的「修行」就是處於這種狀態中，是嗎？

答——這是大家常犯的錯誤。當你認真地尋覓真我時，有個情形會出現，就是「我念」消失，而潛在深層中另有一個東西籠罩住你，但它可不是那個開始去尋覓的「我」。

【第3問】這另外的東西是什麼？

答——那就是真我——「我」的本義。它不是自我，它是無上真我的本然狀態。

【第4問】您常說，在參究時一定要排斥其他念頭，可是念頭是無止盡的，每次排斥一個念頭，另一個就跟著生起，根本沒完沒了。

答——我沒有說你參究時一定要排斥其他念頭。你就只管盯住自己，也就是說看住「我念」。如果你唯一關心的就是那一念，其他念頭自然會被排斥，它們就會消失。

【第5問】那麼，是否就沒有必要刻意去排斥念頭？

答——不，或許在開始某段期間內，或者對於某些人，它可能是必要的。如果你認為每個念頭一生起就要排斥它，且這樣做會變得沒完沒了，這種觀念並不是真的，它是可以結束的。只要你能提高警覺，嚴格地做到念頭一生起就拒斥它，很快地你就會發現，自己正一步步地進入自己內在深處。到了那地步，就無須用心力去排斥念頭了。

【第6問】那時就無須有所作為，不用費勁也可能做到？

答——豈止如此，到了某個階段，你想要有所作為都不可能。

【第7問】我想往開悟再進一步，是否該試試無所作為？

答——在你目前這階段是不可能無所作為的。但一旦你工夫深了，卻又不可能有所作為。(2)

參究「我念」的根源所在，會讓心智變得內向，習氣就因而淡薄以至滅盡。我們稱之為「心智」的，是真我的光落在習氣上而產生反映的現象。因此，假如習氣滅盡了，心智就會消失，一切都消融於唯一「真實」——本心——的光明中。

(2) K. Sastri, *Sat-Darshana Bhashya*, pp.iii-iv.

(3) T. N. Venkataraman (pub.), *Maharshi's Gospel*, p.87.

[4]「非己」（梵anya）即不是真我，但這還是在相對層面上。到了絕對層面，除了真我別無他物，當然也就沒有「非己」了。

求道者需要明白的就只是這個簡單如實的道理。他所不可或缺的，是參究「我念」源頭的那個心一定要深切、要專一。(3)

【第8問】初學者該如何開始這項修練？

答——參究「我是誰」是讓心智平靜下來的唯一手段。「我是誰？」這個念頭能摧毀所有其他念頭，它猶如火葬時用來攪動火堆的棍杖，最終也會燒毀自己。一遇有念頭生起，應該不要等到它完全生起，就應立即參究：「是誰生起這念頭？」不論生起多少個念頭，又有什麼關係呢？只要一動念之際便能夠警覺地去參究：「這個念頭由誰生起？」如此就會知道「是我在起念」。假如再跟著參究：「我是誰？」心智就會返轉到它的根源（真我），那個生起的念頭也就會消匿。若是能反覆如此修練，讓心智安住於它根源的那股力量就會增強。

儘管那長久以來執著於感官對象的種種習氣多如海洋中所湧現的無數浪頭，只要對自己本性的冥想力越來越強，它們終究會消失。用功之人應該緊緊將注意力盯住自己，連一點空間都不留給像「自己究竟能否消除所有這些習氣而住於真我之中」之類的懷疑念頭。

只要執取感官對象的餘習仍在心中，就有必要去參究：「我是誰？」只要念頭一起，就在念頭生起的所在當下去參究，如此才能消滅它們。不去理會「非己」（梵anya，一切其他）[4]就是離欲或無欲（梵nirasa）。能不離真我就是「智」。在真理中，「無欲」和「智」兩者是一如的。有如採珠人要在自己腰間繫上石塊後跳入海中，才能採集分布在海底的珍珠。我們每個人潛入自己深深的內在，就要離欲才能得到真我珍珠。只要能不停地持續憶念自己的真實本性直到證得真我，這樣就已足夠。能參究：「這受束縛的我是誰？」以及能認識自己的真實本性，如此即是解脫。總是只把心智掛在真我上，就稱為「參究自性」，而「冥想」是思惟自己即是絕對者（梵），亦即那「存在—本識—妙樂」。(5)

【第9問】瑜伽士說，若要尋找真理，就必須要遠離俗世且遁入隱密的森林內。

答——不必揚棄世間的作為。你只要每天冥想一、兩個小時，仍然可以繼續盡你世俗的義務。只要你冥想的方式正確，如此導引出來的心念，即使在百忙之中還是會有如靈泉活水般流出。這如同一個觀念有兩種表達的方式，你在行為中所表達的，正是在冥想中所採用的。

【第10問】如此做下去，會有何結果？

答——如果你一路做下去，就能發現自己對人、事、物的態度會漸漸改變。你的行為自然而然地會反映出你冥想的成效。

【第11問】那麼，您是不同意瑜伽士的說法嗎？

答——人應該放下一己的私心，因為有私心，所以他會困於塵世之中。真正的厭離，在於放下那個虛妄的自我。

(5) S. Om, *The Path of Sri Ramana*, pp.157, 159, 160, 163.

[6] 此處所謂瑜伽的修行方式，應該是指瑜伽法門之一的苦行修。

【第12問】在從事世間的活動時，怎麼有可能做到無私？

答——世間的工作和智慧可以並行不悖。

【第13問】您的意思是，世人可以繼續一切原本的工作，例如他的職業，同時可以得到開悟？

答——為何不行？但是在那個情形之下，不要認為在工作的仍然是過去那個一己人格的身心，因為此人的意識會逐漸開始轉化，終於會穩固地超越那小小的自我。

【第14問】假如要工作的話，就不會有多餘的時間來冥想。

答——只有剛剛開始學習心靈修行的人才需要特別騰出時間來冥想，而進階者不論在工作與否，都會開始享受那份深沉的喜悅感。他的手在世間，頭可是清涼離世的。

【第15問】那您不教瑜伽的修行方式[6]？

答——瑜伽士嘗試把他的心轉向目標，就如牧牛者以棍棒來驅使牛，而這裡所傳授的修法，是讓靈修者手裡握著一把稻草來誘導牛。

【第16問】那要怎麼做？

——你就要問自己這個問題：「我是誰？」如此探索下去，終有一天會發現到你自己裡面有個東西，是心智無法觸及的。把這個大問題解決了，你其他問題就都解決了。(7)

【第17問】我在尋找「我」，可是什麼都見不到。

答——那是因為你的習慣是只認同這身體以及眼睛所見到的東西，所以你才會說什麼都見不到。哪有什麼可以見到的？是誰在見？要如何見？唯一存在的是本識，它現形為「我念」之後，就把這個身體認作自己，把自己由眼睛投射出去，然後見到周圍的外物對象。個人受限於清醒的狀態，卻期望能見到不同的東西。一切要他感官能覺知的才算數，可是他不願承認「能見的人」、「所見的物」和「見的行為」三者都是同一個本識（「我、我」）的顯現。以為真我是有形可見的，去深度冥想它就能幫人克服這種「幻」。事實上，哪有東西是可見的。你此刻是如何覺知到「我」？你是否需要在面前放個鏡子才知道自己存在？那種覺知就是「我」。明白這個，它就是真理。

【第18問】在參究念頭起源時，會感知到有一個「我」，但對我而言，那好像是不夠的。

答——的確，那種對「我」的知覺也許還是有形的、屬於身體的。清淨的真我是不應該帶有任何形狀的，真我是無所牽連、清淨的「真實」，身體和自我都是在它的光明中閃爍。一旦所有的念頭都靜止了，就只剩下清淨的本識。

(7) P. Brunton, *A Search in Secret India*, pp.156-7.
(8) M. Venkataramiah (comp.), *Talks with Sri Ramana Maharshi*, pp.161-2.
(9) 同注(8)，pp.571-2。

剛剛睡醒，尚未覺知到外在世界之際，就是那清淨的「我、我」。就保持那個狀態，不要睡著也別讓念頭盤踞。只要能夠穩固地保持住，那麼即使見到外在世界也無妨。見道之人不會被現象所干擾。(8)

什麼是「自我」？去參究。身體是無生命的，自己不會說「我」。真我是清淨的本識，是「不二」的，它也不會說「我」；沒有人會在睡眠中說「我」。那「自我」是什麼？它是內在身體和真我之間的東西，它並無立身之處。一去尋找它，它就會如鬼魅般消失。例如，在夜裡有些形影會讓人產生幻覺，以為身旁有鬼。若仔細一看，就會發現並非真的有鬼，而他幻想為鬼的不過是棵樹或一根柱子。如果他不仔細看，可能會被鬼嚇到。他只要仔細地看，鬼就消失了，因為鬼從來就不存在。自我也是如此，它是身體和清淨本識之間那無形的連繫，它並非真實的。如果你未仔細檢視它，它就不停地製造煩惱。而只要你一去尋找它，就會發現它並不存在。

還有一則故事可說明這個道理。印度人舉行婚禮時，婚宴常會連續辦上五、六天之久。一次，有個陌生人來到婚宴，女方的家族誤以為他是男方的儐相，就特別款待他。男方家族見到了，以為那人是女方的貴客，也就待之如上賓。那陌生人好不快活，當然他自己對於實情可是清楚的。後來男方家族想要跟他提些事，就向女方那邊問起他。他立刻警覺到要出事，就趕快走人了。自我也是如此，只要一尋找它，它就不見了，否則它就會繼續給人惹麻煩。(9)

【第19問】當我去參究「我是誰」時就會睡著，該怎麼辦？

答——在你清醒時堅定地去參究，那就很夠了。如果你不停地去參究，參究到睡著

了，那你即使睡著了也還是在參究的。你一醒來後，就立即繼續參究。(10)

【第20問】我要怎麼才能獲得平靜？透過「參究」的方法好像也平靜不下來。

答——「平靜」是你本然的狀態。是心在干擾那個本然狀態。如果你不能感受到平靜，就表示你還只是在心裡面參究。要探索心是什麼，它就會消失。沒有念頭，心智就不存在。只不過因為有念頭出現，你假定它是從什麼東西生出來的，於是就把那個稱為「心」。當你參究它是什麼，就會發現沒有「心」這樣的東西；當它這麼地消失了，你就證得了永恆的平靜。(11)

【第21問】當我去參究「我」的源頭何在時，會進入一個心止寂的階段，但是無法再進一步超越。我心中沒有任何念頭，只有「空」，什麼都沒有。有個微微的光充斥著，我覺得那是沒有身體的我自己，我感覺不到也看不到身體和它的形相。這種經驗維持了大約半個小時，很舒服。我認為一切修行所追求的永恆妙樂、永恆自在或解脫，不論我們如何稱呼它，就是要繼續修練，直到這個經驗能夠維持上幾個鐘頭、幾天，乃至幾個月。我不知道這樣的結論是否正確？

答——這不是解脫，這種情形稱為「心念一時寂止」（梵manolaya），意指於專注的狀態中，暫時制止了心念的活動。可是一旦專注力消失，新的、舊的思緒就會像以前般地湧上來。這種心智活動暫時平息的狀態縱使能維持上一千年，也絕不會導致心念

(10) D. Mudaliar, *Day by Day with Bhagavan*, p.73.

(11) 同注(3)，p.43。

[12] 根據譯者所跟隨的瑜伽大師斯瓦米·韋達（Swami Veda）所說，「瑜伽睡眠」（梵yoga nidra）並非只是「大休息」的放鬆練習，而是依不同目的有種種不同的觀想法，有依照一定步驟逐點觀想自身幾十個穴位，有導引神識住於特定的脈輪，而當進入真正的睡眠瑜伽狀態時（若以儀器測量，是當腦波呈現戴爾他〔Delta〕頻率），也只以十分鐘為限，不可長久待在此狀態中，免墜空亡。拉馬納苦口婆心勸人不要會錯意，亦類似禪宗祖師要人不可空心靜坐。

(13) 苦行（梵tapas）通常是用來指稱與否定一己人格或是毀傷身體等手段有關的禪定修行。不過，「tapas」這個字還有許多其他的意思，例如自我懲罰、嚴格的宗教清修與熱。

數能夠平安到達目標。

徹底滅盡，不到那個地步就無法解脫生死。修行者因而一定要保持警覺，不時要參究是誰在經驗，是誰在得妙樂。如果不這樣參究，他會進入長時間的出神狀態或長時間在沉睡狀態（瑜伽睡眠〔梵yoga nidra〕[12]）。心靈修持做到這個階段的人，往往因為沒有明眼的過來人指引，很多人到此就起了幻覺，斷送於解脫假相的陷阱，只有極少數能夠平安到達目標。

有則故事可說明這個道理。有位瑜伽士在恆河邊從事多年的苦行（梵tapas）(13)，有了深入禪定的經驗，他認為只要能長時間維持在那個狀態中就可算是解脫，所以依此修行不懈。有一天，他行將入定之前忽然覺得口渴，就呼喚徒弟去恆河取些水來。但還未等到徒弟回來，他已經進入了瑜伽睡眠，這一入定就不知過了多少年，滄海變桑田，當他出定時，立即呼喚著：「拿水來！拿水來！」但是眼下沒有徒弟，也不見恆河。

他第一件要的東西是水，因為在他入定之前，心中最上一層的念頭是「水」，而不論他入定有多深、有多久，他也只是暫時讓心念平息。當他的意識回復之際，這最上層的念頭就飛奔而出，有若決堤洪水。如果在他入定之前所浮現的一個小小念頭都會有這種情形的話，可想在此以前那些已經扎根的念頭也都沒有壞去。如果說解脫就是念頭的滅盡，他可以算是得到解脫了嗎？

靈修者中，很少人明白「心念一時寂止」（心念暫時靜止）和「心念寂滅」（梵manonasa，心念永遠滅絕）兩者有何區別。若心念之浪暫時被平息，縱使這個暫時的期間能維持千年之久，只要此狀態一停，暫時寂止的思緒就會馬上再活躍起來。因此，對自己心靈修行進步的情形一定要留心，絕對不可讓自己陷入這種心念寂止的魔咒。一旦經驗到這種情形，就要恢復意識，繼續向內參究，究竟是誰在經驗這寂止的狀態。我們固然不容任何心念侵入，但是同時也絕對別受制於這種沉睡（瑜伽睡眠）或自我催眠。發生這種現象固然是修行進步的徵兆，但這也正是解脫之道和瑜伽睡眠之道要分道揚鑣之處。最簡單、直截、快捷通向解脫之道就是運用「參究」的方法。如此參究下去，你會把心念趕往深處，直到抵達它的源頭，而後融入其中。要到那一刻，你才會得到來自內在的回應，發現你已經安住其中，一舉永滅所有的心念。(14)

【第22問】這個「我念」從我生起，但是我尚未認識到真我。

答——這些都只屬於思想上的概念。你現在認為是自己的那個「我」是錯的「我」，那是「我念」。這個「我念」有生有滅，然而那真正的「我」的重要性，在於它是超越生滅的。真正的「我」是不會中斷的，晚上睡覺的是你，現在醒著的是同一個你。你熟睡時不會感到不快樂，現在卻會。究竟起了什麼變化，以致現在的你才會有不同的體驗？原因是你熟睡時沒有「我念」，而現在就有它。那個真正的「我」不顯明，所以虛妄的「我」就大搖大擺地顯現，這虛妄的「我」就是正知的障礙。去尋找這虛妄的「我」從哪裡生起，然後它就會消失。那你就會成為原本的你，那絕對的存在狀態。

【第23問】為何我到目前都不見功效？該怎麼做呢？

答——去尋找那「我念」的源頭，這就夠了。整個宇宙是因為有「我念」而存在，只要它滅了，苦痛也都滅了。唯有當那虛妄的「我」的源頭受到搜查時，它才會滅去。(15)

(14) R. Swarnagiri, *Crumbs from his Table*, pp.25-7.

(15) 同注(8)，pp.184-5。

[16] 這句話是引自帕坦迦利《瑜伽經》第一篇．第二句：「yogash chitta-vritti-nirodhah」，通常譯為「瑜伽是息滅心智的活動」，這是為「瑜伽」所下的定義，表示「瑜伽」即是要息滅乃至壓制心智的起伏波動，但這正是本書作者拉馬納所批評之處。另有瑜伽大師解釋，本句經文真正意思是讓心智逆轉向內，回溯其本源，終於達成心智的息滅（請參閱斯瓦米．韋達所著的《瑜伽經集註釋論．第一輯》〔*Yoga-Sutras of Patanjali, a translation and commentary*, Volume I〕），則又與拉馬納的主張完全一致。

[17] 梵語「abhyasa」（心靈修行）出自《瑜伽經》第一篇，與「vairagya」（離欲）並稱是瑜伽修行的雙輪。據斯瓦米．韋達所著《瑜伽經集註釋論》，「abhyasa」是指一而再地把游移的心拉回，而得到瑜伽成

再者，常有人問該如何息滅心智。我告訴他們，「你把心智找出來給我看，你自然就會知道該怎麼辦。」事實上，所謂的「心智」不過是一堆念頭，怎麼可能以消滅它的念頭或以任何意欲來消滅它自己？你的念頭和意欲都還是心智的部分或一分，每生起一分新的念頭，心智就又「肥」了一分。因此，試著以心智來消滅心智就是不切實際的。唯一有效的方法就是去尋找它的源頭，然後握著不放，那麼心智就會自然而然地消失了。瑜伽教人要「息滅心智的活動」（梵chitta vritti nirodha）[16]，可是我主張的是「參究自我」，這才是最實際的辦法。要息滅心智活動，在睡眠、昏厥或飢餓狀態下都能做到。可是只要這原因一消除，念頭立即復生。那又有什麼用呢？人在昏沉狀態中是平靜而無苦痛的，可是一不昏沉，苦痛又回來了。所以，這種「息滅」（梵nirodha）是無用的，沒有長效的。

該如何維持長效呢？那就要靠找到苦因。苦，是來自因為有覺知的對象。如果對象不存在，就不會引生念頭，那麼苦就不存在。隨後的問題便是：「要如何讓對象消失？」所有的經典和聖人都告訴我們，對象是由心念所生，它們沒有實質的自體。自己去好好地參究這件事，來驗證前面那句話。結論會是：「客觀世界存在於主觀意識中。」因此，真我是唯一的「真實」，既充塞於世界中，又含攝世界於其中。既無二元的對立，就不會生起心念來干擾你的平靜，這就是證悟真我。真我是永恆的，證悟也是永恆的。

所謂「心靈修行」（梵abhyasa）[17]，就是每當妄念干擾一起，就回攝於真我之中。這不是在講禪定或摧伏心智，而是回溯到真我之內。(18)

就。與《瑜伽經》第二篇的「kriya」（具體行法）和「sadhana」（「修行」的通稱）含意不同。

(18) 同注(8)，pp.463-4。

【第24問】為何禪定是無效的？

答——要心智去滅心智就像是要賊去當警察。他會跟你走，假裝在捉賊，但是當然一事無成。所以，你一定要反轉往內，去看心智是從何處生起，那它就會止息而不存在了。

【第25問】把心智向內轉，不還是仍在使用心智嗎？

答——沒錯，我們還是在使用心智。眾所周知，也是無可否認的，要消滅心智還是要靠心智來幫忙。但這可不是說，有個心智在那裡，我要消滅它，而是要你著手去找心智的源頭，然後才發現心智根本不存在。當心智向外，會生出念頭和對象；若心智向內，它自己就成為真我。(19)

【第26問】但我還是不明白。您說，這個「我」是錯誤的「我」，那麼，該如何斷除錯誤的「我」呢？

答——你無須斷除錯誤的「我」，「我」如何能斷除它自己呢？你就只需要去尋找到它的源頭所在，然後安住在那裡。你再如何努力也只能走這麼遠，它自然會有消息，再下去你也插不了手，是你努力不來的。

【第27問】假如說「我」是永恆的，就在此時、此地，為什麼我感覺不到？

(19) 同注(10)，p.31。
(20) 同注(8)，p.163。

答——這就是了。是誰在說感覺不到它？是真實的「我」或虛妄的「我」在說？檢查一下。你就會發現是那個錯誤的「我」。錯誤的「我」就是障礙，一定要移開它，才不會遮住真正的「我」。「我尚未開悟」的感覺就是證悟的障礙，其實它已經是證悟的了，並非有什麼新的事物要去證悟，否則證悟就會是新的狀態，現在不存在，才能在其後發生。而凡是有生的，就有滅。假如證悟不是永恆的，就不值得去求它。因此，我們要尋找的，不是那個非要新生出來的，而是那個永恆的，只不過現在因為被遮住，所以才認不出來，那才是我們要尋求的。我們所需要做的就只是除去障礙而已。因為無明，所以我們無法認出永恆的。無明就是障礙，除去無明，就一切無事。無明和「我念」同是一回事，找出它的源頭，它就會消失。

「我念」就如靈魂，雖然不可觸及，卻是和身體同時生起，俱生、俱滅。那個身見是錯誤的「我」。要放掉身見，只要去尋找「我」的源頭就可以辦到。身體不會說「我是」，只有你才會說「我就是這個身體」。去尋找這個「我」是誰，去尋找它的源頭，它就會消失。(20)

【第28問】心念在本心中可以停留多久？

答——多修練，就可以延長這期間。

【第29問】這期間終了又如何？

答——心念又回到現在這平常的狀態。種種知覺的現象會取代那種與本心合一的境

地，這稱為「外馳心」，而向著本心的心則稱為「息心」。(21)

只要每天如此地去修練，時間久了，心中的雜質就能清除，心就變得極為澄淨，修練就會變得更容易，只要一開始參究，澄淨的心念就會立即跳入本心中。(22)

【第30問】曾在入定時經歷過「存在—本識—妙樂」的人，當他出定時是否仍有可能認同身體就是自己？

答——是的，這是有可能的，但是如果他繼續修練的話，對身體的執著就會逐漸淡化。在真我的光明中，「幻」的暗境會永遠散去。(23)

只要所有的習氣尚未根除，這體驗就無法持久。要斷除習氣就必須努力，而只有當所有的習氣都根除殆盡，「智」才能不動搖。(24)

我們要力鬥心中那些經久累積而來的習氣，它們終於都會得以清除。過去就有修持的人，清除的速度自然相對地快一些，其他的人則會慢一些。

【第31問】這些習氣是逐漸去除的或是有一天忽然全部消失？我之所以會這麼問，那是因為我待在此地已經很久了，可是卻感覺不到自己有任何漸進的改變。

——當太陽升起，黑暗是逐漸消失或倏然全部消失？(25)

(21)同注(8)，p.27。
(22)Muruganar, *Guru Vachaka Kovai*, v.399.
(23)S. Cohen, *Guru Ramana*, p.91.
(24)同注(8)，p.145。
(25)同注(10)，p.7。
(26)同注(8)，pp.582-3。

【第32問】我如何知道自己的參究有所進步？

答——從念頭變少了的程度，便可以作為衡量證悟真我進步與否的其中一個指標。但是嚴格來說，證悟真我本身並無所謂的進步，因為它是恆常不變的，真我永遠是證悟的。念頭是障礙，使我們不明白真我永遠是證悟的。所以，要知道是否進步，便可以用障礙移除的程度來衡量。因此，一定要對治念頭，方法就是去尋找是誰在起念。所以，你一要去到它們的源頭處，在那裡它們是無生的。

【第33問】我會問問題，那是因為我一直起疑念。

答——清除一個疑念又會再生出來一個，等這個清除了，它就會讓位給下一個，如此周而復始。所以，要把疑念完全清除是不可能的。就看著是誰在起疑念，去到它們的源頭，留在那裡，它們自然就不會再生起了。這才是清除疑念的方法。(26)

【第34問】我是否要不停地自問：「我是誰？」而不必回答這個問題？是誰在問誰？在如此參究時，應該抱著什麼樣的心態（梵bhavana）？「我」究竟是什麼，是真我或自我？

答——參究「我是誰」時，那個「我」是自我。這個問題真正的意義是，這個自我的根本源頭是什麼？你不必抱著任何心態。唯一的要求是你不能有「我是身體」、「我是這樣或那樣的人」、「我有這個或那個名字」之類的心態。你對於自己真實本

性不必懷著任何心態。它就是它，永恆存在，真實而無任何心態。(27)

【第35問】但是有個「我」在尋找「我」豈不可笑？參究「我是誰」會不會到頭來只是白做虛功？或者，我該永無止境地去問自己，把這個當作反覆持誦的咒語（梵mantra）(28)？

答——參究自我當然不會是白做虛工，而且遠比持誦任何咒語有效。假如參究「我是誰」僅僅是個心中的疑問，那就沒有多大功用。正所以要參究自我，其目的就在把整個心智集中於它的源頭上。所以，這情形並非有個「我」在尋找另一個「我」。參究自我更不可能是白做虛工，因為這需要用上整個心智的力度，才能穩定地維持清淨的自性覺知。(29)

【第36問】如果我就只在每天早晚花些時間做「參究自我」的修練，這樣夠嗎？還是我應該隨時隨地去做，即使在寫作或行走中都要修練？

答——你的真實本性是什麼？是寫作、行走或本然狀態？你的本然狀態是一個不可變的「真實」。除非你已經證悟到了那清淨本然的狀態，否則你就得要鍥而不捨地去參究。一旦你能夠安住於其中，就不會再有任何罣礙。

如果念頭不起，沒有人會去參究它們的源頭。只要你還有「我在行走」、「我在寫作」的念頭，就去參究是誰在做這些動作。(30)

(27) 同注(10)，p.76。
(28) 咒語（梵mantra）：由上師交付給弟子的某些神聖字句。詳見第八章。
(29) 同注(3)，p.50。
(30) 同注(8)，p.550。
(31) 同注(2)，p.ix。
(32) 同注(8)，p.470。
[33] 室利·奧羅賓多道院（Sri Aurobindo Ashram）是印度近代聖哲和心靈導師室利·奧羅賓多在南印度所創立的一所道院。他退休後，由一位女性繼承道院的心靈導師地位，被人尊稱為「母親」。

【第37問】如果我就只管保持不起念頭，我能稱這為「參究」嗎？

答——這或許可以算是個墊腳石。但是真正所謂的「參究」，是要等到你已經能排除一切心念活動，平伏識浪，能緊緊地貼住你的真我，才算是「參究」。

【第38問】這麼說，「參究」不是種智性活動？

答——不是，它是內在的參究（梵antara vichara）。(31)

我們建議初學者抓住心智，並參究它。但是，心智究竟是什麼？它是真我的投影。去查找它是為誰出現，又從何處生起，就會發現「我念」是根本的因。再深入查找，「我念」也不見了，就只剩下寬廣無涯的本識之「我」。(32)

【第39問】我曾問過室利．奧羅賓多道院（Sri Aurobindo Ashram）的「母親」[33]：「我將內心保持一片空白，思緒不生，祈望神能夠現出真身。但是我什麼都體驗不到。」我得到她回答的大意是：「這心態是正確的。神力會降臨，它將會是直接的體驗。」請問我還應該做什麼嗎？

答——做你自己就可以了，不會有任何東西降臨、顯現，只要放開自我就夠了，那個本有的一直都在。即使在此刻，你就是那個，你和它未曾分離。你所見到的是空白，你去那裡為了見空白，你究竟在等什麼？「我尚未見到」的想法、想要見到某個事物的念頭、想要得到某個事物的欲望，這些分明都是自我做出來的。你已經落入自我的陷阱，這些都是自我在說話，不是你在說話。只要忠於做你自己，其他都不用。

你生下來就會去抓取事物，假如抓到了某個事物，你就會再回來。因此，不要理會這些無用的言語。就忠於做自己，找出來你是誰，並待在真我中，無生、無去、無來、無返回。(34)

【第40問】該如何去認識自性？

答——認識真我就是成為真我。你能說你不認識真我？雖然你看不見自己的眼睛，也無鏡子可照，但你能否認自己眼睛的存在嗎？同樣地，雖然你不能把真我當成對象，可是你知道真我存在；或縱然你不能把真我當成對象，你能否認真我存在嗎？當你說「我無法認識真我」時，意思是少了有對象的相對性認識，因為你已經太習慣於相對性的認識，而執著於它不放。這種錯誤的執著使得認識顯而易見的真我變得更為困難，因為真我是無法被對象化的。所以，你才會問：「該如何去認識真我？」

【第41問】您說要做回自己的本來，「本來」是什麼？

答——你要做的，就是「本來」，就是「是」，沒有「是這個」或「是那個」，「我是自有永有的」就總結了真理的全貌。至於方法，簡單地說就「是」寂靜。寂靜是什麼意思？它意指消滅你自己。原因是只要一有任何的相貌或形狀，煩惱就隨之而來。不要有「我是如何、如何」的想法，(35)要證悟真我，需要的是「寂靜」。還有比這更簡單的嗎？所以，「真我之知」最容易做到。(36)

(34)同注(8)，pp.151-2。
(35)同注(8)，pp.332-3。
(36)同注(3)，p.35。
(37)同注(22)，v.433, 1232。

唯有這關於自己的真理，才值得去檢驗、去知曉。你所有的注意力要以它為焦點，應該要在本心中切實去了知它。這個「知」只能在本識中得，因為本識寧靜而明澄，超越了躁動不安的心智活動。要知道，本識永遠在本心中綻放光明，它就是那無形的真我、「我」，只有當人的本然狀態能寂靜，對任何事物都沒有存在或不存在的想法，才能夠知曉它，而唯獨它才是那完整的「真實」。(37)

第六章　參究自我——誤解

拉馬納的理論主張和印度一千多年來大興的「不二論吠檀多」（梵advaita vedanta）⑴擁護者所高舉的非常相似，拉馬納和不二論者在理論上並無重大不同，但在修行的取向上卻有很大的分歧。拉馬納提倡的是參究自我，而大多數不二論的大師會建議使用一種冥想的系統，從思想上來肯定真我是唯一的「真實」。他們的肯定方法，通常是把如「我即是梵」（梵aham Brahmasmi）、「我即是他」（梵soham）等簡短的偈語當成咒語持誦，比較罕見的則是冥想偈語的意義，試著把其含意變成真實的體驗。

由於「參究自我」通常的下手處是問：「我是誰？」因此，許多傳統的不二論擁護者認為這問題的答案就是「我即是梵」，於是他們就心無旁騖地重複這句心靈妙方。拉馬納對這方法不以為然，他說如果心老是在尋找或複誦答案，它就不會沉入到它的根源中且消失。基於相同的理由，他對於想把「我是誰」當成咒語來持誦也無法認同。他說對於「參究自我」而言，兩者都未能把握住重點。根據拉馬納所說，問「我是誰」這個問題既不是請你分析心有某種特質，然後得出某個有關其本性的結論，也不是要把它當成咒語來持誦。它不過只是一個工具，用來幫你把注意力從思考和感覺的對象移轉至思想者或感覺者。拉馬納的意見是，「我是誰」這個

⑴不二論吠檀多（梵advaita vedanta）：「不二」（advaita）是吠檀多學派之下的一個支流；「吠檀多」（vedanta）是由諸《奧義書》經文衍生而來的一個形而上學派。

問題的解答不能在心中求，也不能以心來尋找，因為唯一真正的答案是連心都沒有了的那個直接體驗。

另一個普遍的誤解是來自印度的傳統信仰，他們認為在心中將一切外物、念頭、感覺都斥為「非真我」之事，就能因而見到真我。這個就是所謂的「不是這個、不是這個」（梵neti-neti）的作法。修這個系統的人對一切以為是「我」的對象都要予以喝斥，例如「這心念不是我」、「這身體不是我」等等，希望最終能夠體驗到清淨無瑕形態的真我。印度教傳統中也稱此法為「參究自我」，因為名稱雷同的緣故，就常和拉馬納的方法混為一談。拉馬納對這個自我分析的傳統修法完全持負面的看法，他會勸導自己的隨學者別去修練它，說它仍然只是一種智性的活動，無法帶領他們跳出心智的局限。每當有人問起這個方法是否有用，他都會同樣地回答這種作法就是種區別心，適足以維繫「我念」於不墜。這個因為身體和心念是「非我」而摒斥它們的「我」，是絕不可能摒斥它自己的。

信奉「我即是梵」和「不是這個、不是這個」等宗派的人都有一個共通處，就是認為不論以肯定或否定的方法，都可以經由心智來見到真我。這種以為心智可以藉由它自己的作用而通達真我的信念，正是大多數人對「參究自我」這個方法有所誤解的根本原因。其中一個典型的例子是，以為參究自我就需要專注於身體上某個特別的位置——「心輪」（Heart-centre）。抱持這個看法的人很多，都是由於誤解了某些拉馬納對於「本心」的說法。如果要了解這種信念如何產生，就有必要仔細檢視他對於這個主題的一些觀念。

有時，拉馬納在描述「我念」是如何生起時，會說它是從胸腔右側的一個中心點開始，循著一條脈絡上升到腦部。他把那個中心點稱為「心輪」，他說當「我念」消沉於真我之內時，它就會回到那個中心點，然後消失。他也曾說，當有意識地體驗到真我時，會清楚地覺知到這個中心就是心智和世界的源頭。不過嚴格地說來，這些說法並非全然正確，拉馬納有時會聲明，這只是為了方便那些堅持認同於身體的人，而不得不使用的較為具體的說法。他所說的「本心」並不是真正地位於身體之內，所以，從最究竟的觀點來看，也不能說「我念」是從胸腔右側的這個中心點生起或沒入。

由於拉馬納常說「去尋找『我』是從哪裡生起」，或「去尋找心智的源頭在哪裡」，因此，很多人就將他的說法解讀為在參究自我時應該要專注於這個特別的中心點。拉馬納多次否定這種解讀的方式，他說要找到心智或「我」的源頭，唯一的辦法就是盯住「我念」，而不是專注於身體某個特別的部分。有時，他的確會說集中心力於這個中心點不失為訓練專注力的好辦法，但是他從未說過這跟參究自我有關。他偶爾也會說冥想本心是通往真我的有效途徑，但是同樣地，他從未說過具體作法是要專注於心輪的位置。他實際上說的是，你要如實地冥想本心，(2)如是的本心可不是指某個位置，它是內在的真我，你只有藉由成為它，才能覺知它的真實本性，而不是專注於它。

雖然他對本心和心輪的種種表述，有時或許可能引起混淆，所以會有人認為在參究自我時要專注於這個中心點，但是在他所有的著作和談話紀錄裡，並無任何一句話可以來支持這種見解。事實上，如果細讀他對於這個主題的表述，你只能得到的結論是：真我的體悟包括對這個中心點的覺知，可是專注於這個中心點無法帶來體悟真我的結果。

(2) S. Om, (tr.), *'Ulladu Narpadu – Kalivenba'*, *The Mountain Path*, 1981, vol.18, p.217.

(3) M. Venkataramiah (comp.), *Talks with Sri Ramana Maharshi*, p.162.

【第1問】我開始問自己：「我是誰？」依之而能摒斥身體，因為它不是「我」，呼吸也不是「我」，但是無法再進步。

答——是的，那就是智性能走到的極限，你的作法還只是在智性的層次。的確，一切經典都教人這麼做，但只是為了將靈修者引向真理。真理無法直接被指出，所以才有這種運用智性的作法。

你要知道，即使能摒斥一切「非我」，依然無法摒斥這個「我」。當你說「我不是這個」或「我不是那個」，就一定還有個「我」，而這個「我」只是自我或「我念」。一旦生起「我念」，其他念頭就會跟著生起。因此，「我念」是個根本念頭，如果拔掉這個根，其他的就同時鏟除。所以，要去尋找「我」這個根，自問：「我是誰？」找到它的源頭，那麼其他念頭都會消失，留下來的只有清淨的真我。

【第2問】具體要怎麼做？

答——真正的那個「我」恆存，不論於沉睡、做夢或清醒時都存在。在睡眠時的那個和此時在言語的這個人，都是同一個，「我」的感覺不會消失，否則你能否認你的存在嗎？你不能，你會說「我在」，去尋找是誰「在」。(3)

【第3問】我是冥想「不是這個、不是這個」。

答——不，這不是冥想。要去尋找源頭，你一定要去到源頭不可，然後那虛妄的

「我」就會消失，才會悟到真我。前者一定要不離於後者才能存在。(4)

你目前誤把真我當成身體、感官等等，然後著手去摒斥它們，這就是「不是這個」的方法。要運用這個方法，必須要先執住有一個摒斥不了的，那就是「那個」（梵iti，「是」的那個）。(5)

【第4問】每當我想：「我是誰？」答案就浮現：「我不是這個會腐朽的身軀，而是本識（梵chaitanya）、真我。但是馬上又起了另外一個問題：「真我為什麼會變成『幻』？」或換句話說：「神為什麼創造這個世界？」

答——去參究「我是誰」真正的意義，是去尋找自我或「我念」的源頭。你不可以再去思惟別的念頭，例如「我不是這個身體」之類的。去尋找「我」的源頭就正是排除其他念頭的手段，我們不應容許去思惟你提到的那種念頭，一定要將注意力集中於去尋找「我念」的源頭這件事上，每當生起一個念頭就自問：「這念頭是誰起的？」如果答案是「是我在動念」，就接著參究：「這個『我』是誰，它的源頭又是什麼？」(6)

【第5問】我是否應該一直複誦：「我是誰？」把它當成咒語般持誦？

答——不，「我是誰」不是咒語。這表示你一定要找到那個一切念頭源頭的「我念」，是從你裡面的何處生起。(7)

(4)同注(2)，pp.47-8。
(5)同注(2)，p.235。
(6)D. Mudaliar, *Day by Day with Bhagavan*, p.68.
(7)同注(6)，pp.192-3。

【第6問】我是否應該冥想「我即是梵」這句偈語？

答——這偈語不是要你去思惟「我即是梵」。每個人都明白「我」，而「梵」就是每個人內在的「我」。去尋找那個「我」，那個「我」本來就是「梵」。你用不著去思惟，只要把「我」找出來即可。

【第7問】經中不是說要用「不是這個、不是這個」來捨離種種的身層嗎？

答——一旦生起「我念」，種種妄想執著就會接踵而來，把「我」誤認為是身體、感官、心智等等。既然生起誤認的「我」，就會看不見真正的「我」。為了要把清淨的「我」從被染污的「我」篩拾出來，所以才會提到要「捨離」。但準確地說，它的意思並非要捨離「非真我」，而是要找到真我。真我是無邊的「我」，那個「我」是圓滿、永恆的，無始也無終；另外的那個「我」有生、有死，是無常的。去看是誰在生起無常的念頭，就會發現所有念頭都是繼「我念」而起。捉住「我念」，它們就消退了。然後回溯到「我念」的源頭，剩下的就只有真我。

【第8問】這太難了。道理（梵vada）我能懂，但是要如何修練？

答——其他的方法是為了無法參究真我的人而設，例如你複誦「我即是梵」，甚至只是去思惟它，都需要有個「行為者」。誰是「行為者」呢？那就是「我」。你就去成為那個「我」。這是個直接的方法，其他方法最終也還是會把每個人領到查找真我上來。

【第9問】我能覺知到「我」，可是煩惱仍然沒完沒了。

答——這「我念」並不清淨，它受到來自身體和感官的污染。去看是誰在起煩惱，那是「我念」在起煩惱，抓住它，然後其他念頭都會消失。

【第10問】是的，究竟該怎麼做？問題都出在這裡。

答——去思惟「我、我」，然後就只抓住這一念，其他念頭一概不留。(8)

【第11問】肯定自己是神豈不是比去追究「我是誰」更有效？肯定是正面的，而另一個是否定的；更甚者，它還意謂著「分離」。

答——如果你追求的是了知如何證悟，照著這個建議去做就可以找到真我。可是如果你只是在尋找方法，就代表你是分離的。

【第12問】說「我就是那至上生靈（supreme being）」，是不是比問「我是誰」來得好？

答——是誰在肯定？一定有個「行為者」，把那個找出來。

(8)同注(3)，p.202。

[9]「Be still and know that I am God」一句有譯成「你們要靜，要知道我是神」。看此處的文意，拉馬納似乎將此句解讀成「要先求靜，然後才能悟到自己即是神」。

(10)同注(3)，pp.306-7。

[11]梵語「soham」是「sa-aham」的結合字，字義為「我是那個」，但除了哲學意義之外，還有很多層的心靈密意，即使是它的讀音（音同「搜瀚」）都有音聲密意，因此也可當作咒語持誦。

【第13問】「冥想」是否比「參究」好？

答——「冥想」其實是心智在生想像，而「參究」則是在參究「真實」。前者是有對象的，後者則是自體的。

【第14問】這個主題一定有個比較科學的解決辦法。

答——去妄求真，就是科學。

【第15問】我的意思是一定有個漸進斷除的次第，先斷除心念，接著是智性，然後才斷除自我。

答——唯有真我是真，其他都非真。心念和智性與你是不可分的。

《聖經》說：「你們要休息，要知道我是神。」[9]要悟到真我就是神，唯一的條件是要寂靜。(10)

【第16問】梵語「Soham」（我即是他）[11]是否和「我是誰」相同？

答——這些偈語唯一的共通處是「我」（梵aham）。「Soham」是一句，另一句是「koham」（我是誰？）兩句是不同的。為什麼要不停地去持誦「Soham」？我們一定要找到那真實的「我」。在「我是誰」的問句中，那個「我」所指的是自我，只要去

尋覓它，找到它的根源，我們就會見到它自己無法獨立存在，會沒入到真實的「我」之中。(12)

你要明白這困難所在。「參究」不同於冥想「soham」或「sivoham」（我即是濕婆）。我寧可把重點放在「真我之知」上，因為你第一重視的是自己，然後才去認知世界和世尊。冥想「我即是他」或「我即是梵」，或多或少都是種心念，但我所說的「參究自我」是種直接的方法，的確會優於其他的冥想法。你一旦開始去尋找自我，越走越深，真我就在那裡等著接引你。其後無論發生什麼結果，都自有安排，你完全插不上手。在這個過程中，所有的疑惑和論述都會自動歇手，就如在睡眠中的人會忘卻他所關心的事。

【第17問】我怎麼能肯定會有什麼在等著我，又會自有安排？

答——靈性（梵pakvi）到了一定地步，自然就知。

【第18問】這到了一定地步又是怎麼來的？

答——答案可以有好幾個。但是，不論本來已經進到什麼程度，「參究」都會加快步驟。

【第19問】這是個兜圈子式的回答。我已經到了某種地步，所以我適合「參究」的方式，而「參究」本身又會帶動我進步。

(12) 同注(6)，p.72。

(13) K. Sastri, *Sat-Darshana Bhashya*, pp.viii-ix.

答——心智總是有這類的問題，它需要一套理論來滿足自己。凡是認真祈求能通達於神，或要證悟自己真正本然狀態的人，是不需要理論的。(13)

【第20問】尊者您所教導的毫無疑問是最直接的方法，但是這太難了，我們有無從下手之感。如果我們只如持名（梵nama-japa，重複持誦神的名號）或咒語似地不停地問「我是誰」、「我是誰」，也實在太枯燥。其他的方法有次第又夠積極，我們初學者可以依著一步步地進行。可是，尊者您的方法就沒有這些步驟，要立刻就找到真我，固然很直接，但是難度太高。

答——你自己也承認這個方法很直接，它是個既直接又簡易的方法。假如去求取完全不熟悉的東西是如此簡單的話，那麼去找我們自己的真我有何困難？你說不知如何開始，其實無開始也無結束，你自己就是開始也是結束。假如你在這裡，真我在別處，而你要接觸真我，可能需要有人告訴你該如何開始、上路，該如何接觸。假設你此刻已經在拉馬納道院之中，卻到處向人詢問：「我該怎麼去到拉馬納道院？」叫人該如何回答你是好？人要去尋找真我就如這般，他永遠就是真我，從來不是別的。

你說重複「我是誰」有如持咒，它本意不是讓你一直去問：「我是誰？」如果那樣做，念頭就不容易死去。而你所稱的直接方法——自問：「我是誰？」——是要你專注於自己的內在，去看那個一切念頭的根本念頭「我念」是從何處生起。真我不在外面，而是在你裡面，所以你要往內潛入，不是往外。還有什麼會比去你自己那裡更簡單的呢？但事實是，這個方法對於有些人似乎有其難度，感覺不太合意，所以，才要教導那麼多方法。根據他們個人的靈性（梵pakva），總有一種方法會是最合意、最容易的。但是對於某些人而言，除了參究之道（梵vichara marga），別的方法都不合意。他們會問：「您要我知道這個、見那個，但誰是『知者』，誰是『見者』？」不論選擇何種方法，總是會有一個「行為者」，這是避不開的，你一定要找到誰是「行為者」，否則修行就沒結束。

因此，大家最終都還是要來找「我是誰」。你抱怨說這方法剛下手就覺得沒有次第又不夠積極，你的下手處就是「我」。你知道你永遠存在，可是身體並非如此，例如在睡眠中身體就不存在，睡眠的例子就透露出即使身體不存在，但你還是存在。我們把身體認作是「我」，而以為真我是有身的，因此就有了束縛，隨後帶來所有的煩惱。我們唯一需要做的，就是捨棄把自己當成是身體的想法，捨棄有形體、有束縛的想法，那麼，我們就會明白真我即是自己，我們一直都是。(14)

【第21問】我是要去思索：「我是誰？」

答——你已經知道「我念」會冒出來，就抓住它，去尋找它的源頭。

【第22問】可以把方法教給我嗎？

答——照著告訴你的方法去做，就有下文。

(14) 同注(6)，pp.280-1。
(15) 同注(3)，pp.464-5。

【第23問】我還不明白自己該怎麼做。

答——假如它有個客觀對象的話，它的方法就可以客觀具體地表達出來，可是這個是主觀的。

【第24問】但是我真不明白。

答——什麼！你不明白你就是？

【第25問】請把方法告訴我。

答——你已經在自家宅中，還需要別人指給你看回家的路嗎？這個就在你裡面。(15)

【第26問】您說過真我的中心是本心。

答——是的，它是真我的無上中心點，你不必懷疑。真我就在個體的靈魂或自我之後的本心中。

【第27問】那麼，請告訴我，它是在身體的哪個地方？

答——你無法靠心智去認識它。若我告訴你那個中心點在這裡（自指胸腔右側），你也無法靠想像來證悟它。唯一能夠直接證悟它的方法就是止息一切妄想，試著做你自己。當你證悟了，自動就會覺得中心點在那裡。

這是那個中心點——本心，經中或稱為「心穴室」（梵hritguha）、「神光」（梵arul）、「本心」（梵ullam）。

【第28問】我在任何書中都找不到記載說它在那裡。

答——我來到此地多年之後，偶然在一本馬拉雅拉姆語文本的阿育吠陀（梵Ayurveda，印度本土醫學）醫學書籍《八科心要集》（梵*Ashtangahridayam*）中讀到，精藏（梵ojas sthana，生命力之源或光明地）位於胸腔右側，又稱為本識（梵samvit）之座。但是我不知道還有哪一本書明確地提到過它在那裡。

【第29問】古人在提及那個中心點時，是否確定用的是「本心」這個字眼？

答——是的。但你應該尋求的是有這個體驗，而不是知道它的位置，人要看東西時何須知道眼睛在哪裡。只要你想進入本心，它永遠會為你開放。就算你並未察覺，它永遠撐持著你的一舉一動。與其說真我在本心中，不如說真我即是本心。其實，真我自己就是中心，它無所不在，覺知自己是本心，就是覺知真我。(16)

【第30問】既然如此，怎麼能把它定位在身體的任何部位？本心本是超越時空

(16)同注(13)，pp.xvii-xix。

的，把它固定在某個地方無異於為它設下生理上的限制？

答——對！但是會問本心位置何在的人認為自己是有身體才活著，或是活在身體之中。你現在問這個問題時，是否認為只是你的身體在此地，而你是在另外一個所在？不會，你所接受的存在是身體的存在。因為有這個觀點，就會把身體當成是一切的標竿。

其實，清淨的本識是不可分割的，它沒有部分可言。它無形無狀、無內無外，也無左右之分。清淨本識即是本心，包含一切，沒有任何一物在它之外，除了它，別無他物。這就是究竟的真理。

從這個絕對的觀點來看，本心、真我或本識都不可能被限定在身體上的某個特定位置。為什麼呢？身體不過是由心智所投射出來的，而心智也只是燦爛本心所反映的一個小點。身體不過是那唯一「真實」所現之相中一個極其微小的相，那個包含一切的本心，它自己怎麼可能會被限制在身體的某個部分之內？

但是大家並不了解這個，只能從身體和世界的方位來思考。例如，你說：「我從喜馬拉雅山之外很遙遠的地方來到這個道院。」但這並不是真的，你其實就是那無所不在的心靈，對「那個」而言，哪有「來」、「去」或任何移動可言？你已經在你一向所在之地，移動的只是你的身體，或者身體從一地被運送到另一地，直到它到達這個道院。這個道理如此簡單，但是如果認為自己只是相對世界裡活在一個個體之內的人，就會覺得這是完全不同的高論！

之所以會說本心是在身體上的某個部位，完全是為了適應一般人較低的理解程度，而不得不如此為之。

【第31問】那我該如何理解尊者所說，本心的中心點是位於胸腔某個位置？

答——只要你接受那真實且絕對的觀點——本心是超越時空的清淨本識，你對於一切就能輕易地有正確的觀點。(17)

【第32問】有人說本心在右側，又有人說在左側或中間。見解如此分歧，我們該如何去冥想？

答——你存在，這是事實。是你在冥想，是你的冥想，是在你的內在冥想。它一定是在你所在之處進行，而不會在你之外。所以，冥想的中心是你，那就是本心。

只要你所認同的對象是具體有形的，你就會生疑。本心不屬於概念，它不是冥想的對象，但它卻是冥想的所在，存在的唯有真我。要知道這個身體是在本心之中，連世界也在其中，離它之外，別無他物。所以，一切努力也都只是在其中進行。(18)

【第33問】您說「我念」是起自心輪，我們是否就在那裡去尋找它的源頭？

答——我要你們去看「我」是從你身體的哪裡生起，但如果說「我」是在胸腔右側的本心生出、沒入，這就不是正確的說法。本心是「真實」的另一個稱呼，它既不在身體內，也不在身體外。它不可能有所謂的在「內」或在「外」，因為一切都是它。(19)

(17) T.N. Venkataraman (pub.), *Maharshi's Gospel*, pp.73-4.

(18) 同注(3)，p.378。

(19) 同注(6)，p.202。

(20) 同注(3)，p.229。

(21) 同注(3)，p.488。

(22) 'Who', *Maha Yoga*, p.197.

(23)《教習心要》（梵*Upadesa Saram*）拉馬納所譜寫的詩句，共三十頌。（譯按：《教習心要》只有三十頌，是拉馬納應人所請而寫，其中指出一切善行、拜祭乃至禪定的修行方法都屬於有為法，唯有潛心參究自我，才能徹底滅絕自我和伴隨自我而生的心念，終於證悟不二的真我，亦即本心）

(24) 同注(6)，p.185。

(25) G. Muni, *Sri Ramana Gita*, ch.5, v.2.

【第34問】如果我要去冥想本心的話，是否應該冥想胸部右側？

答——本心不是實體，冥想的對象不應該是在「左」或在「右」，也不應該是在真我。每個人都知道「我是」，誰是「我」？它不會是在「內」或在「外」，既不在「右」，也不在「左」。「我是」，這就是了，沒有其他可說。(20)別理會「左」或「右」的觀念，它們是屬於身體的觀念。本心是真我，證悟時，你自然就明白了。(21)你也不需要知道本心在哪裡或它是什麼，只要你能專注於追尋真我，本心就會把它自己的事辦好。(22)

【第35問】在您的《教習心要》（梵*Upadesa Saram*）(23)中，有一頌說：「住於本心實乃最殊勝之業、瑜伽、虔愛（梵bhakti）、智。」那裡提到的「本心」是什麼？

答——它是一切的源頭，一切都活在其中，一切最終將沒入其內，就是該頌所提到的「本心」。

【第36問】我們應該如何想像本心？

答——你為何要去想像？你只要如實觀察「我」是由哪裡冒出來的即可。(24)一切有形體的眾生所有的念頭都是從「那個」發出來的，「那個」就稱為「本心」。所有對它的描述，都只是某種概念而已。(25)

【第37問】有說胸腔內藏有六種不同功能的器官，其中之一是本心，據說它位於中線右側二指幅處。(26)但是本心又是無形的，我們是否應該想像它有個形狀，然後才能冥想它？

答——不必，只需要去參究「我是誰」就已足夠。在沉睡中和清醒時都不變的「那個」，都是同一個。然而，在清醒時會有不快樂的情況，就會想努力去排除那種不快樂。自問是誰從睡眠中醒來，你說是「我」，現在就是教你要抓住這個「我」。假如能做得到，整個永恆的本然狀態都會自然呈現。去參究「我」才是重點所在，而不是去冥想心輪。並無所謂的「內」、「外」之分，兩者所指的都是同一個東西，或者說沒有任何東西。

當然，冥想心輪是一種修練。但這只是種修練，並非參究。只不過冥想心輪的人，當心智的活動止息而達寂靜時，他都能清楚地覺知到；而冥想別的中心點就無法有此覺知，只能在事後當心智又再度活動時，才能推定心智曾經達到過寂靜。(27)

不論你思惟真我是在身體的哪個地方，思惟的力量就會讓你覺得真我似乎就位於該處。不過，唯有本心才是那個「我」生起和沒入所在的依處。要知道，雖然說本心既存於「外」也存於「內」，但絕對的真理是它不存在於「內」或「外」，因為有身體才似乎有「內」和「外」之分，而身體不過是思惟的心所想像出來的。本心是一切的源頭、一切的開始、中間與終了，它是無上的虛空，絕沒有形相，它是真理之光。(28)

(26) 此處的描述見《八科心要集》（梵*Ashtangahridayam*），為印度傳統醫術，本章稍早已有提及。

(27) 同注(3)，p.116。

(28) Muruganar, *Guru Vachaka Kovai*, vv.251, 261, 257.

第七章　歸伏

世界上有很多的宗教傳統都教人歸伏（梵saranagati）於神，因而能超越個己的自我。拉馬納同意這個作法的有效性，他常說這個方法和參究自我有同樣的效果。傳統上，「歸伏」之道和虔愛有關，都是屬於二元對立的修法。對於拉馬納而言，從事那些虔愛的活動是次要的，他要強調的是，真正的歸伏是超脫有主、客二元關係的對神崇拜，直到那個認為他和神分離的人消失，才是歸伏的完成。要達成這個目的，他建議兩種不同的修練方式：

一、一直抓住「我念」，直到那個認為他和神分離的人消失。

二、把自己的生命完全地託付出去，讓神或真我去做主。這種「自我歸伏」要能收效，就一定不能有自己的意志和欲望，一定不能認為離開了神，個人便可以獨立而有所作為。

第一個方法很明顯仍然是「參究自我」，不過是換了個不同的說法。拉馬納常常把「歸伏」和「參究」的修法畫上等號，他說它們是同一種修行過程，只是名字不同罷了；或說要證悟真我就只有這兩種方法才有效。這和他一貫的主張完全一致，他認為不論任何修法，只要去覺知「我念」，就是有效而直接的途徑，否則就是間接而不夠有效。

拉馬納堅持唯有主觀地覺知「我」才是達致真我的手段，他這個態度影響了他對「虔愛」和「崇拜」修法的看法，通常這種修法多少都有歸伏於神的意思。他從不反對他的信徒去追隨這種修法，但是他會指出，他們與神的關係（不論是虔愛者、崇拜者、僕人等）都是虛幻不實的，因為存在的唯有神而已。他說，真正的虔愛是如實地保持自己的本然狀態，也就是進入自己與神相融為一的狀態。

上述的第二個方法，就是把自己的生命託付給神去做主，也和參究自我有關，因為這方法的目的，就是分開「我念」以及它所認同的對象和行為，從而斷除「我念」。在奉行這第二個方法時，一定要時時保持此一覺知——沒有個己的「我」在作為或起念，唯獨真我存在，離了真我沒有任何事物能獨立而有所作為。在奉行此修法時，對於任何念頭或行為，若是覺察到「是自己在做主」的想法生起，例如「我想要」、「我在做此事」，就應該要馬上試著把心念從外在的對象抽回，把它固定於真我上。在參究自我時，當我們體悟到對自我的注意力消失時，注意力便會轉移，所以和第二個方法類似。兩者的目標都是要孤立「我念」，讓它消逝於其源頭中。

拉馬納自己也承認，對很多人而言，想用這方法讓「我」倏然地完全歸伏是不可能的，所以，他偶爾也會建議追隨者做些預備的修練，來培養自己的虔愛和對心智的控制。大多數這類的修練是去思惟、冥想神或上師，以不斷持名的方式，也可用觀想其形相的方式為之。他告訴信徒，只要能以愛和虔信態度經常為之，心智便可毫不費力地安住於冥想的對象上。

一旦做到這個地步，徹底歸伏（梵ananya saranagati）就會變得容易起來。經常覺知神不但能防止心念跑到別的對象上，更能加深唯有神存在的信念。不僅如此，這還能夠引發一股來自於真我的能量對流（或神的加持），可減弱對「我念」的執著，摧毀那會不斷自我鞏固的習氣。終於，「我念」會被削弱到可控制的程度，只消再用上一點自我注意之力，就能暫時把它沉入本心之內。

和「參究自我」相同的是，最終證悟所仰賴的是自己來到的真我之力。由於對自己本然狀態的重複體驗，心念向外奔馳的慣性得以化解，真我就能徹底地摧毀殘餘的「我念」，使它永遠不再生起。但是自我歸伏必須是完全不附帶任何動機的，否則這最終摧毀「我」的結果就不會發生。假如是為了想要獲取神的加持或證悟真我，那歸伏之心就不夠深切，就會淪為一樁買賣，背後仍然是「我念」在活動，在期待得到回報。

【第1問】什麼是無條件的歸伏？

答——如果真把自己託付出去，就沒有提問者，念頭裡一個人都不存。這是由於抓住了所有念頭根本的「我念」，以至於斷除一切念頭；也可以是由於自己無條件地歸伏於神力。要證悟只有這兩條路可走。(1)

【第2問】徹底地歸伏不是就應該一無保留，甚至連尋求解脫、尋找神的意欲都沒有了？

答——如果是徹底地歸伏，你就必須沒有自己的意欲。無論神讓你得到什麼，你都必須滿意地接受，也就是沒有自己的意欲。

【第3問】目前我對這個問題已得到滿意的解答，但我想知道可採行什麼步驟來達致歸伏？

答——有兩個途徑。一個是去尋找「我」的源頭何在，然後沒入那個源頭。另一個是生起這樣的感覺：「我只依靠自己是做不來的，唯有神是全能的，除了將自己完全地投身於彼，其他方法我都無法安身立命。」以後者的方法，就會逐漸養成信念，相信唯有神才存在，自我根本無足輕重。兩種方法都可以帶領人達到目標。「徹底歸伏」不啻是「智」或「解脫」的別名。(2)

(1) M. Venkataramiah (comp.), *Talks with Sri Ramana Maharshi*, p.285.
(2) D. Mudaliar, *Day by Day with Bhagavan*, p.140.
(3) 同注(2)，p.72。
(4) 同注(2)，p.30。

【第4問】我覺得「歸伏」比較容易，我想採用這個方法。

答——無論你走哪條路，你都要進入那個「一」。只有當你到了「祢即一切」、「願爾旨成」（願祢的旨意完成）的地步，才是徹底地歸伏了。

這境地和「智」並無分別。持誦「soham」（我即是他）仍是二元的（梵advaita），歸伏就是「不二」。實際上，既無「二」，也無「不二」，唯有存在。「歸伏」看起來容易，因為大家想像中以為只要嘴上說「我歸伏」，把擔子交給世尊去挑，他們就自由了，就可以為所欲為。但事實上，你歸伏之後，就不能再有你喜歡的或不喜歡的，你的意志就會變得不存在，完全被世尊的意志所取代。讓自我以這種方式死去，然後能到達的境地便無異於「智」了。所以，不論你走哪條路，一定要來到「智」或「一」。(3)

【第5問】什麼才是滅除自我最好的方法？

答——每個人認為最容易的、最喜歡的方法，就是最適合他的方法。每個方法都同樣好，它們都通往同一個目的，目的就是讓自我沒入真我。依「虔愛」方法的人稱之為「歸伏」，依「參究」方法的人稱之為「智」，兩者是同一個東西，都嘗試把自我帶回到那個它所生起、所沒入的源頭。(4)

【第6問】靈修者是否可以得加持而加速成就？

答——讓神做主，要毫無保留地歸伏於神。有一、二件事一定要做到，你之所以要歸伏，是因為承認自己能力有限，需要神力來幫助你。或者，你參究煩惱之因，找到源頭之後，便沒入真我。不論是哪一種，你都能脫離煩惱。已經歸伏的人，神必不會拋棄他。

【第7問】歸伏之後，心會漂到何處？

答——是已經歸伏了的心在提問嗎？(5)

【第8問】我不斷地祈求做到「歸伏」，希望能夠因而體驗到更多的加持。

答——你要一次徹底地歸伏，不要再求。只要還有自己是「行為者」的感覺，就還是有所求，那表示人格仍然存在。如果能去除這個，真我的清淨才能現前。有自己是「行為者」的感覺才是束縛，行為本身反而不是。

《聖經》說：「你們要休息，要知道我是神。」此處所謂的「休息」（stillness，寂靜），是完全地歸伏，個己絲毫不存。「寂靜」壓倒一切，心中沒有不安；心不安，所以引起意欲，覺得自己是「行為者」，就有個己的人格存在。不安停止，就是寧靜。《聖經》那句話裡的「知道」，意指「成為」。它不是有對待的「知」，不需要有「知、能知者、所知對象」的三角關係。

(5)同注(1)，p.334。
(6)同注(1)，pp.322-3。
(7)象頭神（梵Ganesa）是印度的神祇，象頭人身，是濕婆之子。（譯按：或譯為「歡喜天」）
(8)同注(2)，p.42。

【第9問】如果心中持著「我是神」、「我是至上生靈」的念頭是否有幫助？

答——「我是自有永有的」，那「我是」已經是神，不用再去思惟「我是神」。「我是」是要證悟的，不是用思惟的。《聖經》說「要知道我是神」，而不是說「要思惟我是神」。(6)

嘴上空談「歸伏」，就像是從紅糖塑成的象頭神（梵Ganesa）(7)的神像上捏一撮糖下來，然後再把糖當作祭品供奉給同一尊象頭神。你說要把自己的身體、靈魂和一切所有都獻給神，但是它們真的屬於你，所以可以拿來獻給神嗎？充其量你只能說：「今日以前，我誤把一切祢的當成是我的。於今我明白它們屬於祢，此後我不再將它們視為己有。」所謂的「智」，是能知曉神或真我之外別無一物，能知曉「我」和「我的」都不存在，能知曉唯有真我存在。因此，「虔愛」和「智」並無差別，「虔愛」是「智」之母（梵jnana mata）。(8)

【第10問】我們都是凡夫俗子，免不了會有感傷或其他情緒，又不知道該怎麼克服。我們向神祈禱，卻仍然排解不了。我們該如何是好？

答——對神要有信心。

【第11問】我們歸伏了，但是沒有用。

答——是的。如果你真的歸伏了，一定能夠依循神的旨意行事，就不會為了不如意事而煩惱憂傷。事情的結果不見得會照著事態的表面而發展，「不幸」往往反而讓人信仰神。

【第12問】可是我們活在世間，有妻兒、朋友與親戚，我們不能無視於他們的存在，把自己全交給神意，連一點的己人格都不保留。

答——那證明你只是說「歸伏」，但是還做不到，你一定要對神有信心。(9)

歸伏於神，依從他的旨意，不論他現身與否都不變心。耐心地等他的意向，如果你要他依照你的意向，那就不是在歸伏神而是在指使神。既然你已經歸伏他，就不能要他服從你。他才知道什麼是最好的，要何時去做，以及該如何去做。把每件事都完全全地交給他，神會承擔一切，一切你都不必擔心。你原本所關心的，現在由他接手了，如此才是「歸伏」，這就是「虔愛」。

或者，去參究是誰在問這些問題。深深潛入本心，以真我自居。對於有心求道者，這兩條路之中必有一條會為他開啟。(10)

【第13問】歸伏是不可能的。

答——是的。在起初要徹底歸伏是不可能的。若只是歸伏一部分，那麼，每個人都做得到，時間到了就會走向徹底歸伏。好，如果歸伏是不可能的，那還能做什麼？你的心不平靜，怎麼也無法讓它平靜下來，只有歸伏於神才辦得到。(11)

(9)同注(1)，p.49。
(10)同注(1)，p.425。
(11)同注(1)，p.195。
(12)同注(1)，p.175。
(13)《薄迦梵歌》（梵 *Bhagavad Gita*）是摘自史詩《摩訶波羅多》（梵*Mahabharata*）中的一部，內容是神主毘濕奴（梵Vishnu）轉世的克里希那（梵Krishna）為阿周那（梵Ajuna）所做的傳授。（譯按：《薄迦梵歌》是瑜伽學派的主要典籍之一，也被印度人奉為聖經）
[14]原文引自《薄迦梵歌》第二章．第七十一頌，按第二章末尾之第五十四至七十二頌是所謂的「定慧者章」，是在解釋智慧已經到達穩固不動地的大修行人，他的行持狀貌若何。

【第14問】就只是歸伏，如此已經足以通達真我？

答——能歸伏自己就已足夠。「歸伏」是把一己交給自己生命本來的源頭。不要自欺地將此源頭想像成是某個在你之外的神。你的源頭就在你自己之內，把你自己交給它，意思就是你應該要找到那源頭，然後沒入其中。(12)

【第15問】（問題寫在紙條上交給拉馬納）有人說，只要全心全意地皈依神，念頭絲毫不跑去其他地方，就可以擁有一切。這是否表示要坐在一個地方保持不動，整天就只要深度地冥想神，摒除所有其他的思緒，即使連維持生命必需的飲食也不去想？這是否表示，人要坐著不動，不理會疾病和醫藥，把自己的健康或病痛整個交給上蒼？

《薄迦梵歌》（梵*Bhagavad Gita*）(13)說：「若人能了無欣戀，離卻一切欲望，無『我』、無『我所』之念，即能成就平靜。」（2:71）[14]這意思是要摒除所有意欲。因此，是否我們應該完全深度地冥想神，是神加持而來的飲食才能接受，否則不應該索求飲食？或者，這表示我們還是應該要有所作為？尊者！請為我們解釋這種「歸伏」的祕密。

答——（拉馬納讀了問題之後，對在場所有人說）「徹底歸伏」的意義無疑地是捨棄對一切念頭的執著，可是這是否代表即使連維持生命所必需的飲食念頭也要捨棄？這人提問「是否只有神賜給我的食物才能接受，而自己不能去索取？或者，我應該要出點力才對？」好，就算我們只能吃送到自己面前的食物，即使如此，是誰來吃？假如人家把食物餵到你嘴中，我們是否至少要咽下去？那不算是有所作為嗎？他提問：「如果我病了，我應該去吃藥，還是應該託給神來照顧我的健康？」商羯羅大師在他的《修行五要》（梵*Sadhana Panchakam*）(15)一書中寫道：「為治飢疾，應食施捨之食。」那麼，這人至少得去外面乞食。假如所有的人都坐著不動，閉起眼睛，有食物送到面前才吃，這種人間如何存在？所以，每個人還是要依傳統規律行事，但是一定不能有「是我在行事」的感覺，生起「是我在行事」的感覺就是束縛。

因此，不用去懷疑生病是否該服藥，飢餓是否該進食，而是要去思索、尋找到以何種方法來克服「是我在行事」的感覺。那種疑念總是會生起，是不會停止的。即使如「我痛了是否能呻吟」、「我呼氣盡了能否吸氣」的疑念都會生起。某種「神力」（梵karta）會依每個人心靈進步的程度，在運作世間的一切，你可以稱它為「伊濕瓦若」或「業」。只要讓那「神力」去做主，所有的一切都會自己運行。我們走在地面上時，當走路時難道每一步都會考慮是否該踏下前腳，然後提起後腳或該停下來？走路難道不是自動進行的嗎？呼氣和吸氣也是如此，無須特別費勁。生命也是如此，我們能依自己的意志捨棄任何東西或做任何事情嗎？有很多事情不用我們去知覺也會自動運作。徹底歸伏於神，就是捨棄一切念頭，專心致意於神。如果我們能把心念集中於神，其他念頭就會消失。如果心念、言語、行為都和神合一了，他就會為我們挑起生命中所有的擔子。(16)

【第16問】可是，一切我的作為都是神的作為嗎？

——當前的問題是人自以為是「行為者」。但這是個錯誤，因為所有事情都是那

(15)《修行五要》（梵*Sadhana Panchakam*）：相傳為商羯羅所著，是一部為求道者指點迷津的作品。

(16) S. Nagamma, *Letters from Sri Ramanasramam*, pp.181-3.

(17) 同注(1)，p.69。

[18] 斯瓦米（梵swami）是印度對出家僧人的稱呼。

(19) 同注(16)，pp.309-10。

「神力」的作為，人不過是個工具。如果他能接受這個身分，就不會有煩惱，否則就會煩惱不斷。例如，你看廟塔底層的雕像，看似是它把塔扛在自己雙肩之上。它的姿勢和表情看似是在使力出勁，造成廟塔重量壓在它身上的印象。但是想一想，廟塔是建在地上，是地基在承受塔的重量。雕像只是塔身的一部分，可是卻讓人看來是它在承擔塔的重量。這是否很滑稽？人以為是自己在作為，也是同樣地滑稽。(17)

【第17問】斯瓦米（梵swami）[18]，我們去愛神是件好事，不是嗎？那麼，為什麼不依照「愛」的方法呢？

答——誰說你不能？你可以這麼做。但是你一說「愛」，那就成了二元的，有個在愛的人和被愛的神，不是嗎？人和神不是相離的。因此，「愛」的意義是人愛自己的真我。

【第18問】這就是為什麼我在問我們能否藉由「愛」的方法來尊崇神？

答——那正是我所說的。所謂的「愛」，就是神的真實形相。假如你說「我不愛這個，我不愛那個」，而捨棄所有的東西，那麼，剩下來的就是真實本性，那就是真我的真實本相。那個是清淨的妙樂，你稱之為「清淨妙樂」、「神」、「真我」或什麼都可以。那就是「虔愛」，那就是「證悟」，那是一切。

只要你能如此捨棄一切，剩下的唯有真我，那是真實的「愛」。一旦認識到那個「愛」的祕密，就會發現世界本身充滿了普在的「愛」。(19)

所謂的「虔愛」是一種關係，是永不褪色的真實之愛，這種境界無他，是由於時時憶念本識，因而得到的體驗，這種愛的體驗才是如實了知真我，而真我乃是無間至上妙樂在綻放光明，所生起對真我的了知，即是「愛」的本質。

「愛」是真我的真實本質，這是「愛」的真理，唯有懂了這個的人，生命中的枷鎖才得以解開。唯有成就一定高度的「愛」，才能成就解脫，這是一切宗教的核心所在。真我的體驗就只是「愛」的體驗，也就是只見到「愛」，只聽到「愛」，只感到「愛」，只嚐到「愛」，只聞到「愛」，這即是妙樂。(20)

【第19問】我祈求「虔愛」能夠深切，我要讓它越強越好，即使證悟與否對我也無關緊要，請祝福我能堅定不移地保持這種心。

答——只要保持住這種深切的祈求心，即使你不想要證悟，它也會強行來到。(21)你的心念要深要切，以至於完全融入於「虔愛」之中，猶如樟腦燃盡不留殘餘。[22]心念就如樟腦，若它能夠堅定不移地融入真我，不留下一絲痕跡，那就是證悟。(23)

【第20問】我對於觀想神像（梵murti dhyana）比較有信心。它能讓我得「智」嗎？

答——當然可以。觀禪（梵upasana）能幫助心念集中而不起別的念頭，就會被所觀想的形象盤踞。再下去，心就能和所觀想的對象合而為一，而能讓心非常清淨。然後思惟是誰在禮拜神，答案是「我」——真我。如此一來，最後可以得證真我。(24)

(20) Muruganar, *Guru Vachaka Kovai*, vv.974, 652, 655.
(21) 同注(1)，p.219。
[22] 樟腦結晶揮發性極高，被用為火種，能快速燃燒，燒盡時完全沒有灰燼。
(23) 同注(1)，p.133。
(24) 同注(1)，p.69。
(25) 同注(20)，vv.658, 657, 521, 520, 721, 1205, 472.

最上乘的禮拜法，是以無念之念來禮拜無形的「真實」。但是如果此人還不適於對神做如此無形的禮拜，那麼，有形的禮拜也是合宜的。只有已經除去自我形相的人才可能做到無形的禮拜，要知道，那些仍然執著於自我形相的人，他所做的一切禮拜就仍然是在拜有形的神。

真我無所執著，它那清淨本然的狀態就是每人自己的靜默狀態，它空無一物。要知道，「靜默」就是每個人的究竟，只有如實地體驗它，才是真正的「心禮拜」（梵manasika-puja）。要知道，無間斷、真誠而自然的禮拜，使得心順服，終於成為那唯一真我，那就是世尊登上了本心的寶座，就是「靜默」，這是最殊勝的禮拜。「靜默」是無自以為是的自我，這就是解脫。遺忘真我是邪，它使人脫離「靜默」，這就是「非虔愛」（梵vibhakti）。要知道，當心念順服以至於和真我無區別時，即是「靜默」，即是真正行「濕婆虔愛」（梵Siva-bhakti，虔信神）之理。

於濕婆跟前徹底歸伏，因而成為真我的本質——得大寂靜，本心之內對一己的疏漏不足不再留有怨責，唯有這才是至高虔愛的本質。能夠如此，則個人方成為神的奴僕，個人所留下的唯有安靜與靜默，那是真我之所在，連「我是世尊的奴僕」的自大想法都不留，這是至上的「智」。(25)

【第21問】如果靈修者此生雲遊四方專注於歌頌神，他能達到這種目的嗎？還是說他應該只駐留於一地？

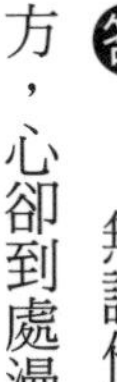——無論他遊行至何方，能將心念只集中於一處就是好事。縱使身體定在一個地方，心卻到處漫遊，那有何益？

【第22問】所謂「無求虔愛」（梵ahetuka bhakti，不帶動機的虔愛）是有可能的嗎？

答——是，有可能。(26)禮拜神而有所求，其實就只是在禮拜所求的對象。要想達到濕婆的境地，第一個先決條件是心中所有欲求的念頭要完全止息。(27)

【第23問】《世尊本生記》中描述在本心找到克里希那（梵Krishna）(28)的方法是向一切人頂禮，視他們為世尊。這是否是證悟真我的正路？那麼，與其以心念參究「我是誰」來求那超越心靈的，我們不如自行以合意的方式來崇敬尊者，豈不是比較簡單？

答——是的，當你視所有人如神時，你心中是存想著神，不是嗎？如果你想見到神就在身旁，那心中一定要想著神。能如此把神保持在心中就是冥想，下一步就是證悟。證悟無他，必然是真我，離於真我則無證悟可言。冥想是證悟的前提，但你去冥想神或真我區別並不大，因為兩者的目的相同。無論如何，你是離不開真我的。你想在一切之中見到神，卻不想在你自己之內見到？假如說一切都是神，你怎能被排出在一切之外？你自己就是神，那麼一切都是神，這有何奇怪？這是《世尊本生記》教人的方法，其他人在別處所說也是如此。即使如此，這個方法仍然會有一個「見者」或「思惟者」，那麼，他會是誰？

【第24問】如何才能見到那遍布一切的神？

(26)同注(16)，p.18。
(27)同注(20)，v.683。
(28)克里希那（梵Krishna）是毘濕奴轉世的救主。
(29)T. N. Venkataraman (pub.), *Maharshi's Gospel*, p.24.
(30)同注(2)，p.157。

答——見到神就是成為神。除了神，沒有「一切」能讓他去「遍布」。存在的，唯獨是神。(29)

【第25問】運用「虔愛」方法的人，就需要有個神作為虔愛的對象，是否應該教他一切都是真我，無有禮拜者，也無受禮拜者？

答——修行當然需要有個神，但是只有徹底歸伏才能走到修行的終點，這對於走「虔愛」之道的人也是如此。徹底地歸伏，當然就只剩下本來如是的真我，除此之外，這「徹底歸伏」的意義為何？不論你選擇的是哪一條修行的道路，都離不開那個「我」，是「我」在做「無欲之業」（梵nishkama karma），是「我」以為自己和世尊分離，渴求重回到世尊，是「我」覺得自己和真實本性相違等等。一定要找到「我」的源頭，然後一切問題就都會得到解決。(30)

【第26問】假如說「我」也是「幻」，又是誰在離幻呢？

答——是「我」在脫離「我」的幻相，然而仍舊是「我」，這就是證悟真我矛盾的地方。可是已經證悟的人，他卻又見不到有任何互相牴觸之處。以虔愛者為例，我趨近伊濕瓦若，祈求能融入於他，然後我虔誠地歸伏，以信心專注於他。其後剩下來的是什麼？徹底地歸伏，原本的「我」消失了，所餘留下來的是取而代之的神，這是最殊勝的虔愛（梵parabhakti）、最殊勝的歸伏、至高境界的「離欲」。

你捨棄了屬於「我的」這個、那個，如果你能捨棄「我」和「我所有」，一切就都會瞬間捨盡，導致佔有念頭的根本種子就消失了，從而掐去惡念的花苞，壓碎惡念所萌之芽。一定要非常堅定地離欲才能做到這個地步，就如身陷水下的人急於浮上水面以求保命般地心切。(31)

(31)同注(1)，pp.29-30。

第三部

上師

上師是神化成人的形態，同時也是每位弟子本心內的真我。
他既在「內」又在「外」。
外在的上師能夠施教，讓弟子的注意力集中於真我上；
內在的上師能將弟子的心智拉回它的源頭，讓它融入真我。

第八章 上師

「上師」（梵Guru）通常可泛稱任何為別人在心靈方面提供指點的人，但是在拉馬納的用語中，它的定義就嚴格多了。對他而言，真正的上師一定是位已經證悟真我的人，是有能力幫助別人達到證悟真我目標的人。

拉馬納常說，神、上師和真我都是相同的；上師是神化成人的形態，同時也是每位弟子本心內的真我。因為他既在「內」又在「外」，所以他可以有兩個途徑來出力。外在的上師能夠施教，以其力量讓弟子的注意力集中於真我上；內在的上師能將弟子的心智拉回它的源頭，讓它融入真我，而終於消滅它。

拉馬納的教誨有一條基本的原則，那就是幾乎所有的人都需要上師，才能成就持久覺知真我。上師有如催化劑，對於靈性的開發至關緊要。除了極少數例外之人，靈修者都無法靠一己之力掙脫已經根深柢固的無明羈絆。

雖然拉馬納強調，要證悟真我，不可無上師，他也指出，對於不肯精進求證真我之人，上師也是無能為力。只要靈修者肯老實努力向上，上師的加持力就會自動地開始流向他。若不努力，上師想幫也幫不上。收集在這一章中的對話，簡要地表達了拉馬納對於何謂「上師」，以及上師在證悟真我中所扮演角色的觀點。至於拉馬納是如何運用他的能力，則在第九章中有詳細的介紹。

(1)神智學會（Theosophical Society）是俄國神祕主義者布拉瓦茨基女士（Mme Blavatsky）於十九世紀所創立的學會，其旨在研究人類內在潛能和推廣天下一家的情懷。

【第1問】上師的加持力是什麼？它對證悟真我具有何種作用？

答——上師就是真我。人一生中，有時對自己已擁有的感到不滿，就會向神祈求，希望能滿足他的欲望。他的心因而逐漸得到淨化，然後會渴望能認識神，主要是為了得到神的加持，而不單是為了滿足世俗的欲望。其後，神的加持開始出現，神以上師的模樣顯現，來到虔愛者面前，為他教授真理，更重要的是藉由感應為他淨化內心。虔愛者的心因而變得堅強，能夠返轉向內。由於冥想之故，心得以更加淨化，能保持寂靜，不起一絲漣漪。那個廣袤無垠的靜默就是真我。

上師既在「內」又在「外」，他從外推促心返轉向內，並從內引領心去向真我，並且幫助心進入靜默，那就是上師的加持。神、上師、真我三者無有差別。

【第2問】「神智學會」（Theosophical Society）(1)提倡經由冥想來尋找導引自己的上師。

答——上師是內在的，因為無明所以才誤認為他是外在的，冥想就是用來消除這種無知的概念。假如說他是一位你在等待的陌生人，那他也一定會再消失。像這樣一位無常的生命有什麼用？可是只要你認為自己是分離的個體，或認為自己就是這個身體，那麼你就仍然需要有一位外在的、具有身體形相的上師。一旦能止息認同身體就是自己的妄想，就會發現上師不是別人，原來即是真我。

【第3問】上師如何啟引（梵diksha）我們，幫我們認識真我？

答——上師有握著你的手、對你耳語嗎？你是什麼，就可能把他想像成和自己是一樣的。你認為自己有個身體，因而認為他也有個身體，以為他會為你做些具體的事。其實他所用的方法都是內在的，都屬於心靈領域。

【第4問】要如何尋找上師？

答——神原本是內在的，因為慈悲為懷，憐憫信徒，就依信徒的程度而現形。信徒以為他是男身，以為人與神是兩個身體之間的關係。但上師是神或真我的化身，他在人的內在做工夫，幫人看見自己所行之道的錯誤，而引導人走上正道，直至證悟自己內在的真我。(2)

【第5問】「真上師」（梵sadguru）(3)有何特徵？

答——安住於真我之內，以平等之眼觀看一切，於一切時、一切地、一切狀況都不動搖。(4)

【第6問】心靈導師眾多，所教的種種方法也不同，該選擇哪一位為自己的上師？

答——選擇能帶給你平靜的那一位。(5)

(2) T. N. Venkataraman (pub.), *Maharshi's Gospel*, pp.36-7.
(3) 真上師（梵sadguru）是已經證悟本然狀態，與本然狀態成為一體的上師。
(4) S. Natanananda, *Spiritual Instruction of Bhagavan Sri Ramana Maharshi*, p.2.
(5) D. Mudaliar, *Day by Day with Bhagavan*, p.169.
(6) 大梵天（梵Brahma）是印度的神祇，是宇宙的創造者，也是印度宗教三大神祇之一。
(7) M. Venkataramiah (comp.), *Talks with Sri Ramana Maharshi*, pp.554-5.
(8) 'Who', *Maha Yoga*, p.193.

【第7問】難道不用考慮他的教法嗎？

答——只會指示虔誠的靈修者去做這個或做那個的人，必定不是一位「真上師」。靈修者本身的種種作為已經為他引起許多煩惱，他要的是平靜和休息。換言之，他要的是種種作為的止息。如果老師還指使他去做什麼，不論是增加作為或是取代原有作為，哪能幫助到靈修者？

有所作為就是造作，就是在摧毀原有的幸福。主張去造作的人不是大師，是殺人魔。有這種情形出現，可以說是大梵天（梵Brahma，創世者）(6)或閻摩（梵Yama，印度的死神）所假扮的大師。如此之人，是無法讓求道者得解脫，只會讓他的束縛變得更加牢固。(7)

【第8問】我該如何找到自己的上師？

答——要努力冥想。(8)

【第9問】如果上師就是自己的真我，那麼，有一種主張卻說無論弟子有多麼博學或擁有多大神通，若無上師的加持，就無法證悟真我，這又是什麼道理？

答——雖然從絕對真實的角度來看，上師境地就是自己境地（真我），可是那個自我由於無明的緣故成為了個體化之人，如果沒有上師加持，就很難悟到自己的真實境地或本性。

【第10問】上師的加持有何特徵？

——它超越了言語或念頭所能表達的地步。

【第11問】既然如此，弟子又是如何因上師的加持而悟到自己的真實境地？

答——這就如同大象因為在夢中見到獅子而醒來。只因見到獅子，就足以讓大象醒來。所以，弟子肯定可以因為上師慈悲的相貌加持，能夠從無明的睡夢中醒來，進入真智的覺醒狀態。

【第12問】有主張說，「真上師」的本質就是「無上世尊」（梵sarvesvara）的本質，其意義何在？

答——首先，個體之人必須精進不懈地修虔愛行，以求達致神境或真智的境地。世尊既是在見證個體之人，又與被見證的個體之人是同一個，等到個體之人的虔愛行持成熟，神就會現形。他受助於自己的三本質「存在—本識—妙樂」，於是化現成人形，也會化現成神意所選擇的形相和名稱，對弟子的賜福就是將弟子納入自身中。根據這項說法，上師的確可以被稱為「世尊」。

【第13問】那為什麼有些偉大人物可以不需要上師而證得「智」？

(9) 同注(4)，pp.1-3。
(10) S. Nagamma, *Letters from Sri Ramanasramam*, p.161.

答——對極少數「成熟」的人，世尊會散發出「智」的無形之光，並點醒此人對真理的覺知。(9)

【第14問】該如何選對上師？上師的真實本性是什麼？

答——你的心和他相應的話，他就是適合你的上師。如果你問：「如何決定誰才是上師，以及他的本性如何？」那麼，他應該具備平和、耐心、寬容等美德；他應該具備魅力，即使僅用他的目光都能吸引眾生，有如磁石引鐵一般；他應該具備平等看待的情懷。具備這些美德的人，才是「真上師」。可是如果要知道上師有何本性，首先要知道自己的本性，假如連自己的真實本性都不明白，如何能明白上師的真實本性？如果你要體會上師的真實本性或本相，便要先學會把整個宇宙視為上師的形相（梵Guru rupam）。你一定要見一切眾生如見上師。同樣的心態也適用於神，你一定要視一切事物就是神的形相。不認識自己真我的人，如何能體會神的真實本相或上師的真實本相呢？如此之人又如何辨認出上師呢？因此，先求認識你自己的真實本相和本性。

【第15問】但是要認識自己，就先需要有上師，不是嗎？

答——是的！世上有很多偉大的人物，若你的心和他相應，就奉他為上師。你會對他生起信心的人，就是你的上師。(10)

【第16問】上師的加持對於達成解脫有何幫助？

答——解脫不在「外」，它是在「內」。只要此人求解脫的心夠殷切，內在的上師會拉他進來真我，外在的上師會推他進去真我。這就是上師的加持。(11)

【第17問】有人發表文章引述您說不需要上師，也有人引述您完全相反的說法。尊者您怎麼說？

答——我從未說過不需要上師。

【第18問】室利·奧羅賓多等人提到您，都說您沒有上師。

答——這都要看你對「上師」的定義，他可以不必具有人形。達塔特雷亞（梵Dattatreya）(12)有過二十四位上師，其中包括五大元素的地、水[13]等等，世間的每一樣東西都是他的上師。

我們絕對需要上師，《奧義書》說，除了上師，還有誰可以帶我們走出見聞覺知的叢林。所以，上師是必要的。

【第19問】我的意思是指人類的上師，尊者您並無這樣的上師。

答——我可能曾經在此時或彼時有過。但是難道我未歌頌阿如那查拉聖山嗎？(14)上

(11)同注(7)，p.516。

(12)達塔特雷亞（梵Dattatreya）：好幾本記載聖人行持的「本生經」（梵puranas）都提到他的名字，但是他的出生日期和地點卻無可考。一般認為「不二哲學」的經典《覺頭陀之歌》（梵*Avadhuta Gita*）是其著作。

[13]印度哲學以地、水、火、風、空等五大為構成世界的基本元素。

(14)拉馬納寫過好幾首詩歌頌阿如那查拉聖山。有些詩句中他明確寫道它就是他的上師、他的神、他的真我。

(15)S. Cohen, *Guru Ramana*, pp.67-8.

[16]克里希那穆提（J. Krishnamurti）是近代在西方講述印度心靈哲學的大師。

(17)同注(7)，p.46。

師是什麼？上師是神或真我。人為了滿足自己的欲望，首先是向神祈求。到了某個時機，他的祈求不再是為了滿足俗世的欲望，而是為了神。然後神回應人的祈求，依此人所需，為他示現。所以，神有可能是以人形為之，有可能以非人形為之，引領他趨向神。(15)

【第20問】若已經拜了一位上師，是否能追隨其他的大師？

答——上師只有「一」，他是沒有形體的。只要有脆弱存在，就會需要力量來支撐。

【第21問】克里希那穆提（J. Krishnamurti）[16]曾說過：「不需要上師。」

答——他怎麼知道？只有在證悟之後才能這麼說，之前就不行。(17)

【第22問】尊者您能幫我們悟到真理嗎？

答——助力從未消失過。

【第23問】那就沒必要再提問，但我感覺不到那無時不在的助力。

答——歸伏，你就會找到。

【第24問】我永遠聽您差遣，尊者可否給予我們一些教示（梵upadesa），讓我們可以照著修行？否則像我住在六〇〇英里之外，要如何獲得助力？

答——「真上師」就在裡面。

【第25問】要引領我明瞭這個道理，「真上師」必不可缺。

答——「真上師」就在裡面。

【第26問】我要一位能見得著的上師。

答——那位能見著的上師說他在裡面。(18)

【第27問】成功不是應該要仰仗上師的加持嗎？

答——是的。你知道要用功，不正是種加持嗎？用功就會有成果，它自然會跟著到來。在《解脫醍醐》（梵*Kaivalya Navaneeta*）(19)中有一句頌文說：「噢，上師！您自始至終未離棄我，好幾世以來護著我，指授我，直到我得解脫。」當時機到來，真我會化現成為外在的上師，否則他就會一直待在裡面，做他需要做的事。(20)

【第28問】有些舍地．賽巴巴（梵Shirdi Sai Baba）(21)的弟子會供奉他的照片，並

(18) 同注(7)，p.404。
(19)《解脫醍醐》（梵*Kaivalya Navaneeta*）是一部以塔米爾文寫作，講述「不二」哲理的古籍。
(20) 同注(7)，p.392。
(21) 舍地．賽巴巴（Shirdi Sai Baba）是一位舉止怪異而個人魅力十足的心靈導師，以神通著稱。生年不詳，一九一八年辭世。
(22) 同注(10)，p.75。

說它就是上師。這怎麼可能？他們或許可以把它當神來拜，但是把它當成上師來供奉有什麼好處？

答——他們那麼做有助於專注。

【第29問】我同意那的確是很好的，在某個程度上是在修練專注力，但是那種專注力難道不需要上師嗎？

答——當然需要。可是說到底，「上師」的意思就只是「專注」（梵guri）。

【第30問】單憑一張無生命的照片如何能助人進入深度的專注？在修練中，它需要有位真人上師來示範。也許如尊者您並不需要真人上師也可以得圓滿成就，但是像我這樣的凡人怎麼可能？

答——你說得沒錯。即便如此，供奉無生命的人像，在某個程度上也能使心念集中。但是這種專注無法持久，只有藉由「參究」的方式認識自己的真我所得的才能持久。要進行這種參究，就需要上師的助力。(22)

【第31問】據說，上師可以分出自己的一些力量來給弟子，讓弟子證悟真我。是否確有其事？

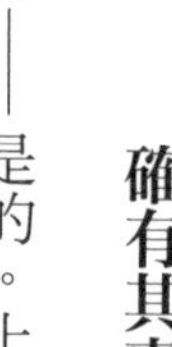——是的。上師不是直接引起證悟真我，他只是為你除去證悟的障礙。真我永遠是在證悟中的。

【第32問】要證悟真我，是否絕對需要上師？

答——只要你尋求的是證悟真我，就需要有上師。上師就是真我，如果把上師當作真我，而把自己看成是個己的自我，就仍然是二元的。消除這種二元的觀念，就是去除無明。只要你仍是二元的，就需要有上師。因為你認同這個身體就是自己，所以便認為上師也有個身體。但事實上，你不是身體，上師也不是；你就是真我，上師也是。這就是你稱之為「證悟真我」時所證到的「智」。

【第33問】要如何知道某個人是否有能力擔任上師？

答——在他面前時，你的心是否能靜下來，你對他是否能由衷生起尊敬之心。

【第34問】假如不幸遇到一位無能的上師，對他生起堅定信念的弟子會有怎樣的下場？

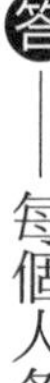每個人各有不同的福德。(23)

(23)同注(7)，pp.240-1。
(24)同注(7)，p.281。

【第35問】我可否請上師賜予加持？

答——加持力一直都在。

【第36問】但是我感覺不到。

答——只要能歸伏，就能明白「加持」為何。

【第37問】我的心和靈魂都已經歸伏了，對自心也有一定的判斷力，可是我仍然感覺不到加持。

答——如果你真歸伏了，就不會生起這個疑問。

【第38問】我真歸伏了，疑問還是會生起。

答——加持是「常」，你的判斷力則是變動無常的。錯豈會出在別處？(24)

【第39問】我們是否可以跟隨不止一位心靈大師？

答——誰是上師？他根本就是真我。真我會因心智進展的程度而化現成外在的上師，印度古代著名的聖人達塔特雷亞便曾說自己跟隨過不下二十四位上師。凡是你從他學習到任何東西的，就是上師。以達塔特雷亞為例，有時上師也可能是無生命的。神、上師和真我都是同一個。

心態非常虔誠的人認為神無所不在，以神為上師。其後，神讓他接觸到一位真人上師，他也認上師為一切的化身。最後，由於上師的加持，此人終於覺悟到他的真我才是唯一的「真實」。因此，他發現真我就是上師。(25)

【第40問】《薄迦梵歌》說道：「由於清淨的智性，也由於侍奉上師和參究，才得以證悟真我。」這說法該如何調和？

答——「伊濕瓦若、上師、真我三無差別」（梵Iswaro Gururatmeti），只要你還存有二元的觀念，就會去尋找上師，認為他和你不是同一個。不過，他用真理來教導你，你就得到真智。(26)

能為生靈傳授真我的無上智，令生靈面向真我，此人即是至上上師，即是古代聖人所稱頌的神，即是真我。要追隨上師，親近他，忠心地侍奉他，就能因他的加持而學到自己所以會出生、受苦的原因何在。一旦明白這些都是因為偏離真我所引起的，就知道堅定不移地住於真我才是至善。

對於那些衷心接納也誠心遵守解脫之道的人，他們或許由於忘卻或其他原因，有時會偏離了《吠陀》（梵*Vedas*）(27)的教誨，[28]可是大家一定要知道的是，上師的訓示無論在何時都絕對不能違反。自古以來的聖人都曾說過，如果違逆了神，上師可以幫他補救，但是違逆了上師，就連神也救不了。

若有人出於稀有、強烈、豐富的愛，因而對來自於上師的一瞥加持生起無窮信

(25) 同注(7)，pp.20-1。
(26) 同注(7)，p.242。
(27)《吠陀》（梵*Vedas*），據考成篇於西元前二千年至西元前五百年之間的四部經文集，被視為是絕大多數印度宗教哲理所遵循依據的最終源頭。
[28] 因為印度正統的六派哲學都源自於《吠陀》，所以在實修上也都以《吠陀》為依據。
(29) 普如乎塔（梵Puruhuta）是帝釋天（梵Indra）的名號之一，他是統領眾天神的天帝。
(30) Muruganar, *Guru Vachaka Kovai*, v.270, 248, 799, 800, 324, 290.

心，此人得脫離苦難，身在人間卻猶若普如乎塔（梵Puruhuta）(29)。

每個人都想求得平靜，不論何人、何地、何時或以何種方法，若無「真上師」的加持，便無法得到內心的寂靜。因此，要時時以專一的心去祈求那個加持。(30)

【第41問】有些弟子在受到尊者的加持之後，不用經歷太多困難就能證悟，我也希望能獲得那樣的加持。身為一名女性，又住在離此很遠的地方，我希望能常常親近尊者，但是無法想來就來，想待多久就待多久，我可能都沒有機會再回到這裡。我祈求尊者賜予加持，當我回到自己的地方時，我要憶持不忘尊者。祈請尊者應允我這個願望。

答——你要去哪裡？你哪裡都沒去。就算這個身體是你，是這個身體自己從勒克瑙（Lucknow，印度北方城市）來到蒂魯瓦納馬萊的嗎？你只不過是坐在車中，是運輸工具在移動身體，然後你才說是你來到此地。其實，你不是這個身體，真我何嘗移動過，是世界在它裡面移動。你就只是本來的你，本來的你從未變動過。因此，即使你看似離開這裡，但你還是在這裡、那裡和每個地方，在變動的是這些場景。

至於「加持」，它本來就在你裡面。假如它是外在的，就沒有任何作用。加持就是真我，你從未離開過它的作用，加持是恆在的。

【第42問】我的意思是，當我憶起你的相貌，我的心應該變得堅強，而您也會回應。我個人的力量仍舊薄弱，所以不想只依靠自己。

答——我已經說過，加持就是真我。如果你記起我，是真我在提醒你這麼做。那麼，加持豈不是本來就有了？它在你裡面豈有片刻不起作用？你會記憶就是加持的象徵，那就是在回應你，那就是感應，那就是真我，那就是加持。

你不用擔心。(31)

【第43問】我能否不靠外面的助力，單靠自己的努力來深入真理？

答——你有心追尋真我，這背後就是神力在示現。它是本心內的光輝，是內在的本然狀態，是真我。它從裡面拉拔你，你必須作意從外面進去。你在作意就是誠摯發心，那內在深處的觸動就是加持。所以我才說若無加持，就不會有真誠的追尋；而不肯努力尋找真我的人，加持就不會觸動他。兩者都是必要的。(32)

【第44問】我們要證悟真我，需要追隨上師多久？

答——只要無明還在，就需要上師。所以有無明，是因自己把束縛強加於真我上。神受到崇拜，會賜予信徒更堅定的信仰，這就導致歸伏。信徒徹底歸伏了，神就開恩以上師的形態示現。上師就是神，會領導信徒，會告訴他，神是內在的，他和真我並無區別。這會引導心智向內探索，最終達到證悟。

(31)同注(7)，p.208。
(32)K. Sastri, *Sat-Darshana Bhashya*, p.v.
(33)同注(7)，p.80。
(34)同注(7)，p.124。
(35)同注(7)，p.33。

【第45問】既然加持是如此重要，那麼，個人自力的角色又是如何？

答——在到達證悟的境地之前，需要有個人的努力，然後真我應該自發地變得顯而易見，否則就不能得到圓滿的妙樂。在到達那個自發的境地以前，一定要先有過種種的努力。(33)

雖然那個境地是超越了努力或不用努力，但是在到達證悟之前，就需要努力。一旦嚐到了妙樂，哪怕就只嚐過一次，就會不停地想要再得。只要體驗這種寧靜的妙樂一次，就沒有人會願意出來或去做任何其他的活動。(34)

【第46問】要達到證悟，是否絕對需要神的加持，或是可以憑自己發心努力去到那永脫生死輪迴之境？

答——神的加持是證悟所必需的，它能帶你實證到神。但是只有真正歸伏神的人，或真正的瑜伽士才能獲得加持，它只賜給那些在解脫道上精進不懈的人。(35)

【第47問】時空距離對加持有影響嗎？

答——時間、空間都在我們內在，而你永遠在你的真我中，時空怎麼會影響到它呢？

【第48問】在聽收音機時，離得比較近的人會先聽到。您是印度人，我們是美國人，這會造成不同嗎？

——不會。

【第49問】有人可以讀別人的心念。

答——這表示一切都是「一」。(36)

【第50問】尊者會體恤我們，賜給我們加持嗎？

答——你們已經在水中，水位到了喉部，卻還要人送水來。這就有如人在水深及頸的水中大呼口渴，或如水中的魚覺得口渴，或如水會覺得渴。(37)

加持從未消失過。「若無上師加持，則不會起離欲心，則不得證悟真理，則不能永住真我」。

但是自己努力也是必要的。靠自力留駐於真我中，就如同訓練一頭野性未馴伏的牛，要用肥美的牧草來引誘它，讓它留在牛棚內以防止走失。(38)

【第51問】我近來接觸到一首塔米爾文所作的歌，作者自嘆無力，不能像隻年幼的猴子能緊抱著母猴，而必須像隻嚎叫的小貓，只能被母貓啣著脖子走，因而向神祈禱求助。我的情況也是如此，尊者您一定要可憐我，請

(36)同注(7)，p.114。
(37)同注(7)，p.181。
(38)同注(7)，p.183。
(39)D. Mudaliar, *My Reminiscences*, p.106.
(40)同注(7)，p.5。
(41)同注(7)，p.136。

啣著我的脖子，別讓我跌落受傷。

答——這是不可能的。你自己要出力，也要有上師的助力，兩者均不可或缺。(39)

【第52問】人需要等多久才能得到上師的加持？

答——你為什麼想知道？

【第53問】想它能帶給我希望。

答——有這種欲望就是障礙。真我一直都在，沒有任何事物不具有它。成為真我，那麼，種種欲望和疑問就會消失。(40)

加持是開始、中間和結束，加持就是真我。因為誤認真我就是身體，所以就認為上師也有個身體。但是在上師看來，上師就只是真我。真我只有「一」，上師告訴你，存在的唯獨是真我而已。那麼真我不就是你的上師？加持還能從哪裡來？它唯有來自於真我。真我示現就是加持的示現，反之亦然。之所以會生疑就是因為知見錯誤，然後接著就以為自己之外有別的事物存在。真我之外空無一物。(41)

第九章　靜默與薩桑

只要有人提出要求，拉馬納都很樂意給予口頭教示。雖然如此，他常強調，其實他的「靜默教示」是更直接、更有力的。「靜默教示」是股精神的力量，有如發自於他的形體，這股力量是如此強大，所以他認為是他所有教誨中最直接、最重要的一面。與其用言語來指導該如何控制心念，他可以毫不費力地散發出一股寧靜的力量，在他周圍的人就會自發地安靜下來。能跟這股力量相應的人事後都說，他們所經驗到的是種深沉的內在平靜、康泰境界。根柢比較深厚的追隨者，甚至能因這樣的觸發而直接證悟真我。

在印度，這種教授的方式流傳已久，其中最著名的典範是達克辛那穆提（梵Dakshinamurti），他被尊為是濕婆所化身的神人，曾經以「靜默」的方式讓四位博學的聖人體悟到真我。拉馬納時常稱許達克辛那穆提，在本章的對話錄中，他常常提到這個名字。

任何人都可以感應到這股來自上師的力量之流，只要他能專注於真我或上師的形相上，它的效力不受距離的影響。這種注意力常常被稱為「薩桑卡」（梵sat-sanga，略稱「薩桑」）(1)，其字義是「與本然狀態應和」。拉馬納衷心鼓勵採用的是這個方法，常說這是直接驗證真我最有效的方式。傳統上，它的意義是「親身來到已證悟真

(1)薩桑卡（梵sat-sanga）或譯為「薩桑」，字義是指「與本然狀態應和」或「來到已證悟真我者的跟前與其應和」。（譯按：此名詞也常用來指聽聞大師開示的聚會）

(2)梵語「sadhu」是指聖人或靈修者。然而拉馬納經常使用這個詞彙來尊稱已經證悟真我之人。

(3)摩訶靈者（梵mahatma）：偉大心靈、偉大之人、聖人。（譯按：這是印度人對於人間聖賢之人最尊崇的稱呼，例如印度國父甘地即是一位摩訶靈者）

(4)S. Om (tr.), 'The Original Writings of Sri Ramana', *Ulladu Narpadu Anubandham*, w.1-5.

我之人的面前」，可是拉馬納對它的定義就寬廣許多。他說「薩桑」最重要的元素是和上師心心相印，他在場時固然是「薩桑」，但是不論在何時、何地，只要能憶念他，那就是「薩桑」。

下面所引用的篇幅是在表彰「薩桑」的力量，是由五段零散的梵文頌句所組成，這是拉馬納在不同的時期所零星讀到的。他在大受感召之餘，將之譯成塔米爾文，並收錄在他述說真實本性的文集《實相四十頌補遺》（梵*Ulladu Narpadu Anubandham*）之內。

一、以「薩桑」之故，不再與俗世之物應和。以不再與俗世應和之故，心的執著或習氣得以摧伏。去除心念執著之人，將消失於那不動者中。因此，他們得以「今生解脫」。與此等人的應和至足珍惜。

二、人所稱頌之最高境地，不能以聽聞說法而得，不能以研讀經論之義而得，不能以善行功德而得，不能以任何其他方式而得，唯由清楚地參究，與聖人（梵sadhu）(2)應和，於本心生起，則可於今生得之。

三、若與聖人應和，何勞一切宗教戒律（梵niyamas）？南風吹拂自清涼，何須偏勞手執扇？

四、涼月能解暑熱，天界許願寶樹能解貧困，恆河能解罪孽。須知，只以一睹無雙之聖人之故，彼暑熱等盡得解除。

五、浸浴之勝地，固然有淨水，有土石所成之神像，但何能相比於「摩訶靈者」（梵mahatma）(3)。啊！何其神妙！浸浴之勝地和天神，尚且需無數時日，方足以為眾生淨化心靈；然而，聖人僅以眼視眾生之故，眾生可即刻得到淨化。(4)

【第1問】尊者為何不周遊各地，為世人傳布真理？

答——你怎麼知道我沒有在做呢？要布教就非得要登上講台，對著周圍的人發表長篇大論不可嗎？所謂「布教」就是簡單地把「智」傳布出去，但是要真正做到如此，只能在靜默中為之。有人聽了一個小時的布教，離去時不覺得有所啟發，他的人生就無所改變；而另一個人在聖人跟前坐了一會兒，離去時覺得自己的人生觀完全改變了。你覺得這兩種情形相較之下，是高聲布教而無效果，或要靜靜地坐著把內在的能量傳送出去，兩者哪個好呢？

再說，言語是怎麼產生的？首先是有個抽象的「智」，從這裡生出自我，接著產生念頭，然後變成由口中說出的言語。所以，言語只是那原本源頭的子孫。由你自己判斷，如果言語能產生效果，那麼，藉由靜默所傳達的布教肯定會有更大的力量。(5)

【第2問】「靜默」何以會有如此巨大的力量？

答——已證悟者會傳送出能影響心靈的波，這會把許多人引到他的面前。然而，他可能就只是坐在山洞中，而且保持完全的靜默。我們聽人講述什麼是真理，聽完卻可能幾乎抓不住任何要點，可是去接觸一位證悟者，雖然他不言不語，卻能讓人有更多的領會。他從來不用出去和公眾聚會，如果有必要，他會以別人為工具來代理他。(6)

上師是施予「靜默」之人，他能展露真我之智的光明，這是「殘餘的真實」[7]之光。如果上師和弟子四目相投，則任何言語都是多餘的。(8)

(5)T. N. Venkataraman (pub.), *Maharshi's Gospel*, p.16.

(6)P. Brunton, Conscious Immortality, pp.141-2.

[7]「殘餘的真實」（residual reality），意義如何有些費解，而文中並未就此有所說明，參考上下文義，可能是指多生累劫以來一直餘留自心中之真實境地，因此能藉由上師的靜默，與上師四目交投而得啟發。

(8)*Muruganar, Guru Vachaka Kovai*, v.286.

(9)M. Venkataramiah (comp.), *Talks with Sri Ramana Maharshi*, p.402.

(10)同注(9)，p.501。

[11]斯瓦米．辨喜（梵Swami Vivekananda）是印度二十世紀上半葉的大哲，開風氣之先，以科學理性的方法前往西方宣揚印度心靈哲學。對當時印度本土爭取脫離英國殖民統治的年輕一代領袖如甘地，亦有極大影響。

【第3問】尊者您為人啟引嗎？

答——「靜默」是最好且最有力的啟引，這就是達克辛那穆提的方法。以觸摸、眼神等的啟引方式都算是比較低層次的作法。「靜默啟引」（梵mouna diksha）最能改變一切人心。(9)

當弟子來找他時，達克辛那穆提會一直保持靜默。那是最高形式的啟引，其他的方法都已包括在其中。別的啟引方式必然要先成立一種「主—客」的關係，首先出現主體，然後有客體對象，若無這相對的兩者，那麼，是誰在看誰，誰在觸摸誰？「靜默啟引」是最圓滿的，它包括了眼神、觸摸和教導。它能完全淨化一個人，置他於「真實」中。(10)

【第4問】斯瓦米．辨喜（梵Swami Vivekananda）[11]說，心靈上師是能將心靈大量傳輸給弟子之人。

答——有任何實體能傳輸嗎？傳輸的意義是改造弟子對自己本然狀態的認識，大師所做的就是這個。這不是說此人以前是某種性質，其後改變成另一種性質。

【第5問】加持不是上師的賜予嗎？

答——「神」、「加持」和「上師」是同義詞，都是永恆、內在的。真我難道不是已經在裡面了嗎？它還需要上師以眼神來賜予嗎？假如上師有這種想法，他就不配這個稱呼。

有些書上說「啟引」有很多種方式，例如以手、觸摸、眼神等。他們還說上師使用火、水、持咒或咒語來進行種種儀式，還把這些五花八門的儀式稱為「啟引」，好像弟子要等上師完成這些過程之後才會成熟。

個人已渺無蹤跡，無可搜尋。上師如是，達克辛那穆提亦如是，他將如何做？弟子來到面前，他在靜默之中。他保持靜默，弟子的疑念就得以掃除一空，這是指弟子得以放下他們對自己的執著。那就是「智」，它用不著饒舌多言。

「靜默」是最有力的工作方式，所有的論著，儘管篇幅巨大、擲地有聲，都達不到它們所希望的效果。上師寂靜無聲，而眾人皆感受到平靜。他的靜默，比所有的論著加起來還要來得巨大、有力。會有這些疑問是因為覺得自己在此地待了很久，聽了很多道理，很努力精進，卻好像並無任何收穫。要知道，內在事功的進展不是明顯易見的，事實上，上師一直都在你之內。(12)

【第6問】上師的靜默真的能帶來深層的心靈覺知？

答——有個古老的故事可說明上師的靜默力量。詩人塔特伐若亞（梵Tattvaraya）(13)做了一首「琵若尼」（梵bharani）稱頌他的上師斯瓦如琵難陀（梵Swarupananda）(14)。「琵若尼」是一種以塔米爾文寫作的詩歌體。他特地組織了眾學者前來聆聽和評議此作品。有學者提出異議：「『琵若尼』詩歌體一向是用來歌詠能在戰場上力屠千頭戰象的偉大英雄，現在用來稱頌一位苦行者則顯然不妥。」詩人當場說：「不如我們大家一起去見我的上師，在那裡把這件事做個了斷。」於是他們去到上師處，等眾人坐

(12)同注(9)，pp.369-70。

(13)塔特伐若亞（梵Tattvaraya）是以塔米爾文寫作數部哲理作品的斯瓦如琵難陀（梵Swarupananda）上師的弟子。

(14)斯瓦如琵難陀（梵Swarupananda）是十七世紀的塔米爾上師。

(15)D. Mudaliar, *Day by Day with Bhagavan*, pp.34-5.

(16)同注(9)，pp.200-1。

定，詩人將來意稟報上師。上師就靜靜地坐著，眾人都在靜默中。一天過去了，夜晚來臨，接著又過了幾個晝夜，可是大家都靜靜地坐著，其間任何人都沒有動念，也無人詢問為何要來這裡。如此過了三、四天，上師心念微微一動，聚在那裡的人立即回復了心念的活動。然後，他們宣稱：「征服千頭戰象算不了什麼，這位上師的神力能一下子把我們所有人自我的那頭亂竄的大象同時給制服了。以『琶若尼』來歌頌他，當然實至名歸。」—(15)

【第7問】這靜默的力量是如何起作用的？

答——語言只是一種作為溝通思想的媒介，念頭先生起後才使用語言。所有其他的念頭都是在起了「我念」之後才生起的，所以一切交談的根源就是「我念」。若能保持心念不起，就能藉由靜默而相互了解。「靜默」是普世的語言。

「靜默」時時在說話，它是恆在的語言之流，只因開口說話而被打斷，我現在正在說的言語擾亂了那無聲之言。例如電線中有電流通過，只有當它的通路受到阻礙，才會發亮而成為電燈或轉動成為電扇。在電線中流動，它就只是電能。同樣地，「靜默」是永恆的語言之流，而被言語打斷。

經年累月都說不清楚的，在靜默中可能一瞬間就領悟了，或靜默當前時也可能——達克辛那穆提與四名弟子的故事，就是很好的例子。這是最高深、最有效的語言。(16)

【第8問】尊者說：「智者的影響是在靜默中潛化信徒。」尊者又說：「要證悟自己真正的本然狀態，親近摩訶靈者是種有效的方法。」

答——是的。有矛盾嗎？你會認為智者、摩訶靈者是不同的嗎？

【第9問】不會。

答——能親近他們是好事。他們在靜默中做他們該做的事，只要一開口說話，力量就會減弱。「靜默」是最有力的，開口言語一向不如靜默來得有力，所以，心靈接觸是最好的。

【第10問】一旦智者的肉身毀壞了，這項說法還成立嗎？或者只有當智者活在血肉之軀中才能成立？

答——上師不是肉身，所以即使肉身消失，連繫也不會中斷。當自己的上師去世後可以去追隨另一位上師，但所有的上師都是同一個，沒有哪個是你所見到的那個形體。心靈的親近，永遠是最好的親近方式。(17)

【第11問】加持能起作用是否因為上師的心智影響到弟子的心智，或是別有所指？

(17) 同注(15)，pp.145-6。
(18) 同注(9)，pp.500-1。
(19) 同注(9)，pp.74-5。

答——最高形式的加持即是「靜默」，它也是最高的教示（梵upadesa）。

【第12問】斯瓦米．辨喜也說過，「靜默」是祈求者最洪亮的祈求方式。

答——這是指靈修者的靜默，上師的靜默則是最洪亮的教示，它也是最高形式的加持。其他的種種啟引方式都是從靜默中得來，因此是次要的，「靜默」是首途。如果上師是靜默的，靈修者的心就自己會得到淨化。(18)

【第13問】尊者的靜默本身就是股很強的力量，它使得我們的心得到平靜。

答——「靜默」是說不盡的言語，口說的言語只會阻礙「靜默」的言語。在靜默中，人和周遭的一切才能建立起密切的接觸。達克辛那穆提的靜默能替四位聖人除疑，此即「靜默所闡述之真理」（梵mouna vyakhya prakatita tatvam）。有人說「靜默」就是真理的宣示，「靜默」是如此有力。

口說的言語就需要有說言語的器官，所以器官是言語的先決條件。但是這另一種言語，甚至超越了思想。總之，它是至高的言語或無說的言語（梵para vak）。(19)

【第14問】是否每個人都能得益於這種「靜默」？

答——「靜默」是真正的教示，它是圓滿的教示，它只適合最上根的靈修者。其他的人無法自它得到全面的啟發，所以就需要言語來解釋真理。然而，真理是超越言語

的，它不容解釋，至多僅能夠間接地指出它。(20)

【第15問】據說只要能一睹摩訶靈者的模樣就已足夠，而拜神像、朝聖等等的效力都不如。我來這裡已經三個月了，可是還不知道自己是如何得益於瞻仰尊者。

答——「瞻仰」具有一種淨化的效果，淨化卻是看不見的。這正如同煤需要很長時間才能點燃，炭就會燃得快一些，火藥則能瞬間點燃，來接觸摩訶靈者的人也是有所不同的。(21)智慧之火足以燒盡一切業行，智慧之取得是由於應和智者而來，更正確地說是由於心的氛圍而來。(22)

【第16問】如果弟子自己不努力，上師的加持可以帶來證悟嗎？

答——在大師的周圍，習氣的作用會停下來，結果就是心變得寂靜，而得到三摩地。因此在大師面前，弟子可以得到真智和正確的體驗。要想留住它而不動搖，那就需要再進一步的努力。最後，弟子會認識到他真實的本然狀態，因此能夠在此生即得解脫。(23)

【第17問】既然要靠往內尋求，是否有必要待在大師的周圍？

答——只要還有疑念，就有必要。(24)

(20)同注(9)，p.528。
(21)同注(9)，p.135。
(22)同注(9)，p.177。
(23)同注(9)，p.123。
(24)同注(9)，p.572。
(25)同注(9)，p.247。
(26)同注(9)，p.318。

【第18問】我靠自己無法專注，我正在尋找外力來幫助我。

答——是的，那就稱為「加持」。我們個人的力量不足是因為心智軟弱之故。「加持」是必不可少的，「服侍聖人」（梵sadhu seva）可以得到它，但這並不是說獲得什麼新事物。如同虛弱的人被強壯的人所制服，在心力堅強的聖人面前，凡夫脆弱的心就很容易得到控制。一切唯獨是「加持」，別無他物。(25)

【第19問】是否必要親身來服侍上師？

答——經論中都說要證悟真我，必須服侍上師十二年才能有所成。上師有做什麼嗎？他是否把它親手交給弟子？真我不是一直是證悟的嗎？那麼這種說法是什麼意思呢？人從來不離真我，可是他卻不自知，反而把它和「非真我」——諸如身體之類——搞混了。之所以會迷惑是由於無明，如果去除無明，迷惑就不會存在，真智便能得以展現。如果能和證悟的聖人保持接觸，無明就會逐漸淡去，終於完全脫落，永恆的真我因而顯露。(26)

【第20問】您說，與智者應和（薩桑），並服侍智者，都是弟子該做的事。

答——是的。前者真正的意思是要應和那無形的「薩」（梵sat）——那絕對的存在，可是只有非常少數的人才能做到；大多數的人只能退而求其次，而與有形的「存在」——上師——應和。與聖人應和有其必要，因為念頭是頑固的，而聖人已經降伏了他的心，處於平靜之中。在他的左右能助於帶來這種境地，否則和他做伴就毫無意義。上師提供的是達到這境地所需要的氣力，這是旁人所看不見的。「服侍」主要是為了能住於真我，但也包括照料上師的身體，打理他的居所。與上師親近是必要的，但所指的是心靈的親近。如果弟子能在內心裡找到上師，那麼，他去哪裡都不重要。你一定要明白，留在這裡和去別處是相同的，效果也毫無差別。(27)

【第21問】我的職業令我必須待在工作的所在地，所以無法留在聖人左右。即使沒有聖人，我也能證悟嗎？

答——梵語「sat」（音「薩」）就是指「眾我之真我」（梵aham pratyaya saram），聖人就是那眾我的真我，他在所有眾生之中。有人能沒有真我嗎？不能。所以，沒有任何人能和「薩桑」相離。(28)

【第22問】待在上師周圍會有幫助嗎？

答——你指的是人身的周圍嗎？那哪有什麼好？唯有心智才至關重要，心智一定要能接觸。(29)「薩桑」會讓心智沉入本心之內。

如此的應和是身與心兩者的應和。那個能為肉眼所見的上師會把心智向內推，他也在靈修者的本心中，所以能把靈修者已經向內的心智拉入本心之中。(30)

(27) 同注(6)，p.147。
(28) 同注(9)，p.461。
(29) 同注(9)，p.140。
(30) 同注(9)，p.186。
(31) 同注(15)，pp.236-7。
(32) 同注(9)，p.242。

【第23問】我只想知道的是，「薩桑」是否必要，以及我來到此地是否真的有幫助。

答——首先，你必須決定什麼才是「薩桑」。它的意思是與「sat」——實相——應和。凡是認識到或證悟到「sat」的人，他也就被認為是「sat」。與「sat」應和或與認識到「sat」的人應和，對所有的人都是絕對必要的。商羯羅大師曾說，三世界之中，無有船如「薩桑」般能載人安渡生死之海。(31)

「薩桑」的意思是與「sat」去「應和」（梵sanga），「sat」就僅真我。正由於現在不明白真我就是「sat」，所以才要去找已經明白的聖人相伴隨，這就是「薩桑」。內省有了結果，「sat」於是得以顯露。(32)

第四部

冥想與瑜伽

冥想、持咒、瑜伽、世間生活都是為了適應不同根器、
不同境地的人，而有不同修行的方式。
它們有一個共通的目的，
就是要打破眾人長久以來所珍惜的妄見——以為他們和真我不同。

第十章　冥想與專注

拉馬納堅稱，證悟真我的前提是對「我念」的覺知。所以，他提出的結論是，心靈修行如果不走這一條路的話，就是間接的，就會走冤枉路：

這條路（把注意力放在「我」上）是直接的，其他的都是間接的。前者能引你去到真我，其他的則是去到別處。其他的縱使能到達真我，也因為它們最後還是走回前面那條路，所以才能達到目標。因此到了最後，求道者一定還是要採用第一種方式。那為何不現在就一次到位？為何還要浪費時間呢？(1)

這是指其他的方法有時能讓人進入一種內在的寂靜狀態，無意中觸發自我的專注或自我的覺知，但終究是繞了遠路才抵達真我。拉馬納主張，其他方法只能把人帶到「參究自我」的起步之處，所以，除非他認為提問者無法或不願意使用「參究自我」的方式，否則他從不向人推薦使用其他方法。早期有一本記載拉馬納問答錄的書《室利．拉馬納之歌》（梵*Sri Ramana Gita*），其中有段對話就是說明這種觀點，拉馬納非常詳盡地解釋「參究自我」為何是證悟真我的唯一方法。而在仔細聽完拉馬納的解釋後，如果提問者仍然無法接受「參究自我」是唯一找到真我的門徑，他們便會問是否還有其他方法也可以證悟真我。拉馬納回答道：

(1)P. Brunton, *Conscious Immortality*, p.176.
(2)G. Muni, *Sri Ramana Gita*, ch.7, vv.26, 22.
(3)S. Om, *The Path of Sri Ramana*, p.163.

無論是用冥想（某個對象）或「參究自我」的方法，目標都是相同的。一者是以冥想而獲得寂靜，另一者是以了知而獲得寂靜。一者是勤修而獲得某種成就，另一者則是參究「是誰在勤修」而獲得某種成就。前者需要花很長的時間，但是最終可以得證真我。(2)

一旦明白此人偏好專注對象的冥想方式，也確定他不願意改用「參究自我」的方式，拉馬納便會鼓勵他繼續使用他自己所選擇的方法，說這同樣可以證得真我。拉馬納的觀念是，有方法好過沒方法，因為它總是有機會引人走上「參究自我」一途。

很多人也問了類似的問題，基於同樣的理由，他也都給予類似的回答。雖然他回答說除了「參究自我」和「歸伏」之外，別的方法也同樣能證悟真我，但這只是針對那些寧願使用自己的方法而不願參究自我的人而說，並不可以據此而認為這是放諸四海皆準的。若來人不執意要走那些他稱為「間接方法」的途徑，那麼，他對於這些追隨者的建議通常就會重申「自我作意」（self-attention）終不可或缺。

拉馬納縱然極力主張「參究自我」的方法，但他從不堅持要人改變他們的信仰或修行法，如果他無法說服追隨者去參究自我，他也會很樂意對其他的修行方式提供建議。本章所收錄的對話，大多數是他在回答來訪者關於傳統的冥想方法所提的問題。他在回答時，通常會把「冥想」定義為「專注於某個特定對象，從而排除一切其他對象」。可是，有時他又會給個層次更高的定義，而說：「只有把心念完全繫於真我，才是真正的冥想。」這個修法其實就是在參究自我，只不過換了個名字罷了。在他早期的一本著作中，他如此解釋：「能時時將心念僅繫於真我，就稱為『參究自我』，而冥想則是在想『自己就是梵』。」(3)

【第1問】「冥想」和「參究」有何不同？

答——總而言之，兩者是相同的。無法進行參究的，就一定要修習冥想。在冥想中，求道者要忘我，而冥想「我就是梵」或「我就是濕婆」，以此方法冥想「梵」或濕婆。如此，最終剩下的覺知就是「梵」或濕婆的存在。他就會悟到這是純淨的本然狀態，也就是真我。

使用「參究」的方法在開始時，則以自問「我是誰」的方式來專注於自己，而終於認出真我。(4)

在心中觀想自己是無上的「真實」，是光明的「存在—本識—妙樂」，這就是「冥想」。把心繫於真我中，讓不實幻相的種子消滅，這就是「參究」。

冥想真我的人，若以某種觀想（梵bhava）為之，所得真我就只會是所觀想的形相。已經獲得平靜之人，能保持靜默而不做任何觀想，所得的是神聖而無所別的「獨存」（梵kaivalya）(5)境界，也就是無形境界之真我。(6)

【第2問】我認為「冥想」比「參究」更直接，因為前者緊持真理，而後者是從非真理中篩濾出真理。

答——對於初學者，冥想有形的對象是容易一些，也無可厚非。繼續下去就會導入參究真我一途，也就包括了將「真實」從「非真實」中篩濾出來。當你內在還是充滿著各種對立的因素，緊持住真理有什麼用？

參究自我藉由排除障礙而能直接通往證悟，認為自己尚未證悟真我的疑念就是

(4) M. Venkataramiah (comp.), *Talks with Sri Ramana Maharshi*, pp.144-5.
(5) 獨存（梵kaivalya）是指唯「一」的境界，也就是無形境界之真我。。
(6) Muruganar, *Guru Vachaka Kovai*, vv.738-9.
(7) 同注(4)，p.261。
(8) 同注(4)，p.429。
(9) 同注(4)，p.145。

障礙。(7)

冥想會因靈修者的工夫深淺而有差別。如果人適合於冥想，他便會直接牢牢地專注於冥想者，冥想者會自動沉沒於他的本源——清淨的本識。

假如無法直接牢牢地專注於冥想者自己，就必須要冥想神，工夫到了這個地步，此人就會夠清淨，因而能專注於冥想者，終於沒入那絕對的存在狀態。(8)

要冥想就一定要同時留住自我不可，需要有個自我，以及一個冥想的對象。因此，這個方法是屬於間接的，因為真我唯有「一」。去尋找自我，就是去找它的本源，如此自我就會消失，剩下的就是真我，這才是直接了當的方法。(9)

【第3問】當藉由冥想的方法時，我找不著往內的門徑。

答——我們此刻豈是在別處？那個正是我們的本然狀態。

【第4問】如此的話，是我們對它的無知。

答——對什麼無知，是誰無知？如果是對真我無知，那豈不是成了兩個自己？

【第5問】並無兩個自己，是因無法解脫束縛的感覺。因為受到束縛的關係……

答——束縛只存在於心智之中。你在沉睡的狀態中會覺得受到束縛嗎？你在睡眠時仍然是存在的，你不會否認自己那時是存在的。同一個真我此時、此地於清醒的狀態中也存在。你說現在受到束縛，那是因為這兩種狀態有所差異。其中的差異是由於心智的關係，在沉睡中心智並不存在，而它現在是活動的。即使沒有心智，真我也仍然存在。

【第6問】雖然理解這個道理，但是沒有證悟。

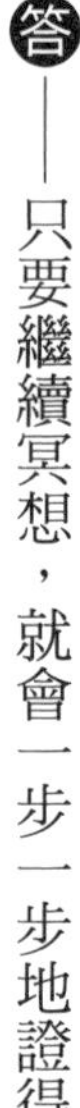——只要繼續冥想，就會一步一步地證得。

【第7問】冥想必須使用心智，它要如何消滅心智來展現真我？

答——冥想是專注於一念，那個一念就是要排開別的念頭，分心就是心智衰弱的徵兆。經常冥想就可讓心智變得堅強，也就是說，念頭紛飛的弱點被一個持久無念的背景所取代。這遼闊、空無念頭的狀態就是真我，清淨的心智即是真我。(10)

【第8問】什麼是「冥想」？

答——它居如真我，絕不稍稍偏離自己的真實本性，而同時又不會覺得自己是在冥想。

【第9問】冥想和三摩地有何不同？

(10) 同注(4)，pp.255-6。

(11) S. Natanananda, *Spiritual Instruction of Bhagavan Sri Ramana Maharshi*, p.13.

答——冥想要靠心念專注作意而成，三摩地則無作意。

【第10問】在冥想時，要注意哪些事項？

答——已經「穩定如真我」（梵atmanishtha）之人要注意不能些許偏離這種定境，這點非常重要。若是偏離自己的真實本性，可能會見到面前出現明亮的光芒，或聽到異常的音聲，或自以為見到神祇的影像在自身內外出現。他不應該被這些現象所欺，而忘了自己。(11)

【第11問】該如何修練冥想？

答——說實在的，冥想就是「穩定如真我」，牢牢地以真我自居。不過，每當雜念橫心，就要有所作為來消除雜念，這樣的作為通常稱為「冥想」。「穩定如真我」是你的真實本性。保持你的本性，那就是目的。

【第12問】但是雜念起個不停，我們要有所作為的用意是否僅止於消除雜念？

答——是的，冥想只有一念到底，其他念頭都全部排除。如果說冥想實際上是消極無所作為的話，只有在萬念俱離這一點上是成立的。

【第13問】有說「心安住於真我」（梵atma samstham manah krtva），但是真我又是無法思議的。

答——你到底為何要冥想？因為你想要「做」，所以別人才會告訴你「心安住於真我」。為何你不能就保持自己本性而不必去做冥想呢？那個「心」（梵manah）是什麼？當所有念頭都斷除時，它就是「安住於真我」（梵atma samstha）。

【第14問】給我一個有形相、具體的，我可將它作為冥想的對象而不起別的念頭。然而，真我是無形的。

答——將心念專注於有形的或某個特定的對象上，即稱為「冥想」。而去查找真我則是「參究」，或是「相續覺知本性」（梵nididhyasana）——無間斷地覺知自己的本然狀態。(12)

【第15問】冥想的喜樂高於感官的喜樂，可是人心卻偏要去追逐後者，而不追求前者。為何會如此？

答——苦與樂只存在於心智層次。我們的根本本性是喜樂，但是我們忘記了真我，而把身體或心智幻想成是真我，這種錯認就是苦痛產生的原因。該怎麼辦？這種習氣由來已久，是由無數的生生世世不斷累積而來。所以，它變得非常牢固。必須先把它除去，然後我們的根本本性——喜樂——才能肯定它自己。(13)

(12) 同注(4)，pp.256-7。
(13) 同注(4)，p.514。
(14) 同注(4)，p.66。
(15) S. Cohen, *Guru Ramana*, pp.73-4.
(16) 同注(15)，p.76。

【第16問】如何修練冥想，該張眼或閉眼？

答——隨便哪一種都好。重點在心要往內攝，而且在專注時要一直保持作意。有時，眼睛閉上之後，潛伏的念頭便紛紛地爆發出來；如果張開眼睛，又可能使得心內攝變得很困難，要心能堅強才辦得到。心攝取對象就是種染污，否則它就會是清淨的。冥想的重點在於心要保持作意，不攝取外面的印象，或去想其他的事情。(14)

【第17問】尊者，每次我冥想時，覺得頭內有高熱，如果繼續坐下去，整個身體會像火燒似的。該如何對治？

答——如果是專注於腦，就會有熱感，甚至頭痛產生。應該要專注於本心，就會清涼提神。要放鬆，你冥想起來就會比較容易。你的心要穩定，輕輕地把雜念排開，不要用勁。你很快就會有成效。(15)

【第18問】我冥想時要如何防止昏沉？

答——如果你刻意防止昏沉，就代表你在冥想中動念，這是必須要避免的。但是如果你在冥想時陷入昏沉，即使在昏沉時以及出了昏沉，冥想仍然在繼續中。可是，昏沉作為一種念頭是不能有的，因為那究竟的本然狀態，必須要在沒有任何干擾念頭的清醒狀態下，有意識地得之。那本然、無念的狀態有如一塊銀幕，清醒和昏沉都只不過是銀幕上的畫面，就讓它們悄然流逝吧！(16)

【第19問】冥想是要想什麼東西？

——你喜歡什麼都可以。

【第20問】據說濕婆、毘濕奴（梵Vishnu）(17)和蓋亞曲神咒（梵Gayatri）(18)都同樣有效。我該冥想哪一個？

——冥想你最喜歡的那一個，他們的效力都是相同的。但是你選了之後就不要更改。

【第21問】我該如何去冥想？

——集中心念於你最喜歡的對象上。如果能維持單一念頭，其他的念頭會先被擱置一旁，最後被根除。如果心念不能專一，就會有惡念。如果所持念的對象是代表著愛，就只會有善念固守不去。所以，就要只守住一念，主要的修練即是冥想。

「冥想」意謂著鬥爭。只要你一開始冥想，其他念頭就都會聚攏過來，它們會積聚能量試著打沉你所守住的那一念。那善念必須重複修練才能增加力量，一旦它變得強韌，其他的念頭就會被趕走。這是在冥想時常常會發生的聖戰。

每個人都想擺脫傷痛。這就需要心的平靜，也就是不要有各式各樣念頭所引起的不安。唯有冥想才能帶來心的平靜。(19)

(17)毘濕奴（梵Vishnu），為印度教三大神祇之一。毘濕奴每隔一定期間會轉世以人身現形。

(18)蓋亞曲神咒（梵gayatri）：為取自《吠陀》禱文經句最著名之咒語——「我等繫念於彼，願彼可敬、綻放光明之神引領我等開悟」。

(19)同注(4)，p.337。

(20)脈輪（梵chakra），身體中心識集中之處。詳見第十三章。

(21)《原人歌》（梵*Purusha Sukta*）是《梨俱吠陀》（梵*Rig Veda*）的其中一部；《梨俱吠陀》是印度最古老的經典。

【第22問】尊者曾說，真我的所在處雖然是在本心，可是它在每一個脈輪（梵chakra）(20)都能夠起作用。那麼，如果我們強力專注於眉心或冥想眉心的話，是否有可能將這個脈輪變成真我的所在處？

答——如果你要專注於身體上某個部位的話，那麼，一講到真我所在處就成了空談。你認為你自己是主體，是在看的人，而要專注的部位是客體，是被看的對象，這只是屬於「觀想」（梵bhavana）。反之，如果你見到那能見者自己，你就融入了真我，而與它合而為一，那個才是本心。

【第23問】那麼，專注於眉心好不好？

答——不論修練哪一種冥想，其最終的結果，都是要做到靈修者心所集中的對象不再離於主體而存在。主體和客體合為一個真我，那就是本心。

【第24問】為何尊者不直接要我們去修練專注於某些特別的中心點或脈輪？

答——《瑜伽教論集》（梵*Yoga Sastra*）說真我的所在處是在「頂輪」（梵sahasrara，位於腦頂的脈輪），或在腦部；《原人歌》（梵*Purusha Sukta*）(21)則宣稱本心才是它的所在處。為了不讓求道者陷入狐疑，我就告訴他要循著「我」或「我是」的線索，一路跟著去到它的本源。首先，這是因為任何人都不可能懷疑這個「我」的一念。其次，無論採用什麼方法，最終的目標都是要證悟「我是」念頭的源頭，而「我是」這一念，正是你所有經驗的主要元素。

因此，只要你去參究自我，你就會去到本心，也就是真我。(22)

【第25問】我有在修練「哈達瑜伽」（梵hatha yoga）[23]，我也冥想「我即是梵」。每次修練這種冥想不消多久，就只有一片空白，腦中會發燒，然後生起一股死亡的恐懼感。我該如何處理？

答——「我即是梵」只不過是個念頭。是誰在說這句話？「梵」自己不會如此說。它何必說這個？真實的「我」也不會如此說。因為「我」一直就是以「梵」自居，要去說這句話只是個念頭。是誰在起這個念頭？一切念頭都是從那個非真實的「我」而來，那也就是「我念」。保持無念，只要有念頭，就會有恐懼。

【第26問】每當我繼續思惟它，就會有失憶的現象，腦中發燒，我就感到恐懼。

答——是的，你把注意力集中在腦部，那裡就會有熱的感覺，這是因為「我念」的緣故。只要起了「我念」，死亡的恐懼感就會同時生起。至於失憶，只要有念頭，就會有失憶。剛開始時是在思惟「我就是梵」，然後失憶隨之而起。失憶以及念頭都因「我念」才有，抓住這「我念」，它反而會如幽靈般消失，剩下來的就是真實的「我」，那就是真我。

「我即是梵」是用來幫助集中心念，用它來排除其他念頭。當只剩下這一念時，看看是誰在起這個念頭，就會發現它是從「我」而來。這「我念」又是從哪裡來的？

(22) T. N. Venkataraman (pub.), *Maharshi's Gospel*, pp.81-2.

[23] 哈達瑜伽（梵hatha yoga）是以肢體鍛鍊為主的一種瑜伽行法，是現代風靡世界的各種瑜伽體位法的源頭。

(24) 同注(4)，pp.169-70。

(25) 同注(4)，p.28。

追問它，「我念」就會消失，無上的真我自然會現身，到此就不用再追下去。

當剩下的就只有那唯一真實的「我」，它可不會說「我即是梵」，有誰會不停地重複說「我是人」嗎？除非他受到質疑，否則何必宣示自己是人？是否有人錯把他當成動物，所以他才必須說「不，我不是動物。我是人」？同理，「梵」或「我」既然是唯一存在的「真實」，沒有人會質疑它，所以，就不需要去重複「我是梵」。(24)

【第27問】為何要去想那不可想像的，用此來自我催眠？為什麼不用其他方法，例如凝視燈火、屏息住氣、聆聽音樂、聆聽內在的音聲、重複神聖的「嗡」字（OM）或其他咒語？

答——凝視燈火會導致心智昏沉，會使意志暫時昏厥，但是這效益不會持久。調息能暫時使意志麻木，但也不持久。聽聞音聲也是如此，除非是神聖的咒語能招致神力來助你淨化、提升心念。(25)

【第28問】有人教我們要專注於前額眉心一點。這是正確的嗎？

答——每個人都有覺知——「我是」。不把覺知用來尋求神，而把注意力放在眉心，這有什麼用？如果說神在眉心，這豈不荒謬？其實建議這種方法的目的是在幫助心智集中。這是用一種強制的手段來控制心智，防止它分散，強制心智走在一條路上。這是幫助人集中心力之用。

但是要證悟，最好的方式還是去參究「我是誰」，現在一切的問題都出在心智

上，所以一定只能用心智來排除它。(26)

【第29問】我並不固定專注於身體上某個中心點。有時我覺得專注於某個中心點比較容易，有時又覺得另外一個中心點比較容易。有時我專注某個中心點，念頭會自己跑去守住另外一個。為何有此現象？

答——這可能是你過去修練的習慣所引起的。但無論如何，你專注於哪個中心點都無關宏旨，因為真實的本心遍及每一個中心點，乃至遍及於身外。無論你專注於身上的哪個部位或身外的哪個對象，本心都在那裡。

【第30問】我們能有時專注於這個中心點，有時則專注於別的中心點，還是應該總是固定專注在同一個中心點？

答——我已經說過，你要專注於哪裡都無傷，因為專注只是為了排除念頭而使用的手段。不論你專注於哪個中心點或對象，那個在專注的始終是同一個。(27)

【第31問】有人說，修練冥想就只能對有形的對象為之。如果老是去求消滅心智，要小心會有災難。

答——有災難，對誰有災難？災難有可能存在真我之外嗎？

無間斷的「我、我」是無盡的海洋。自我——「我念」——不過是海面上的一個

(26) 同注(4)，pp.518-19。
(27) D. Mudaliar, *Day by Day with Bhagavan*, p.243.
(28) 同注(4)，p.88。

泡沫，而被稱為「個體的靈魂」。泡沫也是海水，它破裂後就混合入海洋中。當它是泡沫時，它仍然是海洋的一部分。因為無知於這簡單的道理，所以依不同的教化而有了無數的方法，例如瑜伽、虔愛、業，每一種又衍生出許多門派變化，個個都有良好的教習手法，複雜又細緻。這些種種都在引誘靈修者，只會讓他們的心智更迷惑。所以，各種宗教、信仰、諭示也是如此。它們都是為了什麼？都只為了要認識真我。它們是輔助器材，是修練的手段，用來認識真我。

感官所得知的對象被稱為是「現量」（梵pratyaksha）——直接了悟而來的「知」。還有什麼比真我來得更直接？它雖然不使用任何感官，但又時時可以經驗到它自己。感官的覺知只是間接的「知」，不是直接的「知」。唯有我們對自己的覺知才是直接的「知」，這是每個人的經驗，也是全體人共同的經驗。想要知道真我，並不需要任何協助。(28)

第十一章　咒語與持咒

咒語是一個字或一段語句，通常在啟引儀式時由上師賜予弟子。上師從證悟或冥想中所得來的心靈力量，就可以藉由咒語將這一份心靈的力量傳送給弟子。只要弟子能重複持誦咒語的字句，就會觸發上師的心靈力量，幫助弟子趨向證悟真我。雖然拉馬納承認這個途徑是有用的，但是他極少將咒語賜予他人，他在啟引儀式中也從未使用咒語。即使如此，他還是非常稱許「持名」（重複持誦神的名號）的法門，也常常將之推薦給遵行虔愛路線的人。

在本書第七章中提到，要做到歸伏神或真我，其中一個方式是時時要意識到在作為、思惟的不是個人的「我」，世上所有的活動都是「神力」在作為。要培養這種心態，拉馬納建議「持名」不失為一種有效的法門，因為它是以時時覺知神力來取代對個人和世界的覺知。

「持名」在初始階段只是種專注和冥想的鍛鍊，當持續修練到某個階段，持誦就會毫不費力地自然重複不停。這個階段並非由於專注而來，而是由於徹底地歸伏於所持誦之神的名號：「要使用神的名號，就要出於毫無保留的嚮往之情，讓自己完全地歸伏。只有如此地歸伏，神的名號才會時時與你同在。」(1)

當拉馬納說起這種「持名」的上等境地時，他的概念近乎去到神祕境地。他會說

(1) T. N. Venkataraman (pub.), *Maharshi's Gospel*, p.25.

(2) M. Venkataramiah (comp.), *Talks with Sri Ramana Maharshi*, p.417.

神的名號就是真我，他甚至會說一旦證悟真我，神的名號就會毫不費力地連續在本心中自動重複起來。

這種最究竟的階段，只有在「持名」和「自我作意」兩種修練合而為一之後才會到達。這種轉換過程是必要的，拉馬納常常引用名天（梵Namdev，十四世紀摩訶羅嵯〔梵Maharashtra〕地區的聖人）的名言：「只有在認出自己那個『我』之後，才能明白什麼是『名』（Name）的周遍本質。若連自己的名都認不出來，就不可能明白周遍一切的『名』。」⑵這句話是出自名天所著的《天神名號哲理》（*The Philosophy of the Divine Name*）一書，本章之中拉馬納在答問時引用了全文。他於一九三七年第一次讀到這本書，在他生命最後的十三個年頭，這本書都放在他床頭的一個小書櫃中。每當有訪客問及「持名」的本質和功效時，他常常會為他們讀這本書作為回答。他多次以讚歎的口吻提及這本書，可見他對此書的內容是完全接受的。

【第1問】我修練的方式是不停持咒(3)，吸氣時持誦神的名號，呼氣時持賽．巴巴的名字。同時，我總是在觀想巴巴的形相。即使在尊者身上，我也看到巴巴。現在，我是否應該繼續這個方式或該改變方法，因為我裡面有個聲音說，只要我執著於形相和名字，我就永遠無法超越「名」和「相」[4]？但是我不知道如果放下「名」和「相」之後，下一步該怎麼走。能否請尊者就這點為我開示？

答——你可以繼續以現行的方式修練。當持名持到相續不斷，其他念頭都會停下來，自己就在真實本性中，這就是持名或冥想。我們讓自己的心念向外追逐世間的事物，因而無法覺知自己的真實本性一直都在持名的狀態中。當有意識努力地去持名或冥想，心就無法去想其他事情，那麼，留下的就是我們的真實本性，它就是「持名」。

只要你還認為自己就是「名」和「相」，你在持名時也無法避免有這兩者。當你證知自己並非「名」和「相」，它們就會自動消失，不需要任何其他的努力，持名或冥想自然而然地會將你帶向那個境地。持名在目前是當作一種方便的手段，屆時會發現它就是目的。「名」和神並無差別，這一點在名天的教導裡有清楚的表示：(5)

一、「名」遍充於天地和宇宙之間。誰能知曉它入地至何深度，上天界（梵svarga）至何高度。無明眾生縱使歷經八百四十萬種出生的形態，亦不知事物之本質。名天曰：「名」乃永恆，「相」數之不盡，但「名」乃一切。

二、「名」自身即是「相」，「名」與「相」並無差別。神因顯化而有「名」、「相」，

(3) 持咒（梵japa）：字義是「不停地持誦」，但是作為「持誦名號」（梵nama-japa，持名）的簡稱時，意指「持誦神的名號」。（譯按：梵語「japa」意指重複持誦某種特殊的語句或音聲，在本書中譯為「持咒」。但在梵語為「nama-japa」或文意為「持誦神的名號」之處，則將「japa」譯為「持名」。）

[4] 「名」和「相」包括了一切概念和一切有形相具體的種種。

(5) D. Mudaliar, *Day by Day with Bhagavan*, pp.146-7.

(6) 同注(2)，pp.416-17。

(7) 同注(5)，p.147。（譯按：此句英文原句In the beginning was the Word and the Word was with God and the Word was God中的「Word」即是「名」，乃表達觀念、概念，「名」就是所要彰顯的對象，名實是不可分的。所以，此句或可譯為：「太初有『名言』，『名言』與神共，『名言』亦即是神。」）

(8) Muruganar, *Guru Vachaka Kovai*, v.707.

故諸《吠陀》立「名」。切記，「名」之外無咒語，持他說者乃無知之人。名天曰：「名」即「神」（梵Keshava）本身，此唯有以愛獻身於神之人方能知曉。

三、唯有認識自己之「我」，才能明白「名」乃遍充一切之本質。若連自己的「名」都無法認出，就不可能明白周遍一切之「名」。能如實自知之人，則會於一切處見到「名」。若是見「名」與「所名之者」為「二」，「幻」乃生矣。名天曰：「求問於聖人。」

四、知識、冥想或苦行都不足以讓人證悟「名」。必先歸伏於上師跟前，學習知曉「我」本身即是「名」。待尋獲那「我」的源頭，將一己融入那本自存在、無有二元對立的「一」。彼遍及一切，超越二元的對立，並超越「超越二元」（梵dvaitatita）之「名」來到三界。「名」即是最勝梵（梵parabrahman）自身，於彼之中一切作為均非由二元所生。(6)

《聖經》中也有相同的觀念：「太初有道，道與神同在，道就是神。」(7)

【第2問】所以，神的真正名號終究會因參究真我而得以揭示？

答——你本身就是持名所表現的「相」，假如你參究「我是誰」而終於明白你自己的本性，就會明白這有多麼令人驚奇！原本你必須努力才能持名，那時就能毫不費力地在本心中持續自行持名。(8)

【第3問】我持咒應該要持誦多久？我是否同時要觀想神的形象？

——持咒遠比外表的形象重要，你要持誦到它變得自然而然為止。剛開始是需要

努力而為，繼續下去它就會自己進行。當變得自然而然時，它就稱為「證悟」。

即使在從事其他的活動時，也可以同時持咒。那個本然狀態即是一「真實」，它可能表現於某種形相——持咒、咒語、參究，或任何一種意圖追尋「真實」的類型之中。這一切最後終於會自己消融於那單一的「真實」中。虔愛、參究與持咒都是同一件事所表現出來不同的形相，都是我們用來排除非真實的手段。在目前，我們沉迷於「非真實」，可是「真實」才是我們真正的本性。我們錯誤地沉迷於「非真實」之中，執著於念頭和世俗的活動。當這一切都能停歇下來，真理就得以彰顯出來。

我們從事修行，目的就是要排除這些「非真實」，唯一有效的辦法就是全心全意地放在「真實」上。雖然說它是我們的真正本性，可是當進行修練時，表面上看來我們是在思惟它，而實際在做的無非是移除障礙，好讓我們的真正的本然狀態能夠展現出來。

【第4問】我們付出的努力會有成效嗎？

答——我們本來已是證悟的，這不是在獲得某個新事物，只要是新的事物就表示它不是永恆的。因此，不需要去懷疑是否會失去或得到真我。(9)

【第5問】既然我們知道參究真我行之有效，是否仍然該去持咒？

答——所有的方法都是好的，因為它們終究會引人進入「參究」的途徑。我們的真實本性即是持咒，只要我們證悟真我，持咒就會毫不費勁、自然而然地進行。「持

(9) 同注(2)，p.376。
(10) 同注(5)，p.210。
(11)《我是誰》(*Who am I?*) 是拉馬納早期的著作，是他在一九〇一年與訪客問答的結集。
(12) 同注(5)，p.229。
(13) 無聲持誦（梵ajapa）是指無聲地與自發性地重複神的名號。

咒」在某一階段是種手段，到了另一境界卻成了目的。持續的自發性持咒，就是證悟。(10)

【第6問】我沒有學習過經論，我覺得「參究自我」對我而言過於困難。我是個婦人，育有七名子女，常忙碌於家事，根本沒有太多時間去冥想。我請尊者賜給我些簡易的修行方法。

答——要認識真我，學習經論的知識不是必要的，因為人不需要鏡子來見到自己。所有的知識都是「非真我」，到頭來都必須捨棄。做家事以及照顧子女也不必是障礙，如果你什麼都做不到，至少不停地在心裡對自己說：「我、我」。在《我是誰》（*Who am I?*）(11)一書中說：「只要能不停地思惟『我、我』，就可以進入真我的境地。」無論你手邊在做什麼事，都可以不停地重複它，行、住、坐、臥時都可以做。「我」即是神的名字，它是一切咒語之首，且是最重要者，即使「嗡」（om）都不及它。(12)

【第7問】如果要控制心念，無聲持誦（梵ajapa）(13)與做「嗡」字之持誦（梵omkar），兩者以何為優？

答——你對於什麼是無聲地與自發性地持誦有何理解？假如你在口中重複唸著「soham、soham」（我即是他、我即是他），這是否為無聲持誦？「無聲持誦」真正的意義是不持而持，是自發性地非口誦地持誦。眾人不了解這真正的意義，所以才認為是在口中重複「soham、soham」字語千百萬遍，而且要以手指或念珠來計數。

開始持誦之前要先控制好呼吸，這表示要先調息（梵pranayama），然後才開始持誦。調息就先要閉嘴，不是嗎？如果能停止呼吸，構成身體的五大元素就會受到制伏，留下的就是真我。那個真我自己會永遠重複「aham、aham」（我、我），這才是自發性持誦。明白了這個，用口重複怎麼會是「無聲持誦」呢？真我的「無聲持誦」是道永不間斷之流，有如一注連續流下的油，這個畫面就是「無聲持誦」、蓋亞曲神咒，就是一切。

假如你認識到是誰在持誦，你就會知道它是什麼。如果你去搜尋，試著找出是誰在持誦，那持誦本身就會成為真我。

【第8問】口誦就毫無益處嗎？

答——誰說無益？這種持誦的方式是種淨化自心（梵chitta suddhi）的方式。當重複持誦的工夫成熟，遲早會走上正途。無論好壞，只要有持誦，所有的努力就不會虛擲。個人根底程度有別，只需要把各個法門不同之處，以及它們的優劣點說清楚即可。(14)

【第9問】在心中默默持誦會比以口頭持誦為佳，是嗎？

答——口頭持誦是由音聲所構成，音聲的源頭是心念，人是先動念，然後才用言語表達出來。念頭來自於心，因此在心中持誦比口頭持誦為佳。

(14) S. Nagamma, *Letters from Sri Ramanasraman*, pp.202-3.

【第10問】我們是否不應該以深度冥想來持誦，只在口頭重複持誦？

答——若持咒已經成了一種念頭，何必用到音聲？

若持咒成了種心念，就會成為深度冥想。冥想、深度冥想和心中持誦都是相同的。當心念不再紛飛雜亂，只有一念取代了所有其他念頭，這就是所謂的「深度冥想」。持咒或冥想的目的是排除其他念頭，只留單一的念頭給自己。然後連那個念頭也消失於它的源頭處——絕對的本識。原本在持咒的心智，也就會沉入它自己的源頭——真我。

【第11問】有人說心智生自於腦部。

答——腦在什麼地方？它在身體內，我則說連身體都是心智所投射出來的，當你想到身體時會提到腦。心智造出身體，腦在心智之內，又是心智的所在處。

【第12問】尊者曾說，持咒一定要回溯到它的源頭處。您指的不是心智嗎？

答——這一切都是心智的作用。持咒能幫助把心智定在一個念頭上，其他的念頭先是變成次要的，但最終會消失。當持咒完全變成心念時，它就稱為「冥想」。冥想是你的真實本性，它之所以被稱為「冥想」，那是因為它仍然是有所作為的。因為念頭還是處於雜亂紛飛的狀態，所以需要有所作為。由於你還有其他的念頭，所以，你把這相續的單一念頭稱為「冥想」。如果你不再需要費勁去冥想，那麼，你會發現原來

它就是自己的真實本性。(15)

【第13問】世人用種種不同的名號去稱呼神，說這名號是神聖的，經常複誦這名號的人就有功德。這會是真的嗎？

答——為什麼不會？你有個名字，人家叫它你就回應。但是那個名字在你出生時並未寫在你身上，你的身體也不會對人說它叫什麼名字。可是你取了個名字，叫到那名字你會回應，因為你把那名字當成了自己。因此，名字可表徵某個事物，並非虛構的。同樣地，神的名號自有其效用，複誦那名號就是在憶持它所表徵的。所以，如此會有功德。(16)

【第14問】當我持咒滿一個小時或更久時，我會落入有如睡眠的狀態。及至醒來，我想起持誦已經中斷，所以我會再嘗試。

答——「有如睡眠的狀態」是對的，它是種本然的狀態。因為現在和你應和的是自我，所以，才會以為那種本然狀態打斷了你用功。你要重複進入那種狀態，直到你明白它才是你本然的狀態為止。然後你就會覺得持咒很費勁，可是它卻會自動地繼續下去。你現在會起疑，是因為還有那種把持咒的心智認作自己的妄執。持咒的意思是抓住單一的念頭，而排除其他的念頭。那就是它的目的，它的下一步是冥想，終於證悟真我或「智」。

(15) 同注(2)，p.296。
(16) 同注(2)，pp.507-8。
(17) 同注(1)，p.25。
(18) 摩訶偈語（梵maha-vakyas）字義是「偉大的語句」，但更精確地說，它是專指出自《奧義書》四個確認真我實性的簡短偈語：(一)汝即是彼；(二)吾即梵；(三)此真我即梵；(四)本識即梵。
(19) 同注(8)，v.710, 709。

【第15問】我該如何持誦神的名號？

答——不要像敲鐘似地或心不在焉地持誦神的名號，態度要虔誠。(17)

【第16問】所以，敲鐘似地複誦是無用的？

答——若只是複誦藥方的名字是無法治病的，一定要服藥後才有用。同樣地，徒然重複地念誦那些「摩訶偈語」（梵mahavakyas）(18)，例如「我即是濕婆」之類的偈語，並無法解脫生死的桎梏。與其徘徊於複誦「我即是至尊」的語句，不如逕直承擔自己就是至尊。縱然在口中複誦了無數遍「我就是那個」，也不能解脫生死之苦，只有逕直承擔它才行。(19)

【第17問】未經正式受持而來的咒語會有用處嗎？

答——不會。咒語一定要經人傳授啟引，受持之人也必須足堪傳授。有則皇帝和宰相的故事可用來說明。皇帝親臨宰相府，相府的門人稟報宰相正在持咒。皇帝就坐著等宰相持咒完畢，及見到宰相時，就問他是持哪個咒語，宰相說是最殊勝的「蓋亞曲神咒」。皇帝就亟欲宰相為他傳授啟引這個神咒，但是宰相坦白地說自己不夠資格。於是，皇帝找了別人來教他，待又見到宰相時，他就誦讀給宰相聽，想知道咒語是否正確。宰相說咒語是正確的，可是皇上去誦持卻不對。皇帝逼問原因為何，宰相無奈，就命令站在附近的傳令者把皇帝拿下。傳令者不服從，宰相再三下令，仍然不服從。皇帝大怒，就命令那傳令者把宰相拿下，他立即照辦。宰相於是笑稱這事件就是在回答皇上的問題。皇帝問：「怎麼說？」宰相回稟：「所下的命令相同，接受命令的人相同，但是權威不同。當我下命令，完全無效，可是皇上您一開口，就立即見效。咒語也是如此。」(20)

【第18問】據說在修持法裡，持咒的功效是非常宏大的。

答——在所有咒語中，最殊勝的咒語即是真我，它自然在說，時時在說。假如你還不能覺知這個內在的咒語，就應該有意識地以它為所持之咒，這是需要努力作意的，用它來排除其他所有的念頭。經常專注於它，你終會覺知這內在的咒語，那就是證悟的境地，而且是不需要費力的。穩固地保住這個覺知，你就能持續而毫不費力地住於真我之流，無論你如何深入任何活動也都不會失去。(21)

由於持咒的緣故，心智就得以受到控制。然後咒語就和心智合而為一，也就和「氣」（梵prana，維持身體的能量）相合。

當咒語的音節與「氣」合一，這就稱為「冥想」，而當冥想變得深入且穩固時，這就進入了本然狀態。(22)

【第19問】我領受過咒語。有人嚇我說，持咒會引來不可預見的後果。我的咒語就只是「pranava」（梵咒「om」字的另一名稱）(23)。請為我開示，我是否能持這個咒，我對它的信念非常堅定。

(20) 同注(2)，pp.2-3。
(21) S. Cohen, *Guru Ramana*, pp.75-6.
(22) G. Muni, Sri Ramana Gita, ch.7, vv.10, 11.
(23) 梵語「pranava」（音「般那伐」）是許多經典中對「om」（嗡）字的稱呼。
(24) 同注(2)，p.508。

答——當然可以，應該要帶著信心去持誦它。

【第20問】持誦它就夠了嗎，或者您還可以再多給我些指引？

答——持咒的目的，在於了悟這同一個咒語本來已經在自己的內在不持而自持。由口頭持誦變成心中持誦，最終心中持誦會顯示它本來即是永恆地在持誦。那個咒語就是此人的真實本性，那也就是證悟的境地。

【第21問】能否因此而得三摩地之樂？

答——持咒變成心中在持誦，最後它顯示它即是真我，那就是三摩地。(24)

第十二章　世間生活

對於認真的求道者，印度有個悠久的傳統將人生規劃成四個階段（梵asramas）：

一、**梵行期（梵Brahmacharya，禁欲學習）**：男子在適婚年齡前要花很長的時間學習經論，通常是去專門研究《吠陀》之學的機構就讀。

二、**在家期（梵Grihastha，結婚成家）**：結束學習生涯之後，求道者應該結婚，履行家庭義務，從事合乎公義的生產或生意，但是不能沉溺於其中。

三、**隱居期（梵Vanaprastha，森林隱居）**：當盡完一切家庭義務後（通常是指子女皆已成婚），求道者可以退隱至清幽之處所，例如森林中，所有時間均用來冥想。

四、**出家期（梵Sannyasa，雲遊僧）**：在最後階段，求道者完全捨離塵世，成為雲遊四方、托缽行乞的僧人。完全截斷物質、人際、金錢的糾葛，在理論上，托缽僧（梵sannyasi）排除了以往所有的障道因緣，可以全心求證真我。

這個流傳已久的人生規劃方式使得一般印度人以為，要認真求證真我就必須割捨自己的家庭，成為苦行禁欲的僧人而專心於冥想。拉馬納常常被人問到對此事的看法，他總是不表贊同。他不許追隨者拋棄世俗生活而專心於冥想，他總是堅持不論生活環境條件如何，證悟是人人平等可及的。與其規勸追隨者捨離一切，他告訴他們更好的修道方式，即是盡自己正常的責任和義務。然而，要清楚了知這身體的一切所做

(1) 屬性（梵guna）是形成萬物的基本屬性，三種屬性分別為純淨（梵sattva）、躁動（梵rajas）與怠惰（梵tamas）。

所為，並無個己的「我」在盡義務或承擔成果。他堅定地相信，心態比起物質環境對於靈性增長的影響更為重要。對於來求問的人，他也總是勸導他們別以為改變環境就能對自己的修行有正面助益，哪怕是小小的改變，他也不贊同。

他唯一會贊同的改變是飲食習慣。他接受印度傳統的飲食理論，就是進食的份量和食物的屬性（梵guna）(1)對人的心念會有影響，所以，他建議進用素食，而且要節制飲食，如此對心靈修行最有助益。

拉馬納所贊同的印度飲食理論，是將食物依它們會引起的心念狀態分為：

一、**純淨（梵Sattva）**：乳類製品、水果、蔬菜和穀類被視為純淨的食物。以此類食物為主，能助求道者的心態保持安靜、鎮定。

二、**躁動（梵Rajas）**：躁動食品包括肉類、魚類和辛辣食物，例如辣椒、蔥和蒜。進食這類食品會造成過動的心態。

三、**怠惰（梵Tamas）**：怠惰食品包括已經腐壞、走味的食物，以及經過發酵（亦即產生酒精）的食物。食用這類食品造成冷漠、懶散的心態，且會思路不清，優柔寡斷。

【第1問】我若辭去工作，就可以一直留在尊者身邊，心中會覺得安適。

答——尊者一直與你同在，就在你裡面，你自己就是尊者。要證悟這一點，你並不需要辭去工作或逃離家庭。「出離」的含意並非表面地處理掉衣服，或割捨家人牽掛，或離開家園等，而是要捨離欲望、感情和執著。不需要放下你的工作，只需要放下你自己，一切交付給神，是神在挑起一切重擔。事實上，捨離欲望之人才能融入世間，把他的愛普及於整個宇宙。對真正獻身於神的人，講「普愛」、「普慈」比講「出離」為佳，所謂「出離」雖然是放下對親人的牽掛，其實是把那份愛與慈的牽掛擴充到更廣的世間，超越階級、教條和種族的界線。托缽僧表面上拋棄俗家衣服、離開家園，不是為了要逃避親人，而是要把他的愛擴充至周圍所有的人。當這擴充之情來到，此人不會覺得是在逃離家庭，而是由其自然脫落，有如樹上的果實成熟後便會自然落下。若是尚未到達這個地步，驟然脫離家庭或辭去工作都是愚昧的行為。(2)

【第2問】在家人（梵grihastha）該如何得解脫？是否需要先成為托缽僧才能得解脫？

答——為什麼你認為自己是在家人？就算你是個托缽僧，出去雲遊四方，這同樣的念頭還是會來干擾你。不論你繼續是在家人的身分，或捨離一切避入森林中，你的心念都會來干擾你。自我是心念的根源，由它生起了這個身體和世界，它會讓你自覺是位在家人。就算你捨離塵世，也只不過是把在家人換成托缽僧，把家園換成森林罷了，那干擾還是跟著你，換了一個新環境反而會變得更強烈。轉變環境起不了作用，

(2) R. Swarnagiri, Crumbs from his Table, p.43.

(3) 室利・柴坦亞（梵Sri Chaitanya）是印度十六世紀時的聖人，以獻身於克里希那著稱。

(4) 阿周那（梵Arjuna）：在《薄迦梵歌》中與克里希那對話，接受教誨的人物。

(5) 在史詩《摩訶波羅多》（梵*Mahabharata*）中，高盧伐家族（梵Kauravas）是盤達伐家族（梵Pandavas）的對敵。阿周那（梵Ajuna）是盤達伐族人，因為得到克里希那之助，打敗了高盧伐族人。（譯按：《薄迦梵歌》是史詩《摩訶波羅多》其中之一節）

干擾由心生，不論你是家居或林居，要先收服它。如果你在林中可以做得到，為什麼不在家中做到？因此，為什麼要轉換環境？你就算現在也可以努力，不論什麼環境都可以。

【第3問】操勞於俗務也可以得三摩地之樂嗎？

答——有「我在工作」的感覺就是障礙。自問：「是誰在工作？」要記住你是誰，那麼工作才不會束縛你，它會自然進行。不用刻意去「作」，也不用刻意去「捨」；你刻意作為才正是起了束縛。注定該來的自然會來，如果你注定不該工作，就算到處去找也找不到工作；如果你注定該工作，你就無法避開，而會被迫投入工作。所以，還是聽由神力，要出離或是要在家由不得你選擇。

【第4問】尊者昨天說，我們投入於尋求「內在」的神之際，「外在」的工作會自然進行。據說室利．柴坦亞（梵Sri Chaitanya）⑶在為學生授課時，他其實是在內心尋求克里希那，所以他完全忘記自己的身體，就只會不停地談論克里希那。這讓人懷疑是否真的能夠讓工作自然進行，我們是否還是應該把一部分注意力放在具體的工作上？

答——真我是全體，難道你和真我是分離的嗎？或者是工作離了真我還能進行？真我普及一切，萬事自然運行，與你是否奮力投入工作無關，工作是會自己進行的。因此，克里希那告訴阿周那（梵Arjuna）⑷不必為了要和高盧伐族（梵Kauravas）⑸廝殺而傷感，因為他們已經被神所滅殺。他毋庸自己決意去作為，也毋庸擔心，只要任由他的本性去遵從神力即可。

【第5問】可是如果我照顧不到工作，工作難道不會受影響嗎？

答——照顧到真我的意思就是照顧到工作，因為你把身體認作自己，你就以為是你在工作。可是身體以及它的一切作為，包括工作在內，都和真我不可分離。你是否有照顧到工作，根本無關宏旨。當你從此處走到他處，你並未刻意顧到自己的步伐，可是不久就會發現已經走到了目的地。你瞧，走路這件事會自己進行，不必刻意關照它，其他的工作也是如此。(6)

【第6問】假如某人能時時憶持真我，他的作為是否就都是正確的？

答——不錯。但是，此人根本不必考慮行為的對與錯。他的作為就是神的作為，因此都是正確的。

【第7問】我比別人更勞心，心要如何安定下來？我想辭掉校長的職務去閉關。

答——沒有必要。你就保持現狀，繼續工作。心能活動、能從事一切工作，在它底下流動的是什麼？那就是真我，所以，那才是你活動的真實本源。不要忘卻它，在工作時也要覺知它。當你在工作時，同時要依稀在心智中去沉思。要做到這點，行事就

(6)T. N. Venkataraman (pub.), *Maharshi's Gospel*, pp.7-8.

(7)P. Brunton, *Conscious Immortality*, pp.130-1.

要從容，不要急躁。保持憶念自己的真實本性，即使在工作時也不斷，匆忙就會讓你忘卻它。別漫不經心，事事要慎行。去修練冥想來安定心，讓心能時時意識到真我，心要靠真我才能起作用。不要妄以為是你在工作，應當思惟真正在作為的是那個底流，要認同那個底流即是自己。只要你行事從容不迫且鎮定，工作、勞務就不會成為你的障礙。(7)

【第8問】剛開始時，放下世俗的工作閉關修行會有幫助嗎？

答——「出離」是心要能捨離，那不是要躲入森林、獨居或放棄工作。重點在心不要轉向外，而是要向內，跟搬去這裡、那裡居住，或跟是否辭去工作都無關。所有這些事情都是天定的，這個肉身要經過如何的歷練是它一來到人世就注定了，不由得你去接受或排斥它們。你唯一能自主的是把心轉向內，在心中捨離一切的作為。

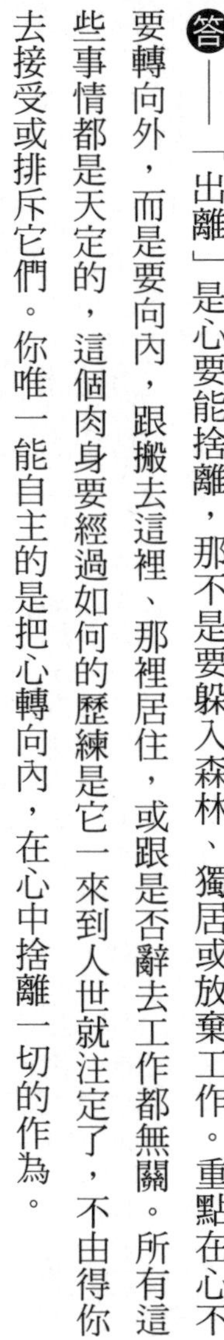

【第9問】可是對於初學者難道不需要什麼輔助的東西嗎？即使樹苗也需要籬笆啊！例如，書上不是說去聖地朝聖，去參加「薩桑」都是有益的？

答——誰說這些無益？只不過這些事情不是你做得了主的，可是把心轉向內卻是。很多人想去朝聖或想參加「薩桑」，但是他們都能去得了嗎？

【第10問】為什麼只要我們把心轉向內，而不要做任何外在的事？

答——如果你追求的是根本，就必須要參究「我是誰」，要找出究竟是誰被命定、是誰擁有自由。你是誰？為什麼你會有這個受到種種限制的身體？(8)

【第11問】在參究時是否必須獨居？

答——到處都可以獨居，每個人也時時都在獨居中。他的要務是去內在找答案，而不是到自己的外面尋找。(9)

人的心智內就可獨居，有人可能身處繁華世間，而內心卻保持寧靜，如此之人便是在獨居中；另一人可能身處森林，卻無法控制自己的心念，如此之人就不可說是在獨居。獨居是心智的作用，沉迷於欲望之人不論去到何處都無法獨居，而無所執之人總是在獨居中。

【第12問】如此說來，我們雖然投身於工作，仍可以無所欲，保持獨居，是嗎？

答——是的。執著於所任之事，事就成了枷鎖。若是對所任之事無所執著，事就無礙於任事之人。能如此任事，即使人在事中，亦是處於獨居中。(10)

【第13問】這樣的有所作為在我們的日常生活好像派不上用場。

(8) S. Nagamma, *Letters from Sri Ramanasramam*, pp.211-12.
(9) M. Venkataramiah (comp.), *Talks with Sri Ramana Maharshi*, p.50.
(10) 同注(9)，p.15。
(11) 同注(9)，p.80。
(12) S. Natanananda, *Spiritual Instruction of Bhagavan Sri Ramana Maharshi*, p.17.

答——你為何總是以為你在動中？就拿你來到此地的方式為例，你乘車離家，再搭火車，在此地的火車站下車，再乘車就來到這道院中。若有人問你，你會說自己是從家鄉旅行來到此處。但這是真的嗎？其實不然，你一直都沒動，全程在動的是種種的交通工具。正如同你把交通工具的動作和你自己的動作混為一談，其他的活動都莫不如此。它們不是你的活動，它們是神在活動。(11)

【第14問】家居的種種責任都是屬於動態的，要怎麼才能止息心智活動，而得到內心的平靜？

答——智者從事種種活動，在旁人眼裡看來他是在動中，可是在智者自己的眼中卻是不然，即便他完成了重大的使命，他實際上什麼也沒做。因為他明白所有的活動並非他所為，不過是僅僅在他面前發生罷了。因此，他的活動就不會干擾內心的無所作為和寧靜。因此，他對於一切發生的事情都只默默地做個旁觀者。(12)

【第15問】對西方人士而言，將心向內回攝是否比較困難？

答——是的。他們的心態屬於躁動型，能量向外流散。我們內在必須安靜，時時憶念真我，然後才進行外在的活動。在舞台上反串女人的男演員會忘記他是男人嗎？同樣地，在人生的舞台上，我們必須扮演好個人的角色，但是我們不可把自己當成是那些角色。

【第16問】如何可以為人除去心靈的怠惰？

答——你是否已經把自己的給清除了呢？向內參究真我，你先建立自己內在的力量，就自然能感染別人。(13)

【第17問】但我該如何去幫助別人解決他們的問題？

答——嚴格來說，哪有別人？只有「一」。試著去證悟沒有我、沒有你、沒有他，只有一個真我，那就是一切。如果你相信別人有問題，你就是相信在真我之外另有別的存在。你能給他人最佳的協助就是去證悟一切都是「一」，而不是以外在的作為去幫他。(14)

【第18問】您是否贊成禁欲？

答——真正的「梵行者」（梵brahmachari，禁欲之人）是能安住於「梵」之人，那自然不再會有欲念。

【第19問】在室利．奧羅賓多的道院有一條嚴格的院規，已婚夫婦住在道院中絕對不允許有房事。

答——那有什麼用？如果心中有欲念，強迫人守戒能有什麼用？

(13)同注(7)，pp.123-4。
(14)同注(7)，p.133。
(15)同注(7)，p.43。對於室利．奧羅賓多道院中的清規一事，原稿中有提及。在其後發行的版本中被刪除。
(16)同注(7)，pp.139-40。

【第20問】婚姻是否是靈修的障礙？

答——在家人的生活不是障礙，但是在家人要盡一切努力做到自我節制。如果此人追求的是高尚的靈性人生，對性的欲求就會消退。一旦摧伏了心智，所有的欲望也都會消失。(15)

【第21問】我犯了淫戒。

答——即使你犯了戒，只要此後你不再去想你有違反淫戒，就不成問題。真我沒有犯罪與否的問題，何況戒淫要內心能持守，不只是身體在持守。

【第22問】我對一位鄰居少婦有不正當的遐想，我常常幻想與她私通。我該怎麼辦？

答——你是永遠清淨的，是你的感官和肉體在引誘你，而你把它們當成了你的真我。所以，首先要明白是誰受到引誘，又是誰在引誘。就算你真的犯了私通罪，事後就不要再去想它，因為你本自清淨，你不是罪人。(16)

【第23問】要如何根除男女之念？

答——那就得根除把身體認為是真我的妄念。真我沒有男女，你是真我，就不會有這方面的煩惱。

【第24問】齋戒飲食能降低性欲嗎？

答——能，但也不過是暫時性的，心理的齋戒才真正有用。齋戒本身並非目的所在，必須要伴隨心靈的成長。完全地斷卻飲食會使得心智過分薄弱，追尋心靈目標要和齋戒同時為之，才能得益。(17)

【第25問】所以，齋戒有助於心靈成長？

答——齋戒最主要是心理的齋戒，斷除妄念。單單斷卻飲食並無好處，甚至會擾亂心智，有節制地規律飲食反而會促進心靈的增長。但是，如果在齋戒的一個月中能夠保持心靈的方向不變，在結束齋戒之後十日左右，心智會變得清淨而穩定，且會維持這個狀態。前提當然是要知道如何正確地結束齋戒，其後進食也要謹慎。(18)

早年我剛來到此地時，每天都閉上眼睛，深深地安住於冥想中，幾乎不辨白天和夜晚。那時的我不眠不食，因為只要身體有動作，就需要食物；若有進食，就需要睡眠；若身體不動，就不需要睡眠。要維持生命只需要很少量的食物就足夠，這是我個人的經驗。每當我睜開眼睛，就會有人拿來一小杯流質食物讓我進食，我所吃的就僅限於此。但是要記住一點，除非能安住在心念不起的狀態中，否則不可能做到不眠不食。因為假如你在不食不眠的情況下，身心還在從事於日常生活的活動，身體就會受不住而暈眩。

對於靈修者應該有多少飲食和睡眠，說法各有不同。有說晚上十點就寢、凌晨二點起身才健康，意思是四小時睡眠已經足夠。有說四小時是不夠的，應該是六小時。

(17) 同注(7)，p.31。
(18) 'Who,' *Maha Yoga*, p.204.
(19) 同注(8)，pp.175-6。
(20) 同注(7)，p.32。
(21) 同注(7)，p.62。
[22] 這句話是照原文直翻，前後文讀來似乎有矛盾，是原文有錯漏，或是意有所指，請讀者自己參究。

歸根究柢，睡眠和飲食都不應該過量。假如你完全斷絕睡眠和飲食，你的心思反而會老是放在它們之上。因此，靈修者做任何事都要適量。(19)

一天進食三、四次並沒有壞處，但是就不要有「我要吃這種食物，不要吃那種」之類的心態。此外，你醒著的十二小時進食，而在睡眠的十二小時不進食，睡眠能讓你得解脫嗎？所以，不要以為光是不動就可以得到解脫。(20)

【第26問】食物有什麼限制呢？

答——食物會影響心念。凡是修練瑜伽的人，包括任何類型的瑜伽，素食是絕對必要的，因為它能讓人的心念更清淨和諧（梵sattvic）。

【第27問】肉食之人能打開靈性之光嗎？

答——可以，但是要逐漸放棄肉食，讓自己習慣於純淨的食物。不過，一旦靈性之光已開，不論你吃什麼並無太大的區別，正如同在大火中，不論加入何種燃料都無關緊要。(21)

【第28問】我們歐洲人的飲食習慣不同，如果改變的話會影響到健康，心智也會變弱。維持身體健康難道不是必要的嗎？

——非常必要。身體越弱，心智越強[22]。

【第29問】缺少了我們所習慣的飲食，我們的健康會受損，心智也會失去力量。

答——你所謂「心智的力量」是什麼？

【第30問】是能夠排除執著於世俗之力。

答——食物的性質會影響心智，心智靠所進用的食物來餵食。

【第31問】真的嗎！那歐洲人怎麼能夠調整到只吃純淨的食物？

答——「習慣」不過是因應環境所做出的調整，心才是關鍵。事實上，是心已經被訓練成認為某些食物才好吃、才有益。素食或非素食的食材都一樣好，但是心卻偏偏喜好它所習慣、所認為美味的食物。

【第32問】已證悟者進食時會有些什麼限制嗎？

——沒有。他已經穩定了，不會受到所吃食物的影響。

【第33問】吃肉食不是就要殺生嗎？

——對於瑜伽士而言，「不殺生」（梵ahimsa）是所有要遵守的戒律當中最重要的一條。

(23) 同注(9)，p.20。
(24) 同注(7)，pp.11-12。
(25) 同注(12)，p.14。

【第34問】即使植物也是生命。

答——你坐的石板也是！

【第35問】我們可以慢慢讓自己接受素食嗎？

答——可以。正應該這麼做。(23)

【第36問】繼續吸菸是否無傷害？

答——不！菸草是毒物，最好不要吸菸。你能戒掉吸菸的習慣是好事，有很多人中了菸癮而戒不掉。菸草能帶來短暫的刺激，所以就上了癮，讓人會貪圖更多。它也不利於修練冥想。

【第37問】您是否建議戒掉肉食和飲酒？

答——能戒掉它們的確是好事，尤其對於初學者更有幫助。之所以難戒，並不是因為真的需要它們，而是因為我們使用它們成了習慣的緣故。(24)

【第38問】一般而言，求道者應該遵循那些行為準則？

答——飲食有節，睡眠有節，言語有節。(25)

第十三章　瑜伽

修練瑜伽是經由特別的身心鍛鍊，以達到與真我結合的目的（「瑜伽」的梵語「yoga」意指「結合」）。這些鍛鍊的方法，大多源自於由帕坦迦利在二千年前寫成的《瑜伽經》。帕坦迦利所整理出來的一套瑜伽體系稱為「王道瑜伽」（梵Raja Yoga）(1)，包括了八個不同的修練次第：

一、**夜摩**（**梵Yama**）：與其他人相處時所要戒除的行為——妄語、偷盜、傷生、邪淫和貪婪。

二、**尼夜摩**（**梵Niyama**）：自我規範所要遵守的行為——淨化、知足、苦行、自習和虔愛。

三、**調身**（**梵Asana**）(2)：伸展、彎曲、平衡和坐法等操習。這些操習在現代統稱為「哈達瑜伽」。

四、調息：以調節呼吸來控制心念。

五、攝感（**梵Pratyahara**）：將注意力從身體和各個感官回攝。

六、專注（**梵Dharana**）：心念專一。

七、冥想。

八、三**摩地**：無間斷地深度冥想於「真實」。

(1)王道瑜伽(梵Raja Yoga)：由帕坦迦利所制定的一套瑜伽修行體系。梵語「raj」的字義是「帝王」。（譯按：「Raja Yoga」一詞是後人為了尊崇這一套修行體系而取用的名稱，《瑜伽經》原文將其稱為「Ashtanga Yoga」〔八肢瑜伽〕，因為其分為八個次第）

(2)調身(梵Asana)：坐法。（譯按：這裡指的是《瑜伽經》原意的「坐法」，亦有「座」之意，而不是各種肢體式子的「體位法」。此處是本書英文編者對《瑜伽經》的摘要說明，可能與其他論者的見地有所出入，特別是將日後的「哈達瑜伽」歸於《瑜伽經》，原本內容則並非定論）。

(3)昆達里尼瑜伽（梵Kundalini Yoga）：瑜伽力。（譯按：「昆達里尼」有「靈蛇」之意，亦有西藏密宗用語將之譯為「拙火」）

這些修練法大多在別的心靈傳承中也有教導，王道瑜伽特別之處是有「哈達瑜伽」和「調息」。若有訪客向拉馬納問及這些修練法，他總是不認同哈達瑜伽，因為這項修練太執著於身體。他教誨最基本的前提主張是心靈問題只能從控制心來解決，因此之故，他從來不建議從事任何以鍛鍊身體為主的修練方式。他對於「調息」的看法則比較肯定，認為這對於沒有別的手段去控制心的人不無幫助。但是整體而言，他還是把它當作是一種初學者的修練法。他對於王道瑜伽的其他修練法（例如道德修養、冥想、三摩地）分別在不同的章節內有所討論。

除了王道瑜伽，還有一個很多人知道的瑜伽派別稱為「昆達里尼瑜伽」（梵Kundalini Yoga）(3)。這個派別的修練者集中心力於身內的數個脈輪，從而生起「昆達里尼靈力」（梵kundalini shakti）。修練的目標是導引這股靈力（梵sakti）沿著脊柱底端通往腦部的中脈（梵sushumna）向上流。修練「昆達里尼」的瑜伽士認為，當這靈力到達頂輪（梵sahasrara，位於頭頂最高的脈輪，又稱為「千瓣蓮花之輪」），就能證悟真我。

拉馬納從不建議追隨者去修練昆達里尼瑜伽，因為他認為這種修練法是沒有必要的，而且反而可能練出毛病來。他同意昆達里尼靈力和脈輪都是有的，但是他說即使昆達里尼靈力通到了頂輪也不會帶來證悟，因為最終的證悟是此靈力必須要越過頂輪，沿著一條他稱為「甘露脈」（梵amritanadi，也稱為「至上脈」〔梵paranadi〕、「命脈」〔梵jivanadi〕）的靈脈（梵nadi）往下流，到達位於胸腔右側的心輪。由於他主張只要參究自我就可自動地把昆達里尼靈力送到心輪，所以，他教人不需要再去修練瑜伽：

經由搜尋自我的源頭，然後潛入本心，就可以通達真我，這是證悟真我最直接的方法。如此修行的人不需要去理會靈脈、頂輪、中脈、至上脈、「昆達里尼」、調息或六個脈輪。(4)

除了上述的瑜伽修練法，印度傳統中還有一種瑜伽——「業瑜伽」（梵karma yoga）。此系統的修練者其修行之目標是從事種種無私的利他行為，經由善業來提升靈性。雖然《薄迦梵歌》對這個修行方式極為推崇，但是拉馬納一般並不鼓勵追隨者走這條途徑，因為這種修行必然的前提是有一個「我」在從事善行，以及有那些被救助的「他人」。只有當他認為某個追隨者無法走「智」、「虔愛」、「王道瑜伽」的修行法，他才會鼓勵人去修練業瑜伽：

如果求道者的根性不適合一開始的兩種法門（智和虔愛），而考慮到年齡因素也不宜做第三種法門（瑜伽），他就必須嘗試「業道」（梵karma marga，業瑜伽的道途）。如此他的靈性便得以彰明，他個人也能得到快樂。此人因而變得適於上述三種途徑中的一種途徑。(5)

拉馬納強調，走業瑜伽之道要能成就的話，修練者必須擺脫是自己在幫助他人的想法，而且他必須對於自己行為所產生的結果無所執著也無所祈求。即使拉馬納對業瑜伽不甚贊同，也極少建議人依此修行，他畢竟同意的是，只要在從事業瑜伽行為之際沒有「我是行為者」的想法，就可以符合上述兩個條件。

(4) M. Venkataramiah (comp.), *Talks with Sri Ramana Maharshi*, p.576.
(5) 同注(4)，p.27。
(6) 同注(4)，p.178。
(7) D. Mudaliar, *Day by Day with Bhagavan*, pp.188-9.
(8) 梵語「chitta-vritti-nirodha」這句話是引自帕坦迦利《瑜伽經》第一篇．第二句。

【第1問】「瑜伽」的意思是「結合」，不知是什麼和什麼結合？

答——的確。「瑜伽」意味原先是分離的，而它的意思是後來有一物和另一物結合。問題是誰在結合，又和哪一個結合？你是求道者，在尋求和某個東西結合。如果你抱著這種想法，前提必定是在你之外另有一個東西。但是你的真我和你如膠似漆，你無時無刻不覺知它。你要找到它，並成為它，然後它會擴充成無邊無際，那就是「瑜伽」。誰有「非瑜伽」（梵viyoga，分離）？(6)

【第2問】我不知道。「分離」真的存在嗎？

答——去找「非瑜伽」（分離）對誰存在，那才是所謂的「瑜伽」。瑜伽是所有修行途徑所共通的，現在的你認為自己和真我、「真實」是不同的，瑜伽無他，截斷這種想法就稱為「瑜伽」。業瑜伽、智瑜伽、虔愛瑜伽、王道瑜伽等一切瑜伽，都是為了適應不同根器、不同境地的人，而有的不同修行方式。它們有一個共通的目的，就是要打破眾人長久以來所珍惜的妄見——以為他們和真我不同。瑜伽所謂的「結合」，完全不是指去什麼地方找到某個與我們分離且不同的事物，然後與之相結合，因為你從來不曾且也不會和真我分離。(7)

【第3問】「瑜伽」和「參究」有何不同？

答——瑜伽教人要「息滅心智的活動」（梵chitta-vritti-nirodha），(8)而我教人要「探索自己」（梵atmanveshana），後者是比較實用的方法。如果心智是被壓制而不起，就會如斷食一般。一旦原因移除，心智立即復甦，念頭開始如常流動。要有效控制住心智只有兩個辦法，一個是去尋找它的源頭，另一個是歸伏神，讓神力把它打倒。「歸伏」就意味著承認有個高高在上支配一切的力量存在。如果心智拒絕配合去尋找它的源頭，就先任由它去，等它回頭，然後再將它轉向內在，如果沒有耐心和毅力是不會成功的。(9)

【第4問】是否有必要控制呼吸？

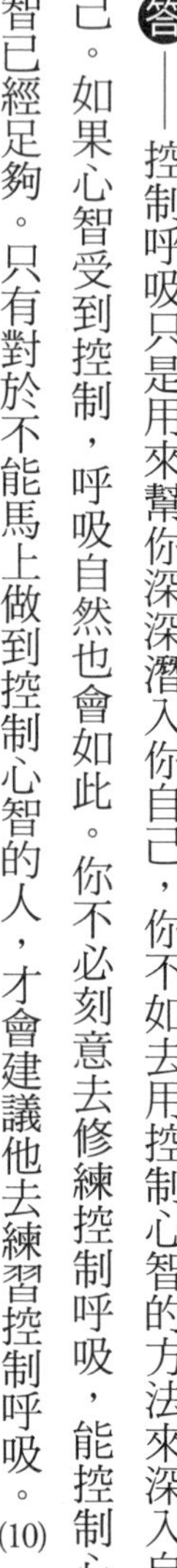

答——控制呼吸只是用來幫你深深潛入你自己，你不如去用控制心智的方法來深入自己。如果心智受到控制，呼吸自然也會如此。你不必刻意去修練控制呼吸，能控制心智已經足夠。只有對於不能馬上做到控制心智的人，才會建議他去練習控制呼吸。(10)

【第5問】我們該在什麼時機去做調息，它有效的原因何在？

答——如果不修練「參究」與「虔愛」，可以嘗試調息，它能自然地幫你靜下來，這是所謂的「瑜伽之道」（梵yoga marga）。當生命陷入危機之際，所有的注意力都會集中於拯救生命。你如果屏住呼吸，心智就沒有餘力（也不會）如常沉溺於外界的對象。所以，只要屏住呼吸，心智就會歇止。當一切注意力都放在呼吸或調息上，就失去對其他對象的興趣。(11)

呼吸的源頭和心智的源頭是相同的，因此，平息其中一個就能毫不費力地平息另

(9) 'Who', *Maha Yoga*, p.194.
(10) 同注(4)，pp.417-18。
(11) 同注(4)，p.26。
[12] 此處是著重說明「心」與「息」所以相依的道理，至於有意識地「住氣」則算是高階的瑜伽調息功法，若初學者未能將基本調息功法練好，也沒有過來人親自指導，貿然練習住氣則反而有害，請讀者慎之。
(13) S. Natanananda, *Spiritual Instruction of Bhagavan Sri Ramana Maharshi*, p.6.
(14) 同注(4)，p.134。

一個。[12]

【第6問】專注於脈輪是否能讓心靜下來？

答——若瑜伽士把心智集中於某一個脈輪，例如頂輪，就能夠失去身體的覺知，要維持多久都可以。只要能維持這種境地，他們就似乎沉浸於某種喜樂之中。但是只要原本靜下去的心智又開始活動，世俗的念頭就會回來。因此，當心智開始往外跑，就需要修練冥想來幫助練心，那麼，它才能進入既不生也不滅的境界。(13)

【第7問】由調息而得到調心的效果是否也只是暫時的？

答——如此產生心念靜止只有在呼吸受到控制的情形下才能維持，因此是暫時的。修練調息本身顯然不是終極目的所在，而是要一直延伸到攝感、專注、冥想、三摩地。後面這些步驟都是在控制心，而如果先修練好調息，這些控制心的步驟才容易練好，因此，調息是為更高階的工夫做準備。由於這些高階的工夫都是在控制心，所以，瑜伽最終的目標可說是在控制心。

已經有很好根基的人自然能夠直接去控制心，不必浪費時間去修練調息。(14)

【第8問】調息包括「息出」、「息入」、「息止」三段，要怎麼去調？

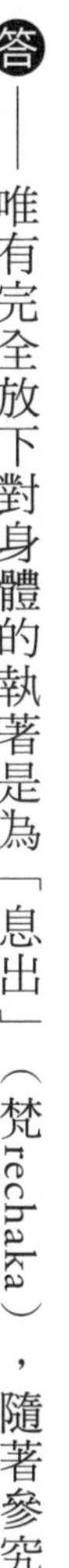

答——唯有完全放下對身體的執著是為「息出」（梵rechaka），隨著參究「我是

誰」而念頭完全內斂是為「息入」（梵puraka），唯有安住於「真實」——「我是那個」——是為「息止」（梵kumbhaka）[15]。這才是真正的調息。(16)

【第9問】我在《摩訶瑜伽》（梵*Maha Yoga*）(17)一書中讀到，剛開始冥想時可以關注在呼吸（呼氣和吸氣）上，等到心寂止到相當程度，就要沉入本心去尋找心的源頭。我非常需要這種實際的指引，我能照著這方法做嗎？這是對的嗎？

答——這就是在以某種手段來滅除心智。對於那些力不足以走「參究」方法的人，建議不妨採用「調息」來幫助控制心。這種「調息」又可分為兩類，一是去控制、調整呼吸，一是單純地去看著呼吸。(18)

【第10問】要控制呼吸，採用「入息一、住息四、出息二」的比例是否最佳？

答——所有這些比例，有的不是用數的而是以口誦咒語來計算，目的全都是在控制心智；看著呼吸也是調息方式的一種。相較之下，有意地控制入息、住息、出息就比較激烈，某些情況下可能是有害的。例如，沒有合適的上師在每個階段的每個步驟來指導靈修者。但是，單單只看著呼吸就比較簡單且無風險。(19)

【第11問】要喚醒昆達里尼靈力，是否只有依瑜伽之道而獲靈力者才做得到，如

[15]「息止」梵語「kumbhaka」本書英譯為「retention」。根據當今喜馬拉雅瑜伽傳人斯瓦米．韋達《瑜伽經集註釋論．第二輯》，「kumbhaka」有許多不同層次，最容易理解的是「屏息」，也就是刻意屏住呼吸。更深一層則為「息住」是自然發生，又稱為「有伴息住」，隨出入息則有外住與內住之分。最高深的是「無伴息止」，無伴隨出入息而鼻息完全靜止，久暫可以依修行人之意願而定，可以長達數日乃至數月都有可能。此處拉馬納所形容應該是最高境地的「息止」，而非用力屏住呼吸的住氣。

(16) Muruganar, *Guru Vachaka Kovai*, v.701.

(17)《摩訶瑜伽》（梵*Maha Yoga*）是集結拉馬納教誨的一本書。詳見「參考書目」。

(18) 同注(7)，p.32。

(19) 同注(7)，p.47。

(20) S. Nagamma, *Letters from Sri Ramanasramam*, pp.373-4.

果走「虔愛」或「愛」（梵prema）之途徑的人行嗎？

答——有誰沒有毘達里尼靈力？懂了這個靈力的真實本質，就明白它又稱為「無間心相」（梵akhandakara vritti）或「本性之光」（梵aham sphurana）。所有人無論走哪一條修行途徑都會有毘達里尼靈力，只不過稱呼它的方式不同而已。

【第12問】據說靈力顯示時呈現五面，或十面、百面、千面。究竟何者為真，是五面、十面、百面或千面？

答——靈力只有一面，說它會呈現出多面只是描述的方法。靈力僅是「一」。

【第13問】智者除了引導跟他走相同修行途徑之人，是否也能幫助走不同途徑者，例如修練瑜伽之人？

答——毋庸置疑。無論選擇哪一條途徑的人，他都可以引導他們。這道理很容易明白，譬如有座山，上山的路有很多條。如果他要求別人跟著他走過的路上山，有的人願意，有的就未必。如果一定要求不願意之人只能走同一條路上山，他們就不見得上得去。因此，無論眾生要走哪一條路，智者都會幫助他們。只走到中途的人未必會知道別的途徑有哪些優點或缺失，可是已經登上峰頂的人，他坐在上面看著別人往上行進，可以看見所有的路徑，所以就能夠指點往上走的人，該稍微偏這邊或偏那邊以避免掉入坑陷。所有人的目標都是同一個山頂。(20)

【第14問】我們要如何把生命之「氣」導入中脈，以至於能如《室利．拉馬納之歌》書中所描述的方式斬斷「識身結」（對身體的執著）？

答——要參究：「我是誰？」有的瑜伽士可能確實是在求喚醒昆達里尼靈力，讓它沿著中脈往上走，而智者未必以此為目的，但是兩者都能達到相同的結果，就是要把靈力送上中脈，並截斷「識身結」。「昆達里尼」就是真我或靈力，不過有不同的稱呼而已。我們說它是在身體裡面，是因為我們認為自己只限於這個身體。它其實既是在裡面，也是在外面，和真我、真我的靈力並無不同。

【第15問】要如何打通靈脈，好讓昆達里尼靈力走上中脈？

答——雖然瑜伽士有「調息」的方式來達到這個目的，智者的方式就只是靠著「參究」。以後者的方式當心智和真我融合之際，所謂的「靈力」或「昆達里尼」（其實都無別於真我）就會自動生起。(21)

瑜伽士認為至上修行無過於能把昆達里尼靈力送上頭頂的頂輪中心。他們指出，經論記載說生命之流是從頭頂囟門進入人體，所以他們主張既然「非瑜伽」（分離）是如此而來，「瑜伽」（結合）就必須要逆轉這個過程才能成就。因此，他們說我們必須修練瑜伽把「氣」聚攏起來，進入囟門才能成就瑜伽。另一方面，智者卻指出，瑜伽士以身體為「存在」，而且身體是和真我分離的。瑜伽士是預設「分離」的立場，才要人去修練瑜伽以成就「結合」。

其實身體是在心智之內，而心智是以腦為它的所在處。瑜伽士講述囟門的大道

(21) 同注(7)，pp.14-15。
(22) 同注(4)，p.366。
(23) 同注(4)，pp.575-6。
(24) R. Swarnagiri, *Crumbs from his Table*, pp.35-6.
(25) 同注(9)，p.203。

理，就是承認腦是因為從另一個源頭借來光才能起作用。智者進一步地辯論道：既然那光是借來的，它就有自己本來的源頭，與其依賴借來的東西，不如直接去到源頭處。那個源頭就是本心——真我。(22)

真我可不是原本在別的地方，才從頭頂進入身體。真我如是，恆綻放光、恆定、不動、無變異。眾人所以為的「我」，是囿限於這個時刻變動無常的身體或心智的範圍內，而身體和心智之所以存在，還是由不變的真我所生。因此，我們唯一要做的，就是放下這種錯誤的認知。真做到了，就能見到恆光明的真我乃獨一不二的「真實」。

如果能專注於頂輪，當然可能會有三摩地的妙樂境地，不過，潛伏的種種習氣卻並未因而滅盡。如此的瑜伽士由於尚未能夠成功地解脫束縛，必然會由三摩地中出來。他還必須努力根除這些本具的習氣，讓它們不再干擾他的三摩地定境。所以，他要越過頂輪，循著命脈（這不過是「中脈」所延伸的靈脈）下到本心。所以中脈是條曲線，從最低的脈輪沿著脊髓上到腦部，又從腦部往下彎曲，最後終止於本心，如此三摩地才成為常態。所以，我們說本心是最後的中心點。(23)

【第16問】據說修練哈達瑜伽能有除病的功能，所以被推崇為是修練智瑜伽所必須的準備工夫。

答——那就讓推崇它的人去使用它，這說法在此地還未被證實過。只要持續有恆地去參究自我，就會有除病的功用。(24)假如你的觀念是心靈的健康必須以身體健康為前提，那麼，你光是去照料身體將永遠沒完沒了。(25)

【第17問】難道哈達瑜伽不是參究自我所必要的嗎？

——每個人有他獨特的根性（梵purva samskara），所以會有最適合他的修行方法。

【第18問】以我的年紀還可以去修練哈達瑜伽嗎？

答——你為什麼抱著這主題不放？因為你以為真我是在你自己之外，你想要它，就去追求它。但是你難道不是一直是有的嗎？為什麼要離開自己去外在求個什麼東西？

【第19問】在《直驗論》（梵*Aparoksha Anubhuti*）(26)中有提到，哈達瑜伽是參究自我不可或缺的工具。

答——修練哈達瑜伽的瑜伽士主張要把身體練好，它才不會成為參究過程中的障礙。他們還說一定要延長壽限，參究才更容易在此生結果。此外，他們之中還有人用藥物（梵kayakalpa）來幫助達成目的。他們最喜歡舉的例子是，先把畫布弄得完美，再開始做畫。沒錯，但問題是哪個是畫布，哪個是畫？據他們說，身體是畫布，參究自我是所畫的畫。可是，身體本身不正是在真我畫布上的圖畫？

【第20問】可是大家都說哈達瑜伽是個有用的工具。

答——是的。即使是精於吠檀多（梵Vedanta）的學者（梵pandit）也會繼續修練哈達

(26)《直驗論》（梵*Aparoksha Anubhuti*），傳為商羯羅所著，闡述證悟真我之道。
(27)同注(4)，p.584。
(28)同注(4)，p.532。
(29)同注(16)，v.690。
(30)同注(20)，p.179。

瑜伽，否則他們的心念不能平靜。所以，對於無法以別的方式讓心靜下來的人，它可說是有用的。(27)

【第21問】什麼是「調身」（坐法）？它們是必要的嗎？

答——在有關瑜伽的論著中提到許多「坐法」及其效果，有說要坐在虎皮上或草地上，又說坐姿要用蓮花式、簡易式等等。要認識你自己何必需要這些？事實上，自我是從真我中生起，它誤認身體為自己，錯把世界當成是真實的。由於受到這些我見所蒙蔽，它就起狂想，去追尋「坐法」。此等人不明白自己就是一切的中心，就是一切的根基之座。

「坐法」的目的是讓人能坐得穩固，但是只要能保持在自己的真實狀態下，就一定會穩定。這才是真實的「坐法」。(28)

唯有真我才是整個宇宙之「座」（梵asana）所在，是真智之虛空，是光耀之地，唯有確實證得如此一智而不動搖，才是最高三摩地之堅實不動坐姿（梵asana）。(29)

【第22問】尊者通常是採用哪種坐法？

答——哪種坐法？是本心之坐法，哪裡是它所樂之處，哪裡就是我的「座」。那就稱為「幸福式」（梵sukhasana）——幸福快樂之座。本心之座是平靜、安樂，坐於其中之人不需要任何其他坐法。(30)

【第23問】《薄迦梵歌》似乎強調業瑜伽的重要，因為阿周那被說動了去作戰。室利．克里希那一生的豐功偉業就是最好的例子。

答——《薄迦梵歌》開頭就提到，你不是這個身體，所以你不是「行為者」（梵karta）。

【第24問】這有何特別的意義？

答——這意思是說我們在行動時不應認為自己是「行為者」，即使是對「我」已經無所執著之人，他還是會有行為動作的。每個人都是為了某個特定的目的而現身於世間，要成就那個目的與他認為自己是否為「行為者」無關。

【第25問】什麼是「業瑜伽」？是否教人不要執著於業行或行為的結果？

答——業瑜伽是瑜伽的一種，要人不可以「行為者」自居，一切行為都是自然運行的。

【第26問】它是否不執著於行為的結果？

答——只有在假設「行為者」存在的前提下，才會有這個問題。所有的經論都提到，你不要認為自己是「行為者」。

【第27問】所以，業瑜伽是「有作為而無作為者之念」（**梵kartritva buddhi rahita**

(31)同注(4)，pp.599-600。
(32)同注(4)，p.414。

karma）。

答——是的，非常正確。

【第28問】《薄迦梵歌》中教導人生應該自始至終都要有所作為。

答——是的，無作為者之作為。(31)

【第29問】假如在靜默中要如何有所作為？要如何去行業瑜伽？

答——讓我們先明白什麼是「業」，是誰的「業」，是誰在造業。在仔細分析它們、看出它們的真實之後，就一定會成為平靜的真我。但即使到了那個境地，還是會有種種作為。

【第30問】如果我不做，哪裡還有作為？

答——是誰在問這問題？是真我還是另有其他？真我豈關乎作為？

【第31問】不，不是真我。是其他，與真我不同。

答——那麼，這就很清楚，真我與作為無關，所以這問題不成立。(32)

【第32問】我想做業瑜伽，我該如何去助人？

答——哪有人可讓你去幫助？誰是這個要去助人的「我」？先把這點弄清楚，然後一切就都能了然。(33)

【第33問】那意思是「證悟真我」。我悟了對旁人有益嗎？

答——是的，要助人沒有比這更好的了。其實並沒有別人可幫助，證悟之人只見到真我，就如金匠在估計金飾的價值時只見到其中的黃金。當你把身體認作你自己，就有了「名」和「相」，一旦你超越了身見，其他的就會都隨之消失。證悟者視這個世界與他自己無有差別。

【第34問】如果聖人能和別人交流，能多幫助凡人，豈不是好事？

答——沒有可交流的別人存在，真我是唯一存在的「真實」。(34)

聖人就只作為真我，就是在濟世，濟世最佳途徑就是證得自我不存的境地。若你急欲濟世，可是尚未證到自我不存的境地，那麼，就把世界上所有的問題都託付給神，連你自己的也不例外。(35)

【第35問】難道我不該試著去減輕世界的苦難嗎？

(33) 同注(24)，pp.30-1。
(34) T.N. Venkataraman (pub.), *Maharshi's Gospel*, p.34.
(35) 同注(9)，pp.197-8。
(36) 同注(34)，p.34。
[37] 印度於一九四七年脫離英殖民地而獨立，此問可能是就印度獨立運動的正當性而提出，是作為靈性層面的問題，而不是在政治、民族思想與道德層面提問。
(38) 同注(4)，p.484。

答——將你創造出來的那股力量也是造出這個世界的力量，如果它能關照你，就也能關照這個世界。如果是神創造了世界，關照世界就是他的事，不是你的事。(36)

【第36問】爭取獨立[37]的欲望是正當嗎？

答——這個欲望無疑是始於一己的自我利益，而為了達成目的所採取的實際行動會逐漸將視野放大，以至於一己和民族融合一致。這種消融一己的欲望是可取的，因而所造的業是屬於「無私」（梵nishkama）的業。

【第37問】如果獨立是經過長久鬥爭以及重大犧牲所換來，參與者難道不能為如此的結果高興而歡欣鼓舞嗎？

答——此人在行動的過程中一定要歸伏於神力，時時念及神力，絕不或忘。既然如此，他為何會歡欣鼓舞？他甚至根本不應該在乎他行為的結果，只有在這種情形下，所做的業才是無私的。(38)

第五部

親驗

心靈修行的道上，經常會經驗到一些副作用，
例如三摩地的妙樂、超自然的神通，或者身體的各種狀態，
這些都是心智的產物，只會妨礙而不會有助於證悟真我，
所以重點應該放在經驗者本身，而不該放縱這些經驗或對它們進行深究。

第十四章　三摩地

「三摩地」一詞廣泛見於東方心靈哲學的文獻中，它指的是深度的冥想境地，在其中可以有意識地親自體驗真我，它或者指的是專注、絲毫不分心地安住在所冥想的對象中。對於三摩地的描述有許多不同的分類和分支，不同的學派和宗教常常會有自己的分類和稱呼方式。

拉馬納通常使用的分類法，是將數種三摩地分為下列三種：

一、**俱生無分別三摩地**（**梵sahaja nirvikalpa samadhi**）：

這是智者的境地，最終將自己的自我摧毀無餘，永不退轉。梵語「sahaja」意指「自然俱生」；梵語「nirvikalpa」意指「無分別」(1)。處於這個境地的智者於世間自然正常地生活，與常人無異。自然俱生的智者（梵sahaja jnani）已知自己即是真我，視自己與他人無分別，視自己與世界無分別。對於這樣的智者而言，一切均是不可分割真我所顯現之相。

二、**獨存無分別三摩地**（**梵kevala nirvikalpa samadhi**）：

這是證悟真我之前的境地。此境地雖然能毫不費力地暫時生起真我的覺知，但是自我尚未究竟斷除，它的特徵是在於失去身見。到此階段雖然能暫時覺知真我，感官

(1) 無分別（梵nirvikalpa）：無分別三摩地（梵nirvikalpa samadhi）是不起分別心的三摩地境地。

(2) 有分別三摩地（梵savikalpa samadhi）：梵語「savikalpa」意指「有分別」。拉馬納使用這個詞彙來標示需要刻意才能保持住的三摩地境地。

(3) M. Venkataramiah (comp.), *Talks with Sri Ramana Maharshi*, pp.357-8.

卻不能起作用，也不能如常過世間生活。一旦恢復身見，自我就會再度出現。

三、有分別三摩地（梵savikalpa samadhi）(2)：

在此階段，要持續有所作為才能保持對真我的覺知，三摩地的持續全賴是否有所作為。一旦對真我之專注力分散，對真我的覺知就會變得模糊。

下面是拉馬納所構思的幾個簡單定義，應該足以幫助尚未入門者走出三摩地的術語叢林。

一、保持住「真實」境地，是「三摩地」。

二、有所作為地保持住「真實」境地，是「有分別三摩地」。

三、入於「真實」境地，保持對外界無所覺知，是「無分別三摩地」。

四、入於無明境地，保持對外界無所覺知，是睡眠境。

五、無所作為地保持於本初、清淨、自然境地，是「俱生無分別三摩地」。(3)

【第1問】什麼是「三摩地」？

答——因心智寂止而得以無間歇地經驗到「存在」與本識，只有這才是三摩地。心智寂止而得無邊至上的真我，只有這才是神的「真實」境地。(4)

當心智和真我在黑暗中交融，這稱為「睡眠」，也就是說心智沉浸於無明中。若是在有知覺、清醒狀態下的沉浸，就稱為「三摩地」，三摩地是在清醒狀態中無間隙地與真我和合。睡眠也是與真我和合，不過是在無知覺狀態中發生。於「俱生三摩地」（梵sahaja samadhi）中，交融是連續無間斷的。

【第2問】何謂「獨存無分別三摩地」和「俱生無分別三摩地」？

答——心智沉浸於真我中，可是心智猶存，是「獨存無分別三摩地」。在這境地中，此人的習氣仍未除去，因此不可能得到解脫。唯有當習氣完全除盡，才能得到解脫。

【第3問】我們何時才可以修練俱生三摩地？

答——從一開始就要修練。即使修練獨存無分別三摩地已經有多年的基礎，只要習氣還未根除，就不能得到解脫。(5)

【第4問】請為我說明「有分別」和「無分別」有何不同？

(4) *chaka Kovai*, v.898.
(5) R. Swarnagiri, *Crumbs from his Table*, p.42.
(6) S. Cohen, *Guru Ramana*, p.89.
(7) 同注(6)，p.88。
(8) 同注(6)，p.87。

答——保持住那至高境地是三摩地。因為要對治干擾，所以必須有所作為，這就還是「有分別」。當干擾消失，就是「無分別」。無所作為而能永遠保持在這本初境地，就是「自然俱生」。(6)

【第5問】要成就「自然俱生」，是否一定要先得無分別三摩地？

答——能永遠安住於任何一種三摩地，不論是「有分別」或「無分別」，就是「自然俱生」——自然的狀態。什麼是「身見」？就是無生命的身體加上意識。這兩者都必須存在於另外一個本識中，無論有無身見，這個本識是絕對的、離一切境、始終保持其本然狀態。如果能夠保持那清淨本識，身見的得與失又有何妨？身見完全泯除雖然有益於使三摩地更增長，但是對於無上之「智」則無關緊要。(7)

【第6問】三摩地和第四境是相同的嗎？

答——三摩地、第四境、無分別三者都有相同的含意，就是覺知真我。第四境——無上的本識，是為區分於另外清醒、做夢、沉睡三個狀態。第四境是永恆的，其他三境則是在第四境中有生滅來去。在第四境中會覺知到心智融入到它源頭的本心，在那裡變得寂靜，不過仍然會起念頭，而感官也會有作用。在無分別境地中則感官不起作用，而念頭也完全消失。因此，在第四境地中所經驗到的清淨本識是強烈的、妙樂的。第四境是在「有分別三摩地」境中得。(8)

【第7問】在睡眠中的妙樂與在第四境中的妙樂有何不同？

答——妙樂都是相同的，它只有一種，包括了在清醒時所體驗到的妙樂，以及從最低層次的動物到最高層次的大梵天等一切眾生的妙樂，那妙樂即是真我的妙樂。在睡眠中所享受的妙樂是無知覺的，而在第四境中所享受的是有知覺的，這是兩者唯一的差別。清醒時所享受到的妙樂是種二手的經驗，因為它依屬於真正妙樂而有，稱為「從屬樂」（梵upadhi ananda）。(9)

【第8問】王道瑜伽中第八階段所稱的「三摩地」，與您所謂的「三摩地」是否相同？

答——在瑜伽中，「三摩地」一詞所指的是某種出神狀態，也可以再細分為好幾種三摩地。而我所說的「三摩地」是不同的，我所指的是「俱生三摩地」，由此而得「等持」（梵samadhana），即使在動中亦能維持沉著、鎮定，心中了然一切動作均是由內在真我所驅動。由於明白到一切均不屬於自己所有，就無所牽掛，無憂無懼。知道一切作為都是某個事物的所作所為，也清楚覺知自己和那個事物是一體的。

【第9問】既然這俱生三摩地是最令人嚮往的境地，是否就不用求無分別三摩地？

答——王道瑜伽的無分別三摩地仍然有它的用處。但是在智瑜伽而言，這「俱生境」或「俱生境住」（梵sahaja nishtha）其本身就是無分別境地。在這本然的俱生境中，心不再有疑惑，不會再受各種可能情形、五花八門的選擇而搖擺不定，它不再見

(9) D. Mudaliar, *Day by Day with Bhagavan*, p.116.
(10) K. Sastri, *Sat-Darshana Bhashya*, pp.xi-xii.
(11) 止寂（梵laya）：字義是「消融」，但是拉馬納用之來標示心念暫時不起作用時的一種類似心神恍惚的境地。
(12) 同注(3)，p.79。

到任何分別。它能感受到「真實」，因而對真理確信不移。即使在動中，它也知道自己是在「真實」中、在真我中、在至上的本然狀態中。(10)

【第10問】沉睡、止寂（梵laya，一種出神境地，心智暫時陷入停頓）(11)和三摩地有何不同？

答——在沉睡時，心智是融合了但是尚未滅盡，而有融合就會再出現。在冥想時心智也只是陷入融合，但是如果是滅盡了就不會再出現。瑜伽士的目標應該是滅除心智，而不是讓它沉沒於「止寂」中。在冥想的安定狀態中，有時會進入「止寂」，但這是不究竟的，還要再輔以其他修練方法來滅除心智。有的人在進入瑜伽的三摩地時，心中會帶些細微的念頭，在過了很長的時間後出定，發現居然還在那相同念頭的軌跡上，而在他入定時，人間可能過了好幾個世代。如此的瑜伽士就是尚未滅除心智，真正滅除心智是指它和真我不再分離，所以認不出它來。我們在此刻，其實也未與心智分離。我們日常的活動都是自動自發的，除了在日用中，還有什麼辦法能認識它的真貌？你要明白，所有活動似乎是受心智所驅動，可是心智只是由真我所生起的幻影罷了，它並非真實。這就是滅除心智的方法。(12)

【第11問】已經進入無分別三摩地的冥想者，有可能會受外界動靜的干擾嗎？我的朋友和我對此有不同意見。

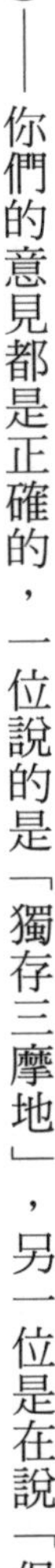

答——你們的意見都是正確的，一位說的是「獨存三摩地」，另一位是在說「俱生

三摩地」。這兩種情形，心智都是沉浸於真我的妙樂中。在前者，任何動靜都可能會影響到冥想者，因為心智尚未完全滅盡。它還是活著的，即使沉睡了很久，隨時還會活動起來。這有如一個完全沉沒在水中的水桶，你只要拉著繫住它的繩子，就可以隨時把它拉上來。在俱生三摩地的境地，心智完全沉沒於真我中，就如水桶和繩子一起深深地沉到井底。在此境地中，不再留有任何東西能起干擾，或者能拉回到世界來。在那個境地，此人的活動就如睡眠中的嬰兒在吸吮母乳，甚至不知道自己在進食。(13)

【第12問】在這種狀態中的人如何在世間活動？

答——能自然入定而且會享受定境妙樂的人，無論他的外在做著什麼事，乃至生起任何念頭，都不會失掉他的三摩地境地，這就是「俱生無分別」（梵sahaja nirvikalpa），(14)而「俱生無分別」即是「nasa」——心智已經完全滅盡；「獨存無分別」（梵kevala nirvikalpa）則是「laya」——心智暫時陷入停頓。到了止寂三摩地（梵laya samadhi）境地的人，偶爾還是會需要作意去控制心智。例如在俱生三摩地境地，心智已經滅盡，就不會再生起。如此之人不論做任何事都只是種「順帶的」的性質，他不會退轉到更低的境地。

進入到「獨存無分別」境地的人尚未證悟，仍然是個靈修者。而進入「俱生無分別」境地之人就如在無風之處的燈火，又如不起波浪的大海，這是說他內在是不動的。他發現一切皆如是，自己和任何事物都無有差別。尚未達到這個境地的人，就會認為每樣事物都似乎和自己有所不同。(15)

(13) 同注(6)，pp.89-90。
(14) S. Nagamma, *Letters from Sri Ramanasramam*, p.269.
(15) 同注(14)，p.270。
(16) 同注(6)，p.90。
(17) T. N. Venkataraman (pub.), *Maharshi's Gospel*, p.32.

【第13問】入了三摩地總要下到凡俗的世間，那「獨存無分別」和「自然俱生」所經驗到的是否相同？

答——所謂的「上」或「下」是不存在的，會有「上」、「下」之分別就不是真實的。在「獨存無分別」中，那隻心智的桶子還在水底，隨時會被拉出來。「自然俱生」則如河流連上了海洋，一去不復返。你為什麼就會問這些問題？老實去修練，要你自己親自驗證才算數。(16)

【第14問】三摩地有何用處，是否念頭到時都沉寂下來？

答——唯有三摩地才能顯現真理，我們的種種念頭是層層布幕把「真實」給蓋住了，所以，「真實」唯有在三摩地的境地才會顯現。

在三摩地，只有「我是」一覺，沒有任何念頭存在。這「我是」的經驗就是「在靜止中」。

【第15問】在您跟前我曾經驗到三摩地或靜止，以後要如何才能再獲得？

答——你現在所經驗到的，是受到這環境所影響，你在這裡找到自己。離開這環境你還能做到嗎？這種經驗是時有時無的，在它尚未變成永久性的經驗以前，就需要去修練。(17)

【第16問】三摩地的經驗是安靜或平和？

答——心智沒有紛爭起伏，完全地清明寧靜，只有它，這才是三摩地。得到三摩地，解脫才有穩固的基礎。認真地去試著滅除紛飛的妄念，便能經驗到三摩地是平和的意識，那就是內在的清明。(18)

【第17問】外三摩地和內三摩地有何不同？

答——外三摩地是保持在「真實」境地中而旁觀世間，內在不隨之而動，有如無波無浪的寧靜海洋。內三摩地則是失去了身見。

【第18問】心智不可能沉入這個境界，甚至一秒鐘都不可能。

答——你需要有堅強的信念：「我即是真我，超越心智，並超越相。」

【第19問】縱然如此，心智仍舊是個不肯屈服的障礙，想讓它沉入真我卻贏不了它。

答——讓心智活動又有何妨？真我的底蘊是它的根本，我們就算在心智活動時也要保持在真我中。(19)

【第20問】作家羅曼．羅蘭（Romain Rolland）[20]在描述拉瑪克里希那（梵

(18) 同注(4)，v.919。

(19) 同注(3)，pp.381-2。

[20] 羅曼．羅蘭（Romain Rolland）是二十世紀著名的法國文學家。

(21) 拉瑪克里希那（Rama-krishna）是十九世紀在印度孟加拉地區的一位著名的聖人。（譯按：拉瑪克里希那是近代虔愛瑜伽的著名人物，往往只要提及神就會熱淚盈眶乃至於陷入定境而不能言語。他主張要直接和神交談，一切所為皆是在侍奉神）

[22] 此處所謂的「過去」應該是指前世。

(23) 同注(6)，pp.86-7。

Ramakrishna）(21)的一本書中說道，無分別三摩地是一種可憎又可怖的經驗。它有如此恐怖嗎？難道說我們做這些繁瑣的冥想、淨化、守戒過程，最終竟然是進入恐怖境界？我們是否會變成行尸走肉？

答——對於無分別三摩地，世人的確有各種各樣的想法。何須引用羅曼．羅蘭？連那些能接觸到《奧義書》和「吠檀多」傳承的人，對於「無分別」都不免有些古怪的想法，誰能怪西方人士有同樣的想法？有瑜伽士可以練習呼吸而使自己進入完全不動的狀態，可以比無夢的睡眠還要深沉，那是沒有知覺的狀態，完完全全地失去知覺，他們因而吹噓這就是所謂的「無分別」。又有人認為，一旦沉入了「無分別」，連你的生命形態都會變得不同。還有人主張「無分別」只能透過昏睡狀態才可獲得，是種完全忘卻世界有如悶厥的情形。這都是他們試圖從理智上去解讀的結果。

「無分別」是本識——那無所作為、無相的本識。哪來的恐怖？自己有何神祕可言？有的人由於過去[22]長期修練的結果，心智已經成熟，「無分別」會如洪流般忽地來到；但是對其他人而言，就只有在他們從事心靈修行的過程中才會發生，要慢慢地把障礙的念頭一一去除，顯露出那清淨「我—我」覺知的銀幕。再深入地修行，這銀幕就能恆久展露，這就是證悟真我、解脫或俱生三摩地——那本來、無所作為的境地。(23)僅僅是對外界的種種分別無所覺知，這並不是那堅實、本來的「無分別」。你要明白，唯有心智活動完全止息而不會生出「分別」，才是真正的「無分別」。

【第21問】當心智開始消退於真我之內時，常常會生出一股恐懼感。

答——在剛進入三摩地時，會有恐懼感或身體出現顫動的情形，是由於還有少許的自我意識存在。當自我意識完全死去，一點痕跡也不留，就能安住在純粹本識的無垠虛空中，屆時只有妙樂遍滿全身，顫動也會停止。(24)

【第22問】三摩地是妙樂或狂喜的境界？

答——三摩地本身只是完全的平靜境界。狂喜之所以產生，那是由於心智在三摩地結束後復甦，憶及那平靜境界的緣故。而運用「虔愛」方法的人，則是先有狂喜境地，它顯現的徵兆是歡樂的眼淚、毛髮豎立、聲音顫抖等等。當自我最後死去，贏得了「自然俱生」，這些徵兆和狂喜都會停止。(25)

【第23問】證悟到三摩地的人會得種種神通（梵siddhi）嗎？

答——要展現神通，就必須要有其他人來認可。換言之，展現神通之人本身就沒有「智」。所謂的「神通」根本不值得一顧，唯有「智」才是目標所在。(26)

【第24問】《蛙氏奧義書》（梵*Mandukyopanishad*）(27)中提到，解脱要真正經驗到瑜伽的第八階的三摩地（也是最後一階）才有可能，否則不論你下了多少工夫去冥想或苦行，也都是枉然。這是真的嗎？

答——只要理解是正確的話，它們都是相同的。不論你稱它為「冥想」、「苦行」、

(24)同注(4)，v.893, 174。
(25)'Who, *Maha Yoga*, pp.202-3.
(26)同注(17)，p.34。
(27)《蛙氏奧義書》（梵*Mandukyopanishad*）是諸《奧義書》中的其中一部。
(28)同注(14)，pp.239-40。
(29)同注(3)，p.121。
(30)同注(4)，v.895。

「專注」或其他事物，都並無不同。能夠穩定且相續不斷，有如一股在流注的油，那就是苦行、冥想和專注。成為自己的真我，即是三摩地。

【第25問】但是《蛙氏奧義書》提到，一定要先經驗到三摩地才能得解脫。

答——誰說不是？不止是《蛙氏奧義書》，所有古代的典籍都如此說。但是只有當你認識自己的真我，才會有真正的三摩地。否則就坐著不動，像個無生命的物體一般，那有何用？假如你手上生了一個瘡而動手術把它割除，因為上了麻藥所以當時不覺得痛，但那是否代表你入了三摩地？這道理是相同的。我們一定要知道什麼是三摩地，而如果你不知道自己的真我，又怎麼會知道三摩地？只要認識了真我，自然便會認識三摩地。(28)

三摩地是我們本然的境地，它是橫貫其他全部三個狀態（清醒、做夢、沉睡）的底流。真我不在這三個狀態中，是它們在真我中。如果我們能在清醒的狀態得三摩地，它自然也存在於沉睡的狀態。所謂「有意識」和「無意識」的分別只在心智的領域中才有，而真我的境地是超越心智領域的。(29)

【第26問】所以，我們應該永遠要嘗試抵達三摩地？

答——聖人說，沒有了自我的平衡境地是「靜默三摩地」（梵mouna samadhi），也就是「智」的頂點。在尚未到達那個無有我執的「靜默三摩地」以前，應該要以摧毀「我」為唯一的目標。(30)

第十五章　影像與神通

冥想有時會帶來迷人的副作用，例如見到神的影像，有時會開發出超自然的能力，例如天眼通、他心通等等，這兩種作用都可以因為刻意去求而得。專注於某個心中的形相就有可能會見到那影像，如果是出於虔愛而專注，或是有強烈的願望祈求影像出現，就特別容易發生。神通則有可能由於從事某種特殊的瑜伽修練而成就，在瑜伽經典文獻派坦迦利所著的《瑜伽經》中，便列出了好幾種特殊的修練來加速開發八種神通，包括隱身術或於水上行走。

拉馬納向來會規勸追隨者不要去刻意追求影像或神通，他指出這些都是心智的產物，只會妨礙而不會有助於證悟真我。假如影像是自然出現的，他會承認這象徵著進步，但是他通常也會補充說這仍然是心中的一種暫時經驗，「比證悟真我的層次來得低」。(1)

如果神通是自然而來的，他會列出執迷於神通的害處，而說這些本事只會更助長自我而不會消滅它，他強調追求神通以及追求證悟真我，這兩者是互不相容的。

真我是最本來不過的，是永恆的，而神通則是外來的，是透過努力得來的，真我則不是。神通之力是心智求來的，而我們要防的是心智，當滅除了心智，就會證悟到真我。所以會顯現神通之力，就是因為有自我。真我是超越自我的，而只有當斷除自我，才能證悟。(2)

(1) M. Venkataramiah (comp.), *Talks with Sri Ramana Maharshi*, p.357.
(2) 同注(1)，p.550。
(3) 廓塔蘭（Courtallam）是位於印度南部的城市。

【第1問】我曾告訴過尊者，自己在轉換信仰成為印度教徒時，曾經有見過一次濕婆的影像。後來我去了廓塔蘭（Courtallam）(3)，類似的經驗又再發生過一次。這經驗雖然不持久，可是它們是妙樂的。我想知道要如何能讓它變得永久而不中斷。如果沒有了濕婆，我所看到的周圍一切就都沒有了生命；只要想到他，我就覺得快樂。請告訴我如何才能讓濕婆的影像長存？

答——你說見到濕婆的影像，那影像一定是屬於某個對象，這就意謂著有個主體存在。所見到的影像具有何種價值，和見到影像之人的價值是一樣的。這也就是說，影像和能見者兩者本質的層次是相同的。有出現就意味著有消失，凡是會顯現的，也就一定會消失，影像絕不可能永存。然而，濕婆是永恆的。

有影像就意謂著有個能見者，這能見者無法否認真我的存在。真我作為本識，無時無刻不存在，見者也須臾離不開本識，這本識是恆有的，是唯一的存在。能見者見不到自己，但是縱然他無法用眼睛見到自己的影像，他能否認自己的存在嗎？不能。所以，「親證」（梵pratyaksha）的意思並非「看見」，而是「成為」。

「成為」即是證悟，所以說「我是自有永有的」。「我是」即是濕婆，沒有他，其他一切都不會存在。所有的一切都存在於濕婆中，都是由於濕婆才有。

因此，去參究「我是誰」，深深地潛入內在，安住於真我中。那個就是濕婆，即是本然的狀態。不要期待能一再見到他的影像，你所見到的客體對象和濕婆，兩者有何不同？他既是主體又是客體，你不可能和濕婆相離，因為你當下一直已經在證悟濕婆中。如果你認為自己尚未證悟到濕婆，那是錯誤的，是證悟濕婆的障礙。捨棄這個想法，就是證悟。

【第2問】是的。可是我如何能儘快地成就它呢？

答——這種想法就是證悟的障礙。沒有濕婆，能有個人嗎？即使在此刻他就是你，這完全不關時間的問題。如果有某一刻不在證悟中，才會有悟或不悟的問題。可是實情是，沒有他就不會有你，他已經是證悟的，永遠是證悟的，絕無不悟。(4)

【第3問】我希望能直接證悟（梵sakshatkara）克里希那，該怎麼做？

答——你對於克里希那有何認識？你所謂的「直接證悟」又是什麼意思？

【第4問】我指的是曾經住在布林德汪（Brindavan）(5)的克里希那，我希望能像那群牧牛女（梵gopi）[6]般親眼見到他。

答——你要明白，在你的觀念中，他是個人類或有著人類的身形，是某某人的兒子等等，可是他自己說過：「我在所有眾生的本心中，一切生命的起始、中間、結束都是我。」既然他在一切中，他必然也在你之內，他就是你的真我或你真我的真我。所以，如果你能見到這個（真我），或能直接證悟這個，你就是直接證悟克里希那。直接證悟真我與直接證悟克里希那，不可能是兩回事。雖然如此，你還是可以走自己的路，徹底歸伏於克里希那，讓他來做主，讓他賜給你所求的證悟。(7)

(4)同注(1)，pp.423-5。

(5)布林德汪（Brindavan）：印度北部地名，為克里希那所居住之地。

[6]牧牛女（梵gopi），在記載神主克里希那生平事跡的《薄迦梵本生紀》（梵*Bhagavata Purana*）中，克里希那周圍常聚集一群愛慕他的虔誠牧牛女。

(7)D. Mudaliar, *Day by Day with Bhagavan*, pp.184-5.

(8)同注(1)，p.355。

【第5問】我們能像拉瑪克里希那一般和伊濕瓦若交談嗎？

答——我們既然能夠彼此交談，為什麼不能以同樣方式和伊濕瓦若交談？

【第6問】那為什麼就不會發生在我身上？

答——這就需要澈底淨化、堅強的心志、冥想的修練。

【第7問】滿足了這些條件，神就會示現嗎？

答——你自己有多真，這種示現就有多真。換言之，譬如在清醒時，你把身體認作是自己，你所見到的對象就是個粗重的物體。如果你把細微身認作是自己，或心智在夢境的層面，你所見到的對象就是微妙隱晦的。在沉睡狀態中，你什麼都認不到，就會無所見。所見到的對象與能見者的狀態有相似的關係，見到神的影像也是同理。

若是在冥想時觀想神像，長時間下來，這影像就會在夢境中出現，後來甚至有可能於清醒時也會出現。(8)

【第8問】很多到此地的訪客都對我說，他們能從您這兒接收到信息，例如影像和心念流。我在這裡已經待上一個半月之久，可是完全沒有得過任何這種經驗。是否我不值得您關注？

答——心智狀態會決定所得到的影像和心念流，那是因人而異的，和那無所不在的無關。更何況，這些東西根本無關緊要，至關重要的是內心的平靜。(9)

什麼是「證悟」？是見到有著四臂的神，帶著法螺，手持法輪和棍杖？就算神以那種形相示現，請問就能消除信徒的無明嗎？真理，一定是永恆的證悟。直接覺知，是無時無刻不有的體驗。當直接覺知神，就是認識到神自己。這意思不是指他會為崇拜者以某種特別形相現身，如果這證悟不是永恆的，就沒有任何用處。見到有四臂神的形相，這種證悟能永恆存在嗎？這是種「相」，是種「幻」。這一定要有個能見者，唯有這能見者是真實且永恆的。

就算神以百萬個太陽的光輝來示現，這是「直接證悟」嗎？要見到神的影像，就需要用到眼和心智，但那是間接的「智」，而能見者才是直接的體驗。能見者，才是唯一的「直接證悟」。(10)

【第9問】大家口中所說的威孔達（梵Vaikuntha）(11)、凱拉夏（梵Kailasa）(12)、英德拉樓卡（梵Indraloka）、羌德拉樓卡（梵Chandraloka）等這些印度相傳的天界，它們真的存在嗎？

答——當然。你放心，它們真的存在。那裡也有個像我這樣的斯瓦米，坐在椅座上，信徒圍繞而坐。眾人提出問題，他就說些東西作為回答，一切都是如此，大同小異。是這樣又如何？有人見到了羌德拉樓卡，他就會去尋找英德拉樓卡，英德拉樓卡之後是威孔達，而見過威孔達之後，就是凱拉夏等等，心智就這樣不停地遊蕩。哪來的平靜？若是要追尋平靜，唯一有效的途徑是去參究自我，藉由參究自我，得以證悟

(9) 同注(1)，pp.278-9。

(10) 同注(1)，p.442。

(11) 威孔達（梵Vaikuntha）：毘濕奴所在的天界。

(12) 凱拉夏（梵Kailasa）：位於喜馬拉雅山脈中的聖山，相傳為濕婆所在之處。（譯按：凱拉夏峰，藏名「岡仁波齊」，位於現今西藏岡底斯山脈，並非屬於喜馬拉雅山脈，是印度教、耆那教、佛教和苯教所共同尊奉的聖山）

(13) S. Nagamma, *Letters from Sri Ramanasramam*, p.46.

[14] 出自《瑜伽經》第三篇・第三十六句：「此等皆為三摩地之障礙，乃世俗之力。」

(15) 同注(7)，p.232。

真我。人若能證悟真我，他就會見到所有這些世界都在自己的真我之中。所有一切的源頭都是自己的真我，只要證悟真我，就會發現沒有任何事物異於真我。那麼，你就不會有這些問題。威孔達、凱拉夏可能存在，也可能不存在，但你是存在的，這是事實，不是嗎？你怎麼會在這裡？哪裡有你？等你懂了這些道理，你就可以去想那些世界。(13)

【第10問】帕坦迦利的《瑜伽經》中提到種種神通，是真有其事嗎？或僅僅只是在他的夢裡？

答——是「梵」、真我之人，就不會看重這些神通。帕坦迦利自己也說，這些都屬於心智的修練，這些會妨礙證悟真我。[14]

【第11問】所謂「超人」的神通力又如何？

答——無論力量的強弱，也不管是來自一般心智或至上的心智，力量之所以存在，是因為有個具有力量的那個。去找出那個是哪個。(15)

【第12問】在心靈修行的路途中，神通成就究竟是必需的，還是會成為解脫的障礙？

——最高的神通是證悟真我，因為一旦你證悟真理，就不會被無明的途徑所吸引。

【第13問】那麼，神通有何用處？

答——神通有兩種，一種很可能成為證悟的障礙，這種能力有可能因咒術、某種特殊藥性的藥物、苦行、某種三摩地而得。[16]但是這些力量都不是證知真我的手段，因為縱然你得到它們，你很有可能仍然處於無明之中。

【第14問】另一種呢？

答——那是當你證悟真我後，自然擁有的力量和「智」的體現。這些是已經通達真我之人正常苦行所產生的神通，是自然而起，是神的賜予。它們與個人的宿命有關，但是對於安住於無上平靜之境的智者而言，是否有神通都不會干擾到他，因為他已經了知真我，那就是無可動搖的神通。可是這些神通不會因為你去求它而來，當你到達證悟的狀態，就會知道這些力量是什麼。(17)

【第15問】聖人會用神力來幫助他人證悟真我，或者說他證悟真我就已經足以助人？

答——光是他證悟真我所產生的力量，就遠比使用其他所謂神通的力量來得大。(18)雖然說神通有很多種，性質也不同，但是只有「智」才是這許多神通中最高的，因為得到別的神通的人都還是想要得到「智」。已成就「智」的人就不會想要別的神通。所以，立志只求「智」即可。(19)

[16] 出自《瑜伽經》第四篇‧第一句：「神通成就之得，或由天生，或由藥物，或由咒術，或由苦行，或由三摩地。」

(17) K. Sastri, *Sat-Darshana Bhashya*, pp.xxii.

(18) 同注(1)，p.552。

(19) Muruganar, *Guru Vachaka Kovai*, v.1212.

(20) 同注(1)，p.578。

(21) 同注(19)，vv.219, 221, 222, 224。

(22) S. Cohen, *Guru Ramana*, p.100.

對於不具神通的人而言，這些能力似乎很神奇，但是它們是無常的，立志追尋無常的事物，對人毫無用處。所有這一切神通都已經包含在那唯一不變的真我中。(20)

神就是一切，他隨時可以把自己交給我們，我們卻只會貪心地向他祈求無用的神通，這不就像是對著大方的慈善家，人家隨時可以給你任何東西，可是我們只曉得乞求一碗無用且已經走味了的粥？

在本心中，至誠的火焰在燃燒，所有神通的力量都齊聚於此。可是，如果此心已經完全供奉於神的跟前，如此虔誠之人對這些神通就會毫無所求。要知道，如果求道者在努力修行得解脫的途中，把心力放在求取神通之上，他們濁重的束縛只會變得更堅固，那自我的欲望就會更為強烈。

真我是完美的整體，是解脫的光輝，唯有成就真我才能成就真智。其他形式的成就，即使例如能把自己縮小至如原子粒一般，都是屬於愚蠢心智的想像力所造作出來的幻相。(21)

人們視很多事物比神通更為奇妙，可是就因為能天天見到它們，所以並不覺得稀奇。人剛出生時，比起一個電燈泡大不了多少，可是他能長大成為巨碩的摔角好手，或舉世聞名的藝術家、演說家、政治家和聖人。大家不認為這是奇蹟，但是看到屍體能開口講話反而會驚訝不已。(22)

【第16問】我對形而上學有濃厚興趣，在其中浸潤了二十多年。可是我從未經歷過任何那些別人宣稱有過的不可思議經驗。我沒有天眼通、天耳通等的能力，我覺得自己被關在這個身體中，一點別的都沒有。

答——沒錯。「真實」只是「一」，那即是真我。其他都只是在它裡面、是它所有、是由它而來的種種現象。能見者、所見的對象、所產生的視覺三者，通通都只不過是真我。離開真我，人可以看見或聽聞嗎？不論是近距離的或遠距離的看見、聽聞，兩者有什麼差別？兩者都需要用到視覺和聽覺的器官，所以也需要用到心智，器官和心智在這兩種情形中都不可或缺，就是說都必須有所依靠。那麼為何要把天眼通和天耳通看得如此了不起呢？

更甚者，凡是能得來的，時候到了也就會失去，是絕不能永久保住的。(23)

【第17問】能得到如他心通這種本事不好嗎？

答——他心通和無線電都可以讓人見到和聽到遠方的事。視覺和聽覺都是相同的，聽到身邊的事和聽到遠方的事，對於在聽的人並無差別。根本要件是那個主體——聽者，若沒有能聽者、能見者，就不會有聽聞、看見的現象，而這現象正是心智的作用。因此，神通也只在心智中才有，不是真我本來有的。凡是非本有的，而是得來的，就不會是永久的，就不值得追尋。

神通代表了能力的增進。人本身的能力有限，他因此不快樂。所以，他想如果能增進能力就會快樂。但是請考慮是否真是如此，有限的覺知力已經夠使人不快樂，如果把覺知力放大的話，不快樂的程度也一定會放大比例。神通力不會給任何人帶來幸福，只會使人更不幸。

此外，要得到這些力量究竟是為了什麼？求神通的人想要展現神通，可以受人賞識。他追求的是賞識，如果得不到，他就不快樂，就必須要有別人，他才能得到賞

(23)同注(1)，p.487。
(24)同注(1)，pp.17-18。

識。甚至他會遇到比他更有強大力量的人，那就可能引起嫉妒心，造成更多的不樂。哪個才是真正的力量？是能帶來發達的，或能帶來平靜的？能造成平靜的那個，才是最高而圓滿的成就。(24)

第十六章　問題與經驗

心靈修行的路途中經常會經驗到一些副作用，例如身體疼痛、不舒服，心神無主、情緒起伏，以及偶爾出現的妙樂之平靜等等。這些表徵或許不如前面兩章所列出的現象來得戲劇化，但是對於經驗到的人卻可能對它們大感興趣。它們可能會被解讀成是在往真我之途邁進的標誌，或者會被認為是種障礙，而根據所持的看法不同，往往會花費很多工夫來試圖延長或排除這些經驗。

對於大多數的這種心靈經驗，拉馬納傾向於認為它們不值得重視。如果有人向他提及，他通常會強調重點應該放在經驗者本身，而不該放縱於這些經驗或對它們進行深究。雖然他有時會岔開話題去談這些經驗的起因，有時也會評論哪些有益於真我的覺知，哪些是無益的，但總體而言，他傾向於規勸大家對這些都不要感興趣。

如果追隨者向他請教冥想時所碰到的問題，他就會非常直率地回答。他會耐心地聽他們抱怨所碰到的問題，如果他認為機緣合適的話，就會試著為他們解說，從真我的觀點來看，所有問題都不存在。

(1)T. N. Venkataraman (pub.), *Maharshi's Gospel*, p.33.

【第1問】有時靈光一閃，清楚地覺得在正常的自我之外另有個心智，它似乎含括了一切。我們不談理論，尊者是否可以從實踐方面為我開示該如何下手，才能得到這寶貴的一剎，又該如何保住它、延長它？為了這種經驗而從事心靈修行的話，是否需要避世？

答——你說「之外」，這個「內」或「外」是對誰而言？之所以會有這些，就必然要有主體和客體的存在。再一次要問，這兩者又對誰而有？你若去查找，就會發現它們都融入唯一的主體中。去看誰是這主體，繼續參究下去就會帶你到達超越主體的清淨本識。

你說「正常的自我」，正常的自我是心智。心智就有所限，而清淨本識是超越限制的，是經由參究「我」而得。

你說「得到」，真我永遠存在，你只需要除去障礙真我展露的覆蓋即可。

你說「保住」，一旦你證悟真我，它就是你第一手的直接經驗，永遠不會失去。

你說「延長」，真我哪來延長可言，它永遠如是，沒有縮短或延伸。

你說「避世」，安住於真我之中是獨一的，因為真我之外別無他物。「避世」就一定是從某個地方、某個狀態換到另一個，離了真我就沒有某一個，也沒有另一個。既然一切都是真我，所謂「避世」既不可能做得到，也不可能想像得到。

你說「心靈修行」，心靈修行只是在防止本來的平靜受到干擾。你一直就在本然的境界中，不關你修行與否的事。就做你自己，不疑不惑，這才是你本然的境界。(1)

【第2問】有時覺得人和物都變得很模糊，幾乎透明，如同在夢境中。這時已經停止從外表觀察到他們，可是心被動地覺知他們存在，同時又不覺得有任何的「我」，心中有非常深沉的寧靜。此時是否意謂心智已經準備好潛入真我之內？或者，這不是好現象，是自我催眠的結果？是否建議以它作為暫時得到平靜的工具？

答——內心真寧靜了就會有本識，這正是該追求的境地。會問到這個點上，卻未明白那就是真我，表示這個境地並不穩固，是偶然的。

「潛入」這個字眼，只適用於因為心智有外馳的傾向，所以把心智往內轉，以免受到干擾的情形。在此時，就要把心智從外在的表面現象往下潛。如果深沉的寧靜已經得力，本識已不受干擾，何用「潛入」？(2)

【第3問】我冥想時，偶爾會覺得有某種妙樂之感。發生這情形時，我是否應該問自己：「是誰在經驗這妙樂？」

答——如果所經驗到的是真我的真實妙樂，這意思是，如果心智已經融入了真我中，就不會有這疑問。會問這問題就表明還沒有到達真實妙樂。

只有在找到是誰在起疑問，以及找到他的源頭所在，所有疑問才會停歇。逐一地去解決疑問是沒有用的，如果一個疑問得到解決，就會生起另一個疑問，而疑問是無止盡的。可是，如果去尋找疑問者的源頭，而發現疑問者的確不存在，那麼，一切疑問就會停止。

(2) M. Venkataramiah (comp.), *Talks with Sri Ramana Maharshi*, p.314.
(3) D. Mudaliar, *Day by Day with Bhagavan*, p.22.
(4) S. Nagamma, *Letters from Sri Ramanasramam*, p.251.

【第4問】我有時會聽到內在的音聲，發生這情形我該怎麼做？

答——無論發生什麼，就不斷地往自己內在去參究：「是誰聽到這些音聲？」這樣才能通達「真實」。(3)

【第5問】在冥想中，有時我會感覺妙樂，淚水奪眶而出；有時就什麼感覺都沒有。為什麼會如此？

答——如果是妙樂的話就會一直存在，而不會有來去。有來去的就是心智的產物，你不必去理會它。

【第6問】那妙樂會給身體帶來一種興奮的刺激感，可是當它消失時我會覺得頹喪，會想要再擁有那種經驗。為什麼？

答——你承認在經驗到妙樂感以及妙樂感消失時，兩者都有個你。如果你能確實了悟那個「你」，這種經驗就無足輕重。

【第7問】要實證那種妙樂，一定要有個抓得住的東西，不是嗎？

答——你要抓住東西那就必然是二元對立的，可是真我是「一」，是唯一的存有，除了它，別無其他，不是二元對立的。所以，又有誰去抓住誰呢？而且，要抓住什麼東西呢？(4)

【第8問】我修行進入無念階段時會心生歡喜，可是有時反而會生起一股我無法具體形容的朦朧恐懼感。

答——碰到任何經驗都有可能，但是你絕不要得少為足，不思進步。無論你感覺到歡喜或恐懼，問你自己是誰覺得歡喜或恐懼，再繼續修行，直到超越了歡喜和恐懼兩者，直到一切二元的對立性都消失，直到留存下來的唯有「真實」。

起了這些境界或有某種經驗，都沒有對錯，可是你絕對不能就此打住。譬如，即使你經驗到心智暫時的止寂，所有念頭都消失，你也絕對不可以覺得自滿而耽於樂境，你一定要繼續奮力向上，直到泯除所有的二元對立為止。(5)

【第9問】如何才能排除恐懼？

答——什麼是恐懼？它只是個想法。假如在真我之外還有別的事物，便有理由恐懼。可是誰見過離開真我仍能存在的事物？首先，因為有了自我，所以才會視對象為外在的。如果自我並未生起，只有真我存在，就沒有外在的事物。自己之外有任何事物，就表示裡面有個能見者存在。去把它找出來，就可以消除疑惑和恐懼。不單是恐懼，所有其他繞著自我打轉的念頭都會跟著它一起消失。(6)

【第10問】如何才能克服對死亡這可怕事情的恐懼？

答——那個恐懼感於何時來襲？譬如你在無夢的熟睡中，看不見自己的身體，它會

(5)同注(3)，p.193。
(6)同注(2)，p.129。
(7)S. Cohen, *Guru Ramana*, p.39.

來嗎？它只會在你完全清醒，能感覺到周遭世界和自己身體時才會來作祟。假如你看不見這些，自為清淨真我，如同在那無夢的熟睡狀態，那任何恐懼都招惹不到你。

如果你追溯到這恐懼感的對象——你恐懼失去的那個，你會發現那個對象並非身體，而是能在身體中起作用的心智。若是能夠得到保證身後仍然可以繼續有覺知的話，很多人會非常樂意放棄多病、帶來很多問題和不便的身體。他們所怕的並非失去身體，而是怕失去那份覺知——本識。人都喜歡存在，因為它是永恆的覺知，也就是他自己的真我。那麼，為何不趁現在還在身體中之際去把握住那清淨覺知，從而解除一切恐懼？(7)

【第11問】每當我嘗試空掉所有念頭時就會睡著，該怎麼辦？

答——一旦你睡著了，在那個狀態中就什麼也做不到，但是你還清醒時就該試試著空掉一切念頭。為什麼想睡？連那也是個念頭，不是嗎？如果你能在清醒之際空掉所有念頭，那便已足夠。譬如你落入睡眠狀態，當醒來時，在進入睡眠之前的狀態就會繼續下去，你陷入昏睡前所放下的，此刻又回來了。只要有念頭的活動，就會有睡眠，念頭和睡眠是一體兩面。

我們不應該睡過頭，也不能完全沒有它，適度睡眠即可。要防止睡得太多，就應該試著不要有念頭或動心（梵chalana），一定只吃純淨屬性的食物且不過量，別放縱於過多的體力活動。我們越是能夠控制自己的念頭、活動和飲食，就越能控制睡眠。正如《薄迦梵歌》所言，對於靈修者，一切均以適量為準。許多典籍都提到，睡眠是靈修者的第一個障礙。第二個障礙是「不定」（梵vikshepa），也就是感官因接觸外在對象而導致注意力無法集中。第三個障礙是「追憶」（梵kashaya），是心中憶及感官以前接觸對象的經驗。第四個障礙是「妙樂」，它也是障礙，因為在這個狀態中會生起與妙樂源頭分離的感覺，讓感受妙樂者說：「我正享受這妙樂。」即使這個也要超越。最終三摩地的境地必須是人與妙樂合一，也就是人與「真實」合一。在這個境地，樂者和所樂的分別得到消融，同歸於「存在—本識—妙樂」或真我的大海。(8)

【第12問】那就是說我們不應該去試著強行留住妙樂或大樂的狀態？

答——大樂是冥想最後的障礙，你覺得無比喜樂、幸福，所以就會想留在那大樂中。別對它讓步，而是要超越它，進到下一步的大定。這個定比大樂還要高，它會融入三摩地。成就三摩地後會引起一種清醒的睡眠狀態，在那個狀態中，你會知道你永遠是本識，因為本識即是你的本性。其實，每個人都一直在三摩地中，只是未了知它而已。要了知它，就只需要除去障礙即可。(9)

【第13問】有時透過詩詞、音樂、持咒、唱誦、欣賞美景，以及閱讀啟迪靈性的偈頌等等，會讓人真正有種與天地合一的體驗。在那種深度妙樂的寧靜感覺中，已經沒有了個人的自我，這是否和尊者所說的入到本心是同一件事？從事這些活動，能把人帶進更深度的三摩地，以致最終見到全體的「真實」嗎？

答——心智接觸到它喜歡的事物就會覺得喜樂，這喜樂是在真我中本有的，除此沒

(8)同注(3)，p.182。
(9)P. Brunton, *Conscious Immortality*, p.202.
(10)同注(1)，pp.43-4。

有其他喜樂。它不在「外」，也不在「遠」。發生那些你感到愉快的情境時，你正在潛入真我，因而觸及本來自有的妙樂。由於聯想的作用，所以就把這喜樂強加於其他的事物或場合之上，那喜樂其實是你內在本有的。發生這些情形之際，你正是在躍身跳入真我，只是你未意識到而已。如果能夠有意識地為之，能由這體驗中肯定自己與喜樂是「一」，那喜樂就是真我，就是唯一的「真實」，你就可稱之為「證悟」。我希望你能夠有意識地潛入真我，潛入本心。(10)

【第14問】我從事心靈修行已經將近二十年了，而我見不到進步。我該怎麼樣？每天大約在早上五點開始，我就專注於一個念頭：唯有真我才是真實的，其餘都是虛妄的。即使這麼做了約二十年，我的專注力只維持不了二、三分鐘，然後念頭就會跑掉。

答——要成功別無他法，只有每次當念頭跑掉時就把它拉回來定在真我上。不需要冥想、持咒、持名或任何這一類的事，因為這些都是我們的真實本性。唯一需要做的，就是除了真我之外其他什麼都不想。與其說冥想是把念頭放在真我上，不如說是為了不讓念頭跑去「非真我」上。當你的心念不再追逐外在對象，將心智轉向內以阻止它往外走，讓它定在真我上，那麼唯一存留下來的就只有真我。

【第15問】我該如何克服這些念頭和欲望的吸引力？要如何去規律我的生活才能控制住念頭？

——你越是定在真我上，其他的念頭就越容易自己脫落。我們的心智無他，就只是一堆念頭的集合，它們的根都是「我念」。當你認識到誰是這個「我」，找到它來自何處，所有的念頭就會統統消融於真我中。

規律的生活，例如固定起床時間、洗浴、持咒、持名、遵守儀式等等，這都是為了不願意或無法去參究自我的人而設。對於能夠修練這個方法的人，一切規矩和戒律都沒有必要。(11)

【第16問】為什麼屢次嘗試都無法把心智向內轉？

答——這需要多修練，要淡化種種欲望，是無法一蹴而幾的。心智就像頭牛，長久以來習慣偷偷地在人家的牧地吃草，要把牠限制在自己的圈欄內並非易事，就算主人拿著甜美的牧草和上等飼料去引誘牠，第一次都不會奏效。然後牠過來吃一小口，可是牠愛漫遊的本性做了主，所以又溜走了。等主人不斷地引誘奏了效，牠終於習慣了圈欄，以致即使打開柵門也不會溜出去。心智也是如此，一旦它發現到內在的喜樂，就不會往外跑了。

【第17問】做深度冥想是否要視情況而有所調整？

答——是的，有此情形。有時靈光一現，深度冥想就變得容易；在別的時候，也許無論如何嘗試就是無法做到深度冥想。這是受到三種屬性（純淨、躁動、怠惰）作用所影響。

(11)同注(3)，pp.237-8。
(12)同注(2)，p.179。
(13)同注(2)，p.55。
(14)同注(2)，p.549。

【第18問】它是否受個人的行為和個別情況所影響？

答——那些影響不了它。能影響的是有「行為者念」（梵kartritva buddhi），這才是障礙。(12)

【第19問】我的心智有時能連續二、三天保持清明，跟著二、三天又變得遲鈍，它會交替。這情形是什麼導致的？

答——這是很正常的。它是純淨、躁動、怠惰三種屬性在交互輪值。不用為「怠惰」而懊悔，但若是到了由「純淨」輪值，就抓住它，好好地利用它。(13)

【第20問】若人有時發現自己身體狀況不佳，無法穩定地冥想，他是否可以為了調身而去修練瑜伽？

答——這視個人與生俱來的習性而定。有人會修練哈達瑜伽來對治身體的病痛，另一個人信任神會治好他，第三個人會用自己的意志力，第四個人根本不理會病痛，但是他們都會堅持冥想。找到真我是最主要的因素，其他都不過是輔助。(14)

【第21問】我想要專注，但總是感到挫折，因為老是會被突然的心悸以及跟著而來的急促喘氣所打斷，然後念頭就會往外跑，心智也完全不受控制。在身體健康時，我就比較能見成效，可以進入深度的專注，連呼吸都會停

止。我早就嚮往能因親近尊者而受益，讓我的冥想更上層樓，於是費了很大工夫才來到此地。可是我在這裡卻生了病，導致無法冥想，所以覺得很沮喪。雖然呼吸急促，我仍舊執意努力專注。這總算有了部分成果，可是我並不滿意。現在快要到我該離去的時候，當我一想到即將要離開這裡，就覺得越來越沮喪。在此地，我發現很多坐在大廳冥想的人都得到了平靜，可是我就無福得到此種平靜，這會導致我沮喪。

答——有這種「我無法專注」的想法本身就是個障礙。為什麼要生起這種想法？

【第22問】有可能一天二十四小時中連一個念頭都不會生起嗎？即使不在冥想的時候也要保持念頭不起嗎？

答——什麼是「小時」？這只是個概念。你問的每一個問題都是由一個念頭所引起的。

每當有個念頭生起，不要跟著它走。當你去覺知身體時就忘了真我，但是你真能忘掉真我嗎？你就是真我，怎麼能忘掉它？人一定得變成有兩個「我」存在，才能說忘掉了另一個，這有多荒謬。所以，真我不會沮喪，它也不會不完美，它永遠是喜樂的。那種負面的感覺只不過是個念頭，是不會耐久的。把念頭空掉，為什麼要作意去冥想？人既然是真我，本來就永遠是證悟的，不要被念頭所困即是。

你以為自己的健康狀態不容許你去冥想，你一定要追溯到這種沮喪感的根源，它的根源就在於你把身體認作真我。真我沒有病，是身體在病，可是身體不會告訴你它病了，是你在說的。為什麼？因為你錯把身體當成了自己。這身體也只是個念頭，就

(15) 同注(2)，pp.435-7。
(16) 同注(3)，p.198。
(17) R. Swarnagiri, *Crumbs from his Table*, p.36.

去「成為」你真正的本然狀態，沒有道理去沮喪。(15)

【第23問】如果在冥想時受到干擾，例如蚊子叮咬，冥想者是應該忍受蟲咬而不理會干擾，或可以把蚊子趕走再繼續冥想？

答——你一定要便利行事，就算趕走蚊蟲你也不見得會得解脫，重點在心定於一境，然後到達「息滅心智」（梵mano-nasa）。你是忍受蚊子叮咬而得之，或是趕蚊子走而得之，全由你決定。如果你已經完全專心融入冥想，就不會知道蚊子在叮你。可是在還未到達那個階段之前，為什麼不把它們趕走呢？(16)

【第24問】據說修練冥想的人會患上新的病痛。無論是否屬實，我可是覺得背部和前胸都有些疼，有說這是神在考驗我。請問尊者這是真的嗎？

答——尊者不在你之外，所以不會把考驗加諸於你。你以為這考驗或新的病痛是來自於心靈修行，其實是由於你的神經系統和五種感官現在被拉緊所造成的。心智運作原本是藉由神經來感受外在的對象，神經是心智和感覺器官之間的連繫，而現在心智需要從這個連繫收攝回來，這收攝的動作自然會產生拉扯、扭曲乃至斷裂，因而引起疼痛。有人稱此為「病痛」，有人稱之為「是神在考驗」。只要你繼續修練冥想，把你所有的念頭全都放到認識真我或證悟真我上，一切疼痛就會消失。如此相續地與神、真我結合就是瑜伽，沒有比這更佳的治療法。要揚棄長久以來所累積的習氣，自然免不了會產生疼痛。(17)

【第25問】如果要揚棄種種欲望和習氣，該要如何對治它們，是滿足它們或壓制它們？

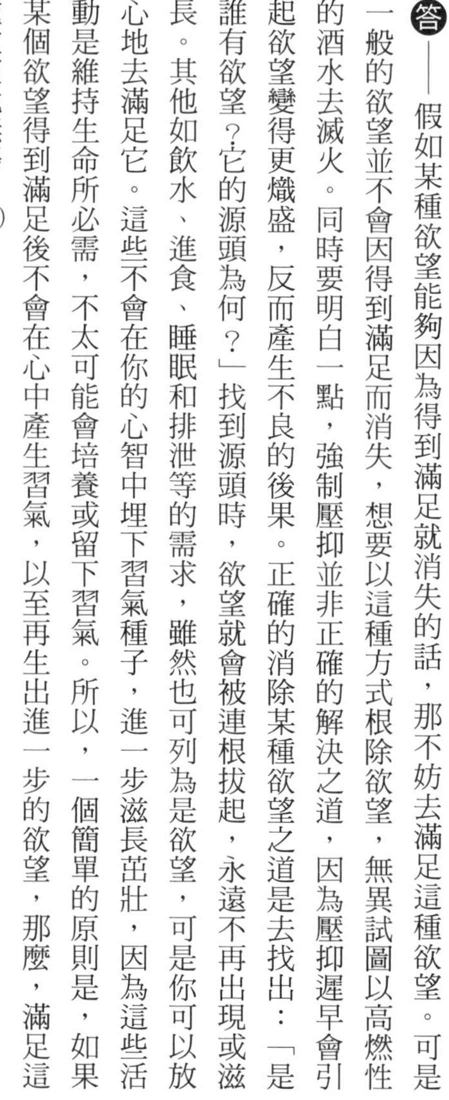

答——假如某種欲望能夠因為得到滿足就消失的話，那不妨去滿足這種欲望。可是一般的欲望並不會因得到滿足而消失，想要以這種方式根除欲望，無異試圖以高燃性的酒水去滅火。同時要明白一點，強制壓抑並非正確的解決之道，因為壓抑遲早會引起欲望變得更熾盛，反而產生不良的後果。正確的消除某種欲望之道是去找出：「是誰有欲望？它的源頭為何？」找到源頭時，欲望就會被連根拔起，永遠不再出現或滋長。其他如飲水、進食、睡眠和排泄等的需求，雖然也可列為是欲望，可是你可以放心地去滿足它。這些不會在你的心智中埋下習氣種子，進一步滋長茁壯，因為這些活動是維持生命所必需，不太可能會培養或留下習氣。所以，一個簡單的原則是，如果某個欲望得到滿足後不會在心中產生習氣，以至再生出進一步的欲望，那麼，滿足這種欲望就無傷。(18)

【第26問】修練冥想求證真我，是否有某些主觀的經驗可以表示求道者有所進步？

答——要度量進步，可以看看自己能否不起不該起的念頭，能否專注該專注的單一念頭，看能做主到何種程度。(19)

(18) 同注(3)，pp.169-70。
(19) 同注(2)，p.394。

第六部

理論

一切關於世界如何而有、宇宙之本質、物種進化、
神的旨意等等的爭論，都是無用之舉，
唯有嘗試找到「我是誰」才能得到快樂。
只要解決了「我」如何生起，便解決了「創世」的謎題。

第十七章　創世理論與世界的「真實」

拉馬納對於靈性的理論層面不感興趣。他所關心的是帶人進入真我的覺知，為了要達到這個目的，他一向堅持實修比窮理來得更重要。他會打消理論性的問題，不是沉默以對，就是要對方去找那個在問問題的「我」的源頭何在。偶爾他也會讓步，就哲學的種種理論層次給予詳細的說明，但是如果提問者追問個不停，或談話太偏向於談玄說理，他就會改變話題，把提問者的注意力帶到更實際的事情上。

這些哲學的對話大多是關於物理世界的本質和起源的問題，拉馬納對於這些問題的觀點與一般常識的看法完全不同是出了名的。他回答問題時，一向會依提問者所能理解的程度去適當地調整解答。即使如此，幾乎他所有的觀點都和常人所執著的物理現實概念大相徑庭。

拉馬納在說到物理世界的本質時，會採用三種不同的觀點。雖然他在不同的場合對三種觀點都表示贊同，可是從他一般對這個題目的談論中可清楚地看出，在下面所列出的三者中，他僅認為前兩種是真實的或有用的。

一、**無生論（梵ajata vada）**：

這是種古印度的學說，主張世界從未生起，這是對物理世界一切因果現象全面的否定。拉馬納支持這個觀點，他說智者體驗到一切均是無生無滅，因為所存在的唯有真我，真我是唯一不變的「真實」。時間、空間和因果等等，在一般創世理論裡都是無可或缺的構成要件。可是對無生論而言，必然的結論是這些僅存在於無智者的心智中，體驗到真我後，就會明白它們是不存在的。

這個理論並非否定世界的「真實」，而是否認它是由一種創造的過程而存在。拉馬納自己體驗到，智者知道世界是真實的，但並非由一堆交互作用的物質和能量組合而來，而是在真我之內無因顯現出來的。他進一步地說，既然這個所顯現的，其真實本性或底蘊是和那無始真我相同，它必然和真我是同一「真實」。這就是說，智者並不是因為世界顯現所以認為它是真實的，而是因為這所「顯現的」，在本質上和真我是不可分的。

換言之，無智者完全不知道世界的一元本質和其源頭，由於他的心智不斷地錯誤解讀從感官得來的印象，心智就造出了一個虛幻不實的世界，是由分離而交互作用中的個體組合而成。拉馬納指出，這種世界觀不比夢境更來得真實，因為它是把心智所造出來的幻相強加於真我的「真實」之上。他總結智者和無智者觀點不同之處，他說，如果視世界是由一群分離的個體組合而來，就是非真實的；若直接體驗到是真我內所顯現的，就是真實的。

二、俱生論（梵drishti-srishti vada）：

如果提問者認為「無生」（梵ajata）的觀念太難以理解，他會教他們，世界之所以會存在，那是因為和「我念」同時生起，若是沒有「我念」，世界也就不存在。這理論即稱為「俱生」（梵drishti-srishti）——同時生出，它是指無智者所認知到的世界其實是心智的產物，因為是心智在覺知它，所以若無心智，它也就不存在。這個理論的真實性，僅限於界定是心智為它自己造出一個虛幻的世界。然而，從真我的觀點而言，一個虛幻的「我」造出一個虛幻的世界，這根本不能算是真正的生起，所以，並不能推翻無生論的主張。雖然拉馬納有時會說俱生論對世界如何生起的解釋並不究竟，可是他還是會鼓勵追隨者接受它，當它是個有用的假說。他所持的道理是，如果真能夠貫徹這個觀點——世界是心智所造出來的幻相，它就會變得沒有吸引力，那麼，要保持「我念」的覺知就會變得比較容易。

三、漸生論（梵srishti-drishti vada）：

這是屬於常識的觀點，認為世界是客觀的「真實」，受制於因果[1]法則，所以，可回溯到有個單一生起的行為。這囊括了幾乎所有西方的觀念，從「大爆炸」（big bang）理論到《聖經》中的創世紀之說。拉馬納只有在碰到提問者不願意接受無生論或俱生論時，才會引用到這種性質的理論。雖然如此，通常他會指出對這種理論不必太當真，因為它們之所以能夠流傳，只不過是為了滿足心智的好奇心。

就字義而論，梵語「drishti-srishti」（見—生）的意義是指世界只有在被知覺到（見到）才存在；而「srishti-drishti」（生—見）的意義是指世界在被任何人覺知之前已經存在。雖然前者聽來似乎比較不合常理，拉馬納卻堅持認真的靈修者要接受它，原因是它比較近乎真理，還有一部分原因是，採取這個心態對於認真求悟真我的人最有益處。

[1]此處所說的「因果」是指物理的因果效應（causality），是種線性的A→B→C連鎖反應，而不是指業力因果。

(2)D. Mudaliar, *Day by Day with Bhagavan*, p.132.

(3)喬荼波陀（梵Gaudapada）是商羯羅大師上師的上師，是倡導無生論的先行者，為《蛙氏奧義書》（梵*Mandukyopanishad*）寫下一部權威釋論（梵karika）。

(4)偈頌（梵sloka）：出自梵文經典中的頌句。

(5)S. Madhavattirtha, 'Conversations with the Maharshi', *The Mountain Path*, 1980, vol.17, p.211.

(6)Muruganar, *Guru Vachaka Kovai*, w.85-6.

【第1問】世界是如何創造出來的？有的說法是運勢所定，有的說是神在嬉戲的傑作，真相究竟如何？

答——經典中有許多種說法，但是真的有「創世」這回事嗎？只有先假定世界是被創造出來的，我們才需要去解釋它是如何發生的。我們可能無法懂得所有這些理論，可是我們確實知道自己存在。為什麼不先去認識這個「我」，然後再看是否有「創世」。(2)

【第2問】在商羯羅大師的吠檀多哲學，為了初學者的緣故是承認創世原理的，可是為已入門者卻說世界是非創造的、無生的。您對這事的看法如何？

答——喬荼波陀（梵Gaudapada）(3)在他所著釋論（梵karika）中的第二篇，提到這首偈頌（梵sloka）(4)：「無滅亦無生，無縛者亦無修者，無解脫亦無解脫者。此為絕對真理。」安住於真我中之人，由於認識了「真實」，就能明白這個道理。(5)

【第3問】難道我們所見的這個世界的起因不是真我嗎？

答——是真我它自己顯現成這個有無數「名」和「相」的世界。可是，真我並非世界之所以會有成、住、壞的直接原因（梵nimitta karana）。不要問：「真我為何不知是它自己顯現成世界，為何它會起迷惑？」你應該問：「是誰在迷惑？」就會發現真我從來不曾有迷惑。(6)

【第4問】您似乎是在倡導不二論吠檀多中的無生論。

答——我不只是教導無生論，我贊同一切學派。為了要適應聽聞者的能力，同一個真理必須以不同的方式來表達。無生論說：「除了唯一的『真實』，沒有別的。無生死，無收放，無靈修者，無束縛，無解脫。所存在者，唯有『一』。」

有的人無法信受這個道理，會問：「我們怎麼能無視於自己周遭這實在的世界？」於是就以夢中經驗的例子為他們說道：「一切你所見到的，都要有個能見者。離開了這能見者，就沒有所見存在。」這即稱為「俱生論」，主張是心智造出一切，然後才見到心智自己所造出來的。

但有人連這點都不接受，就繼續爭論：「夢中經驗是短暫的，而世界總是存在的。我夢中的經驗只限於我才能覺知，可是世界卻不只有我能覺知、能見到，其他所有的人也都能覺知、能見到。我們怎麼能稱這個世界是不存在的？」若是有人要如此爭論，就可以給予他們「漸生論」，例如：「神先創造出如此如此事物，從這如此如此元素，然後才生出別的某某事物等等。」只有此種說法才可以讓這一類人信服，否則他們心中一定會追問下去：「這所有的地理、地圖、科學、星球，以及它們所運行的法則、所有的知識學問，難道都不是真的嗎？」對此類人而言，最好是說：「這是真的，神創造出這一切，所以你能見到。」

【第5問】但是這些理論怎麼可能同時是真的呢？應該只有一個理論能成立。

——所有這些理論只是為了適應學習者的能力。絕對的只有「一」。(7)

(7)同注(2)，p.149。
(8)M. Venkataramiah (comp.), *Talks with Sri Ramana Maharshi*, pp.612-13.
(9)同(8)，p.341。
(10)同(8)，p.354。

吠檀多哲學說宇宙是剎那間與能見者同一時間展現，並未經歷精密的創造過程，這稱為「剎那生」（梵yugapat-srishti）。它和夢境中所生起的情況非常類似，在夢中，能經驗者和所經驗到的對象同時冒現。在教導這個道理時，有些人無法信服，因為他們深信只有客觀知識為真實。他們試圖找出如何才會有剎那生起，他們主張，只要有後果，就一定有前因。總而言之，他們要的是對自己所見到周遭世界是如何而有的一個解釋。所以，就有經典為了滿足他們的好奇心，而提出「創世」的理論。這創世的方式被稱為「漸生論」。可是「剎那生」的道理就應該可以滿足真正的靈修者。(8)

【第6問】創世理論的目的何在？

答——正是為了引起這個問題，去參究這問題的答案，而終於安住於那至高的源頭（更應該說是一切元始）的真我中。這參究自然會化為尋求真我，一直尋求下去，直到所有「非真我」都被過濾掉，直到證悟了清淨、光明的真我。(9)

種種關於「創世」的理論都是向外延伸的，它們無有邊際，因為時間和空間都是無窮無盡的。不過，它們都是在心智之中。所以，當你明白「心智」是什麼，就能超越時空而證悟真我。

以科學、邏輯的方式來解釋「創世」是為了讓自己滿意。但是它有終嗎？這種解釋稱為「漸生」；而「俱生」是剎那生起，沒有能見者就沒有所見的對象。找到了能見者，一切都在他之內生起。為何要向外搜尋，不停地為那無止盡的現象找說法呢？(10)

【第7問】《吠陀》中的宇宙論有許多矛盾之處，有某處說創世之初，首先創造出來的是「空」，而另一處說是「氣」，另一處說是別的，也有說是「水」，諸如此類。這些說法該如何調和？這不會有損《吠陀》的可信度嗎？

答——不同的見道者在不同時間會見到真理不同的面向，每人所著重的觀點不同。你為何要擔心他們矛盾的說法？《吠陀》的主要目的是教導我們不滅真我的本質為何，為我們指出我們就是那個。

【第8問】我對那個部分已經滿意了。

答——那就視其他部分為輔助論點（梵artha vada），視之為種釋論，是為了無知而又要追問萬事萬物之起源者所做。(11)

【第9問】我是被創造出來的一個部分，所以就不是自主的。我要先變成自主才能解開「創世」的謎題。可是我請教尊者，能否為我解答？

答——是的，我說過：「要自主，自己解決這個謎題。這是你要自己負責的。」回過頭來還是要問你：「當你在問這個問題時，你在哪裡？你是在世界裡，或世界在你裡面？」你一定會承認，在睡眠時你無法察覺世界的存在，可是又不能否認自己的存在。及至你醒來，世界就出現了。所以，它在哪裡？很明顯地，世界就是你的念頭，

(11)同(8)，pp.36-7。
(12)同(8)，p.432。
(13)同(8)，p.41。

念頭是你投射出來的。先生出一個「我」，然後才有世界。世界是「我」所造出來的，而「我」又是由真我所生起。只要解決了「我」如何生起，便解決了「創世」的謎題。所以我說，先去尋找你的真我。

再說，世界會不會來問你：「為什麼有『我』？『我』是怎麼來的？」是你在問問題。提問者一定要先搞清楚世界和他本身的關係，一定要先承認世界是他自己想像出來的。誰在想像？他要找到那個「我」，然後找到真我。此外，所有科學、神學的解釋自身都不一致。這些理論上的歧異，就很清楚地表明追求這些解釋是無用的。這些解釋純粹是在心理的或智性的範疇中打轉，無法超越出去。可是，僅從個人的觀點來看，它們又全部都是真實的，在證悟的境地是沒有「創世」可言的。當你見到世界，你就見不到自己；當你見到真我，就看不見有世界。所以，去尋求見到真我且證悟它，就會明白並無「創世」這回事。(12)

【第10問】商羯羅大師有句名言：「梵為真實，世界為幻。」可是有人說：「世界為真實。」哪個才是真的？

答——兩個說法都對。它們表達的是不同階段的悟境，是從不同的觀點而說。求道者要先從定義下手，所謂「真實」就必須是永遠存在的，於是他就可以放棄世界，因為世界是恆在變動中的，就是非真實的。靈修者最終通達真我，在那個境地中一切都歸「一」。然後，先前斥為非真實的，此時發現也屬於那個「一」。世界既然是融入於「真實」，它也就是真實的。真我的證悟就是本來如此，除了本來如是，什麼都不存在。(13)

【第11問】尊者常說「幻即是真實」，這話怎麼說？

答——商羯羅大師對於「幻」的觀點因受到誤解，而遭來很多批評，他是說：

（一）「梵」是真實的；

（二）宇宙是非真實的；

（三）宇宙即是「梵」。

他並不是講到第二點就打住，因為第三點是解釋前面兩點。它所表達的是，若是視宇宙即是真我，則宇宙是真實的，而若視宇宙和真我是分離的，則宇宙就是非真實的。所以說，「幻」和真實是一如的。(14)

【第12問】所以，世界並不真的是「幻」？

答——自靈修者的觀點而言，你得說世界是「幻」的，別無他法。「梵」是真實的、永恆的、普在的，可是常人卻忘記了自己即是「梵」，他自欺地以為自己即是身體，以為自己是處於一個充滿無常之體所構成的世界裡，於是在這個幻境中孜孜不倦，所以你非得提點他世界是虛幻不實的。為什麼會如此？因為他的視野中已忘卻自己的真我，只存在外在的物質世界。除非你灌輸他「所有的外在物質世界都是非真實」的觀念，他是不會向內自省的。

但是，一旦他證悟真我，他就會明白除了真我之外，什麼都不存在，他就會視整個宇宙為「梵」。沒有真我，就不會有宇宙。如果人不能見到真我是一切的根源，

(14) S. Cohen, *Guru Ramana*, p.65.

(15) S. Nagamma, *Letters from Sri Ramanasramam*, p.94.

[16] 印度哲學常引用孔雀蛋來比喻世界的隱和顯，在蛋的階段，孔雀繽紛的羽毛顏色都隱藏於蛋中，待蛋孵化，羽毛的色澤才會顯現。

(17) 同注(6)，vv.49, 50, 51, 52, 57。

而只見到外在世界且執其為真實的、永恆的，你就必須告訴他這所有外在宇宙都是幻相，你不得不如此。以紙張為例，我們只見到經文，沒有人注意到經文所在的那張紙。無論有經文與否，紙張都是存在的。對於那些以為經文是真實的，你必須說它並非真實的，是幻相，因為它要靠紙張才存在。智者則會視紙張和經文為「一」，「梵」和宇宙也是如此。(15)

【第13問】所以，如果視世界為真我，它就是真實的，如果視世界為分離的「名」和「相」，它就不是真實的？

答——正如同火被煙所遮蔽，本識之光被聚積的「名」、「相」和世界所遮蔽。若是得到慈悲之神的加持，心智變得清澄，就會明白世界的本質並非如幻之相，而全是真實。

若是心智不被幻相的魔力所迷，也已經捨盡原本對世界的所知，對它一無留戀，因而成就對真我光明至上「真實」的真智，唯有如是之人才能正確了知「世界即是真實」這句話的意義。如果有人的觀點能轉化成真智的本質，則以空大等五大所構成的這個世界就是真實的，此即為無上的「真實」——「智」的本質。

這個空虛的世界令人眼花繚亂，充斥著許多「名」和「相」，其原始的狀態是妙樂，妙樂即是「一」。正如同孔雀的色彩繽紛，而孔雀的蛋黃[16]也只是「一」。你們要安住於真我境地，就會明白這個真理。(17)

【第14問】我不敢說自己明白這所有的道理。您是說，我們能看得見、摸得著，用許多方式感覺的到的這個世界有如夢境一般，是種幻相嗎？

答——假如你在追尋真理，而且所求的就只有真理，那你別無選擇，只能接受世界是非真實的。

【第15問】為何會如此？

答——道理很簡單，只要你無法捨棄「世界是真實的」之想法，你的心智就會一直去追逐它。雖然說存在的都是真實的，可是如果你把那表象當作是真實的，你就永遠不會認識真實的本身。這可以用「繩中之蛇」的譬喻來說明。你可能誤把一段繩索當作一條蛇，當你把繩索想像成蛇，就無法把繩子看成繩子。那不存在的蛇對你而言是真實的，而在這情形之下，真實的繩索似乎根本不存在。

【第16問】暫時接受「世界終究不是真實的」這觀點並不難，可是要確信「世界真的是不真實的」就很困難。

答——同樣的道理，當你在做夢時，夢中的世界在夢時是真實的。只要夢境猶存，你在其中所見到、所感覺到的都是真實的。

【第17問】那麼，世界不見得比夢境好？

答——你在夢境中所體驗到的真實感有什麼不好？也許你夢到的是件不可能的事，例如和某位已亡故的朋友一起歡談。你在夢中可能剎那間會有所懷疑，對自己說：「他不是過世了嗎？」可是你的心智還是有辦法與夢境調和。所以，在夢中那人和活著無異。換言之，夢固然是夢，但是當時不容你懷疑它的真實性。在清醒時的情況也是如此，因為你無法懷疑清醒時所見世界的真實性。這就是比較清醒時和夢中世界的意義所在。兩者都是心智所造出來的，只要心智還沉迷於其中之一，它就無法否認它們的真實性。它在夢中時無法否認夢境世界的真實性，它在清醒時無法否認清醒時世界的真實性。如果能反過來，你把心智從世界完全抽回來，把它轉向內，留在裡面，也就是說你能對那所有經驗底蘊的真我一直保持醒覺，你就會發現自己此刻所覺知到的世界，就如同你在夢中所生活的世界都是同樣地不真實。

【第18問】我們可以用視覺、觸覺等不同的方式來感覺世界，這種種感覺是由於所見到、所觸摸到的對象所引起的。這可不是像夢境是由心智造成的，在夢中的情景不僅會依人而有所不同，乃至於同一個人也會有不同。這還不夠證明世界是客觀的真實嗎？

答——這一切關於夢境世界是如何不一致的講法都在此刻提出來的，是你清醒時的事。當你在做夢時，夢境可是非常一致的整體。這就是說，如果你在夢中覺得口渴，就會有個幻境的喝水舉動，由幻境的水來解你幻境的渴。可是只要你不知道夢境本身是個幻境，這一切對你而言就都是真實的，不是幻境。清醒時的世界也是如此，你此刻感官所感覺到的是協調一致的，所以，你印象中的這個世界是真實的。

假如反過來看，世界是真實的，本自存在的（很明顯這就是你所謂的客觀存在），那麼，有什麼能夠阻止它在你沉睡時顯現？你不會否認即使在沉睡時你仍然存在。

(18) T. N. Venkataraman (pub.), *Maharshi's Gospel*, pp.63-7.

【第19問】我也不否認我在沉睡時世界是存在的，它從來都是存在的。如果我在沉睡時見不到它，未睡著的旁人可是見到它的。

答——你說在睡眠中的你是存在的，這需要旁人來做證，為你證明嗎？你現在為什麼要求證於旁人？能證實你在睡眠時世界仍然存在的那些旁人，只能在你自己清醒時才能告訴你。你自己的存在就不同了，你清醒時說自己睡了一個好覺，在這個程度內可以說你知道自己當時睡得很沉，可是你那時對於世界的存在是一無所知的。此刻你清醒著，究竟是世界在說「我是真實的」，或是你在說？

【第20問】當然是我說的，可是我說的是世界的實際情況。

答——好，那麼，你說是真實的那個世界，對你就是種嘲弄。你想要證明它是真實的，可是你對自己那個「真實」卻一無所知。你用盡辦法堅持世界是真實的。「真實」的標準為何？能自己存在，能靠自己顯示自己，是永恆的，是不變易的，唯有滿足這些條件才能算是「真實」。

世界能自己存在嗎？如果沒有心智的作用能看見它嗎？沉睡時，心智和世界都不見了，及至清醒，有了心智就有了世界。這種固定的相隨現象代表什麼？你應該很熟悉舉世公認邏輯中的歸納法，它是一切科學研究的基礎所在。對於世界真實性這個問題，你為什麼就不用公認的邏輯法則來判斷？

說你自己，你可以說「我存在」。這就是說，你的存在不單是存在而已，這存在是你能意識到的，這存在其實就等同於本識。

【第21問】世界可能不會意識到它自己，可是這無損於它的存在。

答——本識就永遠會意識到自己。假如說你意識到任何事物，你其實是意識到自己，所謂「無自我意識的存在」這種說法是自我矛盾的。這根本不是存在，只不過是被認為的存在。真正的「存在」不是被認為的，它是本質，它就是「真實」。所以，「真實」也就是「存在—本識」的複合，永遠不會只有其中之一而無另一個。世界既不能自己存在，也不能意識到自己存在。你怎麼能說這樣一個世界是真實的呢？

再說，世界的本質是什麼？它永遠在變動中，是相續無間、無止境的變動不居狀態。凡是無法自主、無法意識到自我、恆常變動的，這樣的世界就不能算是真實的。(18)

【第22問】世界中的「名」和「相」是真實的嗎？

答——它們和那底蘊是不可分的。當你去找「名」和「相」時，你就只會找到「真實」。因此，你應該要知的，是知一切時都是真實的那個。

【第23問】為什麼清醒時的境界看來如此真實？

答——我們看到銀幕上顯示出甚多的影像，但它們都不是真實的。除了銀幕，沒有任何一個是真實的。清醒時的境界也是如此，除了底蘊，別無其他。世界之「智」是知世界者之「智」。在睡眠中，兩者（世界、知世界者）皆離去。

【第24問】為什麼我們在世界中所見是如此地永久和恆常？

答——這是因為見地錯誤。若有人說他在同一條河中洗了兩次澡，他就錯了，因為當他第二次洗澡時，河流已經不是他第一次在其中洗澡的那同一條河了。有人看了燭焰第二眼，他說看見的是同一個火焰，可是這火焰無時無刻不在變化中。清醒時境界正是如此。靜止的外觀是種錯覺。

【第25問】錯在哪裡？

答——知者（梵pramata）。

【第26問】知者是怎麼來的？

答——就是由於錯覺而來。其實知者及其錯覺是同時出現的，一旦了知真我，兩者就會同時消失。

[19] 有「知」的事實，就有能知之人（知者）和所知的對象，這三者是所有作為中必然有的，這是印度哲學中常見的用法，據說梵文的文法結構也能表達這個意思。

(20) S. Madhavattirtha, 'Conversations with the Bhagavan', *The Mountain Path*, 1981, vol.18, pp.154-5。

[21] 這個意思應該是說初始覺得有「我」的一念，有「我」是因為這個「我」能和其他一切（非我）有所區別才能成立。

【第27問】知者及其錯覺是從哪裡來的？

——是誰在問這問題？

【第28問】是我。

答——去找到那個「我」，你所有的疑問就都會得到解決。就如在夢中，虛妄的知、知者、所知的對象[19]會生起，在清醒的狀態所經歷的也是同樣的過程。能夠知在這兩個狀態中的「我」，你就能知一切，也無所不知。在沉睡時，知者、知、所知對象都缺席。同樣地，在親驗到真實的「我」時，它們也都不存在。在清醒的狀態，無論你見到發生什麼，都只是對於知者才發生，既然連知者本身都不真實，所以，事實上根本什麼都沒發生過。(20)

【第29問】那個能引起有「我」的感覺以及對世界有知的光，是無明或本識？

答——讓那個「我」認為自己和其他有所區別的，[21]不過是從本識的光明反映出來的。這個本識之光的反映也讓那個「我」造出對象，可是要有反映就非得有個表面，才能在其上有所反映。

【第30問】那個「表面」是何物？

答——一旦證悟真我，你會發現反映、能反映的表面其實都不存在，可是它們兩者和本識是一如的。有世界就需要有能讓世界存在的場所，也需要有光明讓世界能被感知，存在和感知是同時生起的。所以，物質的存在以及對它的感知都要靠心智之光，也就是真我所反映出來的光明。[22]如同電影的影像是光的反映所形成，而且只有在黑暗中才能看見，要感知世界的影像，就只有靠真我之光在無明的黑暗中反映而來。在完全漆黑的無明中，例如沉睡時，是見不到世界的。在完全光明的真我中，例如證悟真我或在三摩地時，也見不到世界。(23)

[22] 此處意謂「心」即是那反映真我光明的「表面」，而才有心光，才生出山河大地。此地的心是廣義之心，不單是能思想、能記憶、能感覺的心。若是依據數論派瑜伽和吠檀多的說法，能反映的「表面」是廣義心之中最頂層的「覺」（梵buddhi）。

(23) 同注(14)，pp.56-7。

第十八章　轉世

大多數的宗教都建構了一套精密的理論，據此來解釋在肉體死亡之後個體靈魂的遭遇。有些主張靈魂會上天堂或下地獄，有些主張靈魂會轉世進入一個新的身體。

根據拉馬納的教導，這些理論所根據的前提是個己的自我或靈魂是真實存在的，可是這個假設是錯誤的。一旦看破了這個幻相，所有關於死後理論的頂層結構就會坍塌。從真我的觀點而論，沒有生或死、天堂或地獄，也沒有轉世。

若是有人對於這個真理所昭示的意涵無法接受的話，拉馬納有時會承認轉世的存在。在回答這些人時，他會說如果有人把個己的自我想像成是真實的，那麼，這個想像的自我在人死後就會仍然存在，終究會去認一個新的身體，認一個新的人生。他說，這整個過程之所以不斷，都是因為心智把身體認作它自己的習氣所致。一旦超越了這種束縛性的心智幻相，不再將身體認作自己，所有關於死亡和轉世的理論就都用不上了。

【第1問】「轉世」真有其事嗎？

答——有「轉世」這回事就是因為還有無明。其實根本沒有轉世，現在沒有，以前也沒有，死後也不會有，這是真理。

【第2問】瑜伽士能知道自己的前世嗎？

答——你想要知道前世，可是你知道這一世是怎麼回事嗎？先找到現在的，其他都會跟著來。我們目前所知有限的情形下，你都已經受夠了苦，為何還要求更多的「知」來加重自己的負擔？是嫌苦受得還不夠嗎？(1)

由真我廣袤的空間看來，會幻想在此虛妄世界的掠影中出世，就是因為無知自大妄認身體為「我」的結果。心智中不復記憶真我之人，他們已受生者將會死亡，已死亡者將會再生。須知，若是心智已死之人，既已認識到光輝的無上「真實」，就只會留於「真實」的昇華境地，永斷生死。忘記真我，妄以此身為真我，歷經無數受生而後終於知曉真我以及成為真我，就猶如剛自周遊環宇之夢中醒來。(2)

【第3問】人死後要經過多久才會再生？是死後立即發生，還是會過了若干時間後才會發生？

答——你連自己生前是什麼都不知道，可是卻想知道死會成為什麼。你知道你現在是什麼嗎？

(1) T. N. Venkataraman (pub.), *Maharshi's Gospel*, p.41.
(2) Muruganar, *Guru Vachaka Kovai*, vv.874, 1122, Bhagavan 9.
(3) M. Venkataramiah (comp.), *Talks with Sri Ramana Maharshi*, p.235.
(4) 同注(3)，p.13。

有出生、再生的是身體，你把身體認作真我，這是妄執。你相信已受生的身體會死亡，把這個身體現象和真我混為一談。去認識你的真實本然狀態，這些問題就不會發生。

所以會提到出生和再生，只是為了要你去研究這個問題，而發現到既沒有出生，也沒有再生。它們只跟身體有關，和真我無關。去了知真我，不要被疑問所混淆。(3)

【第4問】人這一世的作為，不是會影響到下一世嗎？

答——你現在是已受生的嗎？為什麼去想來生？事實上，生和死都是沒有的事。讓那認為有受生的人去想死亡好了，由他去找安慰之道。(4)

【第5問】人死之後會有何遭遇？

答——你應該全神貫注於活著的當下，未來它自會有安排，別去擔心未來。經典裡會描述創世之前的狀態以及創世的過程，都是為了讓你認識到當下此刻。因為你說你是生出來的，所以它們說「是的」，然後補充說「神創造了你」。

但是，你在睡眠中有見到神或任何事物嗎？如果真有神，為什麼不在你睡眠中也光照現前？你永遠如是，現在醒著的你和睡眠時的你是同一個，你和睡眠中的那個並無不同。但是，兩個狀態中的感覺或經驗為什麼就該不同？

在睡眠時，你是否會問及自己如何出生？你睡眠時是否會問：「我死後會去哪裡？」為什麼在清醒時就要問這些問題？讓那些要受生的去想出生和補救之道，去想

它的生因和最終的結局好了。(5)

【第6問】在死後，個體的靈魂會如何？

答——這個問題由現在還活著的個體靈魂來問並不合適，死去的個體靈魂如果想問，就可以問我。現在，讓這有身體的個體靈魂去解決它此刻的問題，去找他是誰。然後，這種疑問就不會有了。(6)

【第7問】佛教徒否認有個會連續存在的個體，這種對個體靈魂的觀點是否正確？這和印度傳統觀念有個會轉世的自我是否一致？靈魂是否如印度傳統理論所言，是個會一再轉世而連續存在的個體，或者它不過是個種種習氣的集合體？

答——真我是連續而不受任何影響的。在轉世的自我是屬於心念這個較低的層面。證悟真我就會超越此層面。

「轉世」之說是來自妄說的流派，所以佛教徒予以否認。目前這個無明狀態是由於將無情的（梵jada）身體誤認為本識。(7)

【第8問】我們不是能靠自己的作為而去到天界嗎？

答——這個和你此刻的存在同樣真確。但是，如果我們能參究「我是誰」而發現真

(5)同注(3)，pp.191-2。
(6)同注(3)，p.55。
(7)同注(3)，p.121。
(8)同注(3)，p.40。

我，又何必去想天界？

【第9問】我是否該試圖跳出再生？

答——是。去找出是誰在受生，現在誰在為存在而煩惱。當你睡眠時，你是否會去想再生，乃至想到此生？所以，找出此生的煩惱是從何生起，找到時，你就找到了解答。你會發現沒有「出生」這回事，也沒有此生的煩惱和不樂。真我即一切，一切皆妙樂。即使此時的我們都不會有再生，那何必為它的苦痛而發愁？(8)

【第10問】有再生嗎？

答——你知道什麼是「生」？

【第11問】啊！當然，我知道我現在存在，但是我想知道自己將來是否存在。

答——過去！……現在！……未來！……

【第12問】是的，今天是已經成為過去的昨天的果，而未來的明天會是現在今天的果。我說得對嗎？

——沒有過去和未來，有的就只有現在。昨天是你當時所經驗到的現在，明天是

你將要經驗到的現在。因此，經驗只在現在發生，離開經驗，別的一切都不存在。

【第13問】那麼，過去和未來都只是想像出來的嗎？

答——是的，即使現在也只是種想像，因為對時間的感覺完全是由心生，空間也是如此。出生、再生要在時間和空間裡才會發生，它們如果不是想像出來的，那麼又會是什麼。(9)

【第14問】渴求於生命、再生，這種貪愛（梵tanha）的生因為何？

答——真正的再生，是自我死去，再生於靈魂，這是耶穌被釘上十字架的意義所在。只要對身體還有執著，就總是會再得到身體，不是這個就是另一個，直到身見消失，融入於源頭的靈魂——真我——為止。向上拋擲出去的石頭會一直保持在動態中，直到它落回到源頭的大地並定在地面為止。頭痛會一直折磨人，直到回復頭痛之前的狀態才停止。

對生命的渴求是生命所固有的本質，也即是絕對的存在。雖然本識的本質是不滅的，可是由於錯誤地把它那有生滅的身體工具認作是自己，它就被植入一股虛妄的恐懼感，認為自己會毀滅。因為那錯認妄執，它就企圖讓身體能夠永續，結果就是不停地出生。可是無論這些身體能持續多久，它們終歸要來到盡頭，屈服於那唯一能恆久存在的真我。

(9) S. Cohen, *Guru Ramana*, p.44.

(10) 布拉瓦茨基（H. P. Blavatsky）女士是俄國神祕主義者，為著名「神智學」（Theosophy）之創立者。

(11) 同注(9)，pp.41-2。

[12] 迦達．波羅多（梵Jada Bharata）是印度上古史中傳說波羅多王朝的一位明君，據說他年老退位隱居於林中刻苦修行，一日見一隻母鹿喪命時生下鹿犢，遂將鹿犢帶回飼養，日日伴之。因對鹿生起不捨之情見，來世竟然投胎為鹿身，但幸而不迷，所以以鹿身繼續修行。再次轉世時重生為人，並且成就為聖人之列。

(13) 同注(3)，p.164。

【第15問】是的，正如同布拉瓦茨基（H. P. Blavatsky）(10)女士在《寂靜之聲》（*the Voice of Silence*）中所言：「汝必捨棄生命方可獲生。」

答——要捨棄的是那錯認的妄執。記住，身體沒有真我就不會存在，而真我沒有身體照樣可以存在。事實上，真我向來是沒有身體的。

【第16問】我有位朋友最近心中起了個疑問，她聽說人類有可能在來世投胎成為動物，而她從布拉瓦茨基女士的「神智學」（Theosophy）那裡所學到的理論剛好相反。

答——讓那些要去受生的人擔心這個問題好了。你先去找究竟是誰受生，以及出生和死亡是否真有其事。你就會發現，出生和自我息息相關，而自我即是心智的幻相。(11)

【第17問】人是否有可能來世再生為低等的動物？

答——是有可能的，迦達．波羅多（梵Jada Bharata）[12]就是一個例證，經典中的軼聞說這位帝王聖人再生為一隻鹿。

【第18問】若再生為動物身是否能繼續心靈修行？

答——不是不可能，雖然這情形是極度罕有的。(13)所謂「轉世為人」是最高等的受

生，以及只有得人身才有可能得證悟，這種說法是不正確的。縱然是動物也可以證悟真我。(14)

【第19問】根據「神智學」的說法，死亡與再生之間會有五十年乃至一萬年的間隔。為何如此？

答——本識境地不同，度量的尺度也就不同。[15]你所講的這些時間長度都是假設的。的確，也許有些個人需要比較長的時間，有些則否。但是有一點必須確實了解，那就是靈魂不會有來去，只是因為個人在思惟的心智，才使得靈魂似乎有來去。

心智不論在哪個層面起作用，它都會為自己創造一個身體，在物質世界就有個物質身，在夢中世界就有個夢身。所以，夢中下雨，夢身會弄濕，夢到疾病，夢身就生病。物質的肉身死亡之後，心智會有一段期間保持在不活動的狀態，如同在沉睡無夢時它就保持在世界消失的狀態中，所以就沒有身體。但是它很快又會在另一個世界和開始活動，也造出一個新的身體——星體身（astral）[16]，直到進入所謂的「再生」又盤踞另一個身體為止。但是對於已經證悟真我的智者而言，他的心智已經不起作用，就不會受到死亡所影響。智者的心智已經不存在，它已經脫落，不會再冒出來引起出生和死亡。對他而言，幻相的鎖鏈已經永遠截斷。

現在你應該很清楚，出生和死亡都不是真實的。它們完全是心智所造作、維持之「真實」的幻相，而這過程會持續下去直到證悟真我，心智因而滅盡為止。(17)

(14) *D. Mudaliar, Day by Day with Bhagavan*, p.263.

[15] 人世間與非人世間是屬於不同的本識境，無法將某一識境地的度量尺度用於另一個識境。即使同在人世的識境中，度量標準也會有所不同，例如醒時與夢時對時間的感覺就有極大不同。

[16] 星體身（astral）：英文譯者在此處使用「astral」（並非「細微身」），但並未解釋何謂「星體身」，以及與細微身乃至佛教所謂的中陰身有何區別。

(17) 同注(9)，p.40。

(18) 同注(1)，p.27。

【第20問】難道死亡不會消融人的個體性，以致人不會再生，就如河流流入海洋因而喪失河流的個體性嗎？

答——但是當海水蒸發，回頭成為雨水降落在山上，它們又會形成河流而落入海中。所以，就如同個人在沉睡時會失去他們的分別性，醒來又恢復各自原本的習性，死後所發生的情形也是如此，每個人的個體性和習氣是不會失去的。

【第21問】為什麼會如此呢？

答——你看樹枝被斬斷之後還會長回來，只要樹根不壞死就會繼續生長。同理，在死亡時習氣只是沉入本心，並未因死亡而滅失，時機到了就會引起再生。個體的靈魂就是如此再生的。

【第22問】個體的靈魂有無窮多，它們又會造出寬廣的宇宙，這一切怎麼可能是從那沉入本心的微細習氣所湧現呢？

答——如同巨大的榕樹是由一粒微小的種子所生，個體的靈魂以及全體宇宙的「名」、「相」都是從微細的習氣所湧現。(18)

【第23問】個體的靈魂是如何從一個身體轉移到另一個？

——人在臨終時，呼吸會變得沉重，那表示他對這個將死的身體已經漸漸失去意識。此時心智會立即抓住另一個身體[19]，然後就在這兩個身體之間來來去去，直到那股執著完全轉移到新的身體為止。此時偶爾會出現狂亂的呼吸，那表示心智又回到將死的身體。在這移轉時期的心智狀態有點像是夢境一般。(20)

【第24問】從死亡到轉世之間有多少時間？

答——它可長可短。但是智者不會進入任何這種轉換，他會融入那宇宙的本然狀態中。

有人說死後走入由光所形成的道途就不會再生，而死後走上黑暗道途就會以細微身去受業力所引來的果報，然後才會再生。

還有的說法是，如果所造的善業和惡業相等，此人就會立即再生為人。若善業大過惡業，細微身會到天界，然後再生於人世。惡業大過善業者，就會到地獄之後才能再生為人。

據說瑜伽道上的失足者（梵yogabrashta）的遭遇也同常人一樣。這一切在經典中都有描述。但其實無生也無死，每個人只會保持自己的本然狀態，這才是唯一的真理。(21)

【第25問】我被這給弄糊塗了！難道出生、再生終究都是子虛烏有的？

答——如果有出生，就一定不會只有一次再生，而是會有一次又一次的出生繼之而起。你為什麼會有、如何而有這一次的出生？那是由於以同樣的原因、同樣的方式，你一定還會繼續出生。但是如果你追問：「是誰在受生？」「我是否有生死？」「除

[19] 此處「另一個身體」應該不是指另一個肉身，而是前面所說的星體身，參見第十九問。

(20) 'Who', *Maha Yoga*, p.196.

(21) 同注(3)，p.531。

(22) 同注(14)，p.221。

(23) 同注(3)，p.602。

了我之外的他人是否有生死？」那你就會悟到真理。那真理能燒盡一切業力，讓你不再出生。經典中非常生動地描述那多生累世所積聚的業力，本來是要用到無數世人生才能耗盡，卻可以被一粒小如星火的「智」所燒盡，就像堆積如山的火藥，只要一粒星火就能全部炸光。自我是整個世界的起因，它也是那數之不盡的世間學問和所有令人歎為觀止學術研究的起因，可是只要能以「參究」的方式化解自我，這一切都會即時坍塌，所留存下來的只有「真實」或真我。(22)

【第26問】您的意思是我從未出生？

答——是的，你現在的想法是你就是這個身體，就把你自己和那個有生死的身體給混淆了。但你不是這個身體，也沒有生死。

【第27問】所以，您並不支持「再生」的理論？

答——不是。可是另一方面我也想破除你認為自己會再生的迷惑，是你認為自己會再生。

去看這個問題是為誰而生起，除非找到那個提問者，否則這種問題就永遠不會有最終的解答。(23)

第十九章　神的本質

乍看之下，拉馬納關於「神」的說法似乎充滿了矛盾，在某個場合他可能會說神向來無所作為，另一個場合又會說若非神的意旨什麼都不可能。他有時說神只不過是心智中的一個想法，而換個時間他就說神是唯一存在的「真實」。

這些彼此矛盾的說法大致是反映出提問者理解程度的不同。對於崇拜人格神的人，他就會給予擬人化的解釋，會告訴他們神創造出世界，是神力在支撐世界，神會照顧到世界上所有眾生的所需，任何事件之成立均不能違反神的意旨。另一方面，對於不接受這種理論之人，就會告訴他們說一切關於神以及神力的觀念都是人的心智所造出來的，而這只會妨礙每個人去真正體驗人自己內在本有的神。

若是根據他最高層次的教導，則我們由於證悟真我後所發現內在本有的「真實」，和神、真我都是同義詞。因此，證悟真我就是證悟神，這不是說經驗到神，而是了解到自己就是神。從這個最終層次的意義來說，拉馬納對於「神」的說法可用以下的方式來概述：

一、神是本有普在的，是無形相的；他是清淨的本然狀態，是清淨本識。

二、世間相是依神力而有，於神中顯現，但他不是世間之創造者。神一向無所作為，他只是「如是」，他無意志也無欲求。

三、個體性是種幻相，是以為我們和神不同。清除幻相以後，所存留的唯有神。

在較低的層次，他會說有伊濕瓦若，這是印度對最至上人格神的稱呼方式。他說只要人妄想自己是個獨立的個體，則伊濕瓦若就是真實存在之個人。當人之個體性尚存，就有神來統領宇宙的運作。若人之個體性不存，就沒有伊濕瓦若。

除了伊濕瓦若，印度教中還有諸多天人，和古斯堪地那維亞（Norse）、古希臘文明中的天神和惡魔傳說相似。這些神祇是印度教傳統中最重要的特色，他們的真實性到今天還被民眾所廣為接受。拉馬納說這些天神不比信他們的人們更為真實，他這番言論讓很多人大吃一驚。他承認，天神若是能夠證悟，就會和伊濕瓦若命運與共，但是在此以前，他似乎認為天神不過是宇宙統治階級中的高官，職司管理世界所有的事務。

【第1問】神被描述成有顯現的和隱藏的。在顯現時，整個世界都包容在他之內，成為他的一部分。如果這是真的，我們便是那個世界的一部分，就應該很容易在他所顯現的相中認出他。

答——先認識你自己，再去尋思神和世界的本質是什麼。

【第2問】認識我自己是否也意味著認識神？

答——是的，神在你之中。

【第3問】那麼，是什麼阻止我去認識我自己或神？

答——是你心智不定，行為不正。

【第4問】神有人稱嗎？

答——有的，他永遠是第一人稱，那個「我」永遠站在你面前。因為你以世俗事物為重，神就似乎隱退於背景中。如果你將其他一切都放下，就只尋求他，剩下來的當然就只有他，那就是「我」，就是真我。(1)

【第5問】神和真我是分開的嗎？

(1) T. N. Venkataraman (pub.), *Maharshi's Gospel*, pp.55-8.

(2) M. Venkataramiah (comp.), *Talks with Sri Ramana Maharshi*, p.333.

(3) Muruganar, *Guru Vachaka Kovai*, v.867.

[4] 睡眠主宰(Lord of Sleep)：《薄迦梵歌》為神之化身克里希那對王子阿周那的教導。此頌中之「我」是克里希那自稱，「睡眠主宰」是阿周那的許多別名之一，是讚許他能做得了睡眠的主。全頌所傳達的意旨是神在眾生心中，而一切有形生命之生、住、滅都和神不相離。

答——真我就是神，「我是」就是神。你會問這個問題，那是因為你抓住自己的自我不放。如果你抓住了真我，就不會有這問題，因為真我是不會、也不能提出任何問題的。假如神和真我是分開的話，他不就成了沒有真我的神，這豈不荒謬。(2)神似乎不存在，可是卻是唯一真實的存在，而個人似乎存在，卻從未存在。聖人說入到那個境地因而知道自己是「空」（梵sunya），唯有這一「知」才是光輝而至上的「智」。(3)

你現在以為你是一個個人，還有個宇宙，而神在太空之外，就生起分離的概念。這概念一定要去除。神跟你和太空都是分不開的。《薄迦梵歌》說：

> 噢！睡眠主宰（Lord of Sleep）[4]，我即是真我，
> 安坐一切眾生心中。
> 所有有形生命之生與住，
> 連滅皆是我。——《薄迦梵歌》第十篇．第二十頌

神不只在眾生心中而已，他支撐一切，是一切之源頭，是他們的安住處，是他們的歸宿。一切都是從他所出，又住於他身中，最終消融於他。因此，他不是分離的。

【第6問】《薄迦梵歌》中有句話：「這整個宇宙形成為我裡面的一個顆粒。」該如何理解？

答——這可不是說神身中有和他分離的一個微小顆粒，而這個顆粒形成為宇宙。這是靈力在起作用，宇宙現形是這作用的其中一個階段所產生的。又如《原人歌》說：

「一切眾生形成了他的一足。」這並不表示「梵」有好幾個部分。

【第7問】這個我懂，「梵」當然是不可分的。

答——所以，「梵」其實即是全部，向來是不可分的。它一直是證悟的，可是人並未覺知這個，這個道理一定要懂。「梵」即是真我，這就是永恆的真理，所謂的「智」，就是去知道這個，去排除阻止這個真理彰顯的障礙。種種的障礙集聚，就形成了你認為自己是個分離之個人的觀念。(5)

【第8問】神和真我是同一個嗎？

答——每個人都認識真我，不過不夠清晰。你永遠是存在的，這個「是」（be-ing）就是真我。「我是」是神的名字。在所有對於「神」的定義中，講得最好的無過於《聖經》第三章〈出埃及記〉中的那句名言：「我是自有永有的。」還有別的名句，例如「梵即是我」（梵Brahmaivaham），「我即是梵」，「我即是他」。可是都沒有「耶和華」（Jehovah）這名字來得直接，它的意思就是「我是」。絕對的存在狀態就是「如是」，它就是真我，它就是神。認識了真我，就可以認出神。事實上，神無非就是真我。(6)

【第9問】我們似乎用許多名字來稱呼神，有哪個是名符其實的？

(5)同注(2)，pp.610-11。
(6)同注(2)，p.102。
(7)同注(3)，w.714-16。
(8)同注(3)，w.105-9。
(9)塵世（梵samsara）：即所有被創造出來以及顯現出來的具體有形者。

答——無名之神住在本心中，他有上千個名稱，但是沒有任何一個名稱能比「我」、「我是」更來得如實、平易、美妙。當自我終於被摧毀之際，所有已知的神的名稱中，只有「我—我」的神名，在面向真我之人的本心空間中，以「無上靜默之言」（梵mouna-para-vak）的形式生起。若有人能不間斷地冥想「我—我」之名，專注於「我」的感覺，其人將可躍入心念生起的源頭，一舉摧毀那與身體連接的自我之胎（embryo）。(7)

【第10問】神和世界有何關係？他是創世者或護世者？

答——一切各類有情、無情眾生之所做所為單靠日照而有，太陽會升空並非它有意為之。同理，神之一切作為也並非出於他的意志或欲望而有。就因為有日照在，放大鏡能燃火，蓮花苞能綻放，荷花會收合，無數生物能作息。

就因為有神在，無數世界因而能夠有序，如因有磁石在，針會移動；如因有月亮在，月精石才會出水，荷花才會綻放，蓮花才會收合。

神縱然完全沒有絲毫作意，但是就因為有神在，原本受各自業力所牽引走上各種路途的芸芸眾生，最終了悟到一切作為都是徒勞而已，因此能夠趨向真我而獲得解脫。

眾生之作為當然不會影響到神，因為神超越心智，正如世界的運作不會影響到太陽，也如同四大元素（地、水、火、風）的性質無從影響無邊的虛空。

【第11問】塵世（梵samsara）(9)為何滿布苦痛和邪惡？

——這是神意。

【第12問】為何神意如此？

答——這實在深不可知。那股力量不帶任何動機，那無窮、全智、全能的本然狀態，它毋庸訴諸於有所欲求或有所得之目的。一切作為皆是因為有神而有，然而神不受觸及，試比較太陽和世界之運作就知。那個「一」尚未成為「多」，要把責任、動機歸咎於它是無意義的。(10)

【第13問】是否所有事都是由於神意而發生？

答——任何人所做任何事都不可能違背神意，唯有神，萬事才有可能。因此，放下一切因邪曲、缺失和妄心所起的煩惱，就靜靜待在神的跟前才是最好的。(11)

【第14問】是否有一個單獨的伊濕瓦若來獎善罰惡？神是否存在？

——是的。

【第15問】他像是什麼樣的？

答——伊濕瓦若的身心中有其個體性，這些都是會滅失的，但他同時也有超越的本識和內在的解脫。

伊濕瓦若是人格神，是宇宙之至尊創造者，他真的存在。但是，這所謂的「真」

(10) 同注(2)，pp.31-2。
(11) 同注(3)，v.1191。
(12) P. Brunton, *Conscious Immortality*, pp.7, 8, 10.
(13) 同注(2)，p.268。
(14) 同注(12)，pp.180-1。

是相對的，僅是從「相信個體的靈魂是真實者」的那些尚未證悟真理者的觀點看來是如此。自聖人的絕對觀點而言，是不會接受除了那唯一、無形相、非擬人的真我之外，還會有任何其他的存在。

伊濕瓦若有身體、「名」和「相」，但不是粗糙如我們這物質身體，它可以被見到，而所見到之相是虔愛者的心智所造出的。神的「名」和「相」隨宗教之別而有種種不同，他的本質與我們的相同，就是那唯一、無形的真我。因此，他所示現的相只是造出來的或只是顯現。

伊濕瓦若是每個人內在本有的，也是宇宙萬物本有的，萬物、眾生聚合為一體構成了神。有股力量，由其中取出一小分，形成了所有宇宙，所剩餘的則是在潛藏中。這股潛藏中的力量，加上那已顯現出來成為物質世界的力量，合一構成了伊濕瓦若。(12)

【第16問】所以，究竟而言，伊濕瓦若也不是真實的？

——伊濕瓦若之存在是來自於我們對伊濕瓦若的想像。我們要先知道他來自誰的想像，想像之形成必須先要有個在想像的人。找到你是誰，其他的問題都會自已得到解答。(13)

伊濕瓦若、神、創世者、人格神都是不實的「相」，我們最後還是要捨棄。只有絕對的存在狀態是真實的，所以，不僅世界、自我不真實，連人格神都是不真實的。我們一定要找到那絕對的，除此都不是。(14)

【第17問】您說即使是至上的神也仍然是種概念，這意思是指沒有神嗎？

——不，有伊濕瓦若。(15)

【第18問】他在什麼地方，或有什麼形相？

答——只要個人有個形相，那麼，其源頭的真我、一切之主，就似乎也有形相。如果個人沒有相，就不會對別的東西有所知，那麼，「神具有形相」的說法能成立嗎？只要信徒長時間不斷地冥想任何一種形相，神就會以這個形相示現。雖然他因此會使用到無數的名號，唯有真實而無形的本識才是神。

至於神在何處，除了本心，他不住在任何地方。因為有自我所生起的幻覺——「我就是這個身體」，所以會認為有個神的國土在別處。你要肯定神的國土就是本心。

要知道你就是那完美的、照耀的光明，不僅讓神的國土得以成立，也使它看來是美妙的天界，知道這個就是「智」。因此，神的國土就位於你的內在。完全成熟的求道者在心智完全集中的境界，「超越第四」（即真我）的無邊虛空於他本心中驀地發光，這如同一種清新、前所未知的經驗，乃是罕有得遇的濕婆國土（梵Siva-loka，神的國土），於真我之光中閃耀。(16)

【第19問】有人說，個人會受制於幻覺的惡果，幻覺就是由於「見」和「知」有限，而伊濕瓦若則是有遍見和遍知。又有人說，如果個人能夠揚棄他有限的「見」和「知」，就能變得和伊濕瓦若一樣。難道他不也應該揚

(15) 同注(12)，p.187。
(16) 同注(3)，vv.1098, 1099, 194, 195, 196。
(17) S. Nagamma, *Letters from Sri Ramanasramam*, p.148.
(18) 同注(3)，v.930。
(19) 同注(2)，p.127。
(20) 同注(12)，p.7。

棄遍見和遍知的獨特德性？那些也是幻覺，不是嗎？

答——你在懷疑這個？首先揚棄你有限的「見」和「知」，你自然會有時間來思索伊濕瓦若的遍見和遍知。你的首要任務，是揚棄自己那有限的「知」。你何必管伊濕瓦若？他能照顧他自己。難道他的本事不及我們？我們何必去管他是否有遍見和遍知？我們能夠管好自己就已經太難得了。(17)

【第20問】可是神能知一切嗎？

答——《吠陀》宣稱神無所不知，但這只對那些自認所知有限的無知者而言成立。若是真正登至神境、真正認識神是什麼的人，就會發現神無所知，因為他的本性就是無所不在其內的整體，其外既然沒有東西，當然無所知。(18)

【第21問】為何宗教會談到神、天界和地獄之類？

答——只是為了要人明白他們和這個世界是一樣的，以及唯有真我才是真實的。因為靈修者有種種觀點，所以才有種種的宗教。(19)

【第22問】毘濕奴、濕婆等存在嗎？

答——個體靈化的人類不是唯一已知的存在者。(20)

【第23問】那麼，他們所在的聖地例如凱拉夏或威孔達，這些是真實的嗎？

答——如同你在此身中一樣真實。

【第24問】它們是否具有存在的現象，就如同我的身體？或如同兔角般是虛構的？

答——它們是存在的。

【第25問】既然如此，它們一定有所在，是在何處？

答——見過它們的人說它們在某地。所以，我們必須接受他們的說法。

【第26問】它們存在何處？

答——在你之內。

【第27問】那就僅僅是種想像，且是我可以創造和控制的？

答——每樣東西都是如此。

【第28問】可是我能想像出如兔角般完全虛構的事物，或如海市蜃樓等半真實的

(21) 根據印度的宇宙論，顯現的宇宙全體，每隔一定週期就會重新被非顯現的「梵」所吸收合併。這個吸收合併就是「崩壞」。

(22) 同注(2)，pp.34-5。

(23) 同注(12)，p.186。

事物，儘管是想像的其中仍然有真實的成分。伊濕瓦若、毘濕奴的存在也是如此嗎？

答——是的。

【第29問】神也會隨宇宙而崩壞（梵pralaya）(21)嗎？

答——為何會崩壞？人覺知真我之後就能跳出宇宙的崩壞，真正得到解脫。比人更有無限智慧和本事的伊濕瓦若為何不能？

【第30問】天人（梵deva）和惡鬼（梵pisacha）也是如此存在嗎？

答——是的。(22)

【第31問】這些神祇的地位和真我相比如何？

答——從人類的觀點來看，濕婆、象頭神和其他神祇（例如大梵天）是存在的，這也是說，如果你認為個人的自我是真實的，那麼這些神祇就存在。政府需要有些高官來執行政府的工作，創世者也有需要。但是從真我的觀點來看，所有這些神祇都是虛幻的，他們自己都需要融入唯一的「真實」中。(23)

【第32問】**每當我懷著有「名」、「相」之心來禮拜神時，總會動念去想這麼做是否妥當，因為這是把無限的給限制住了，把無形相的給安上形相。同時，我又覺得自己並未經常做到去禮拜無形相的神。**

答——如果你對「名」有感應，為什麼要反對你去禮拜有「名」或有「相」的神？直到你認識你是誰之前，你就繼續去拜神，不論神是否有「相」都無妨。(24)

【第33問】**我發現要去信仰一位人格神是件困難的事。其實，對我而言是不可能的事。但是，我可以去信一位非人化的神，也就是一股能管治、領導世界的神聖力量，如果能夠加強這種信仰，對我會有很大的幫助，即使在我為人治療的工作中也能起作用。可否請教該如何增強這信仰？**

答——信不知道的東西是信仰，可是真我是「自我明證」的。即使自我的我執再重之人也不能否認自己的存在，也就是不能否認真我。你儘管稱之為「究竟真實」，或者任何你喜歡的名字，說你信它、愛它，可是有誰會不信自己的存在，有誰會不愛他自己？這是因為「信」和「愛」是我們真實本性的緣故。(25)

【第34問】**我是否應該對神不要有任何存想？**

答——唯有當本心中存有其他的念頭，你的心智才能夠想到神。如果滅盡所有其他的念頭，以至於連那個想到神的念頭也空了，只有在此時才是無念之念，這才是真正地在存想神。(26)

(24) R. Swarnagiri, *Crumbs from his Table*, p.44.
(25) D. Mudaliar, *Day by Day with Bhagavan*, pp.242-3.
(26) 同注(3)，v.1207。

第二十章　苦難與道德

數百年來，神學理論中的矛盾，已經讓西方的神學家和哲學家在上面花費了無數心思。例如，如果神是完美的，為何世上會有邪惡存在？全能的神舉手之間就可以免除世間的苦難，為何他坐視不理？

對於這類的難題，拉馬納通常不直接答覆，他會說這個世界、神、受難者全都是心智憑空造出來的。

> 所有宗教首先都提出三個假定原理——世界、靈魂和神。要說這三個其實只是由一個演變出來的也好，或說三個原理永遠是三個也罷，都必須先有個自我存在才有可能。(1)

與其把苦痛歸咎於惡行所造的果，或說是神意，拉馬納說苦痛之所以會產生，唯一的原因是我們把自己想像成分離的個人，彼此相涉，也和世界相涉。他說惡行雖然不是造成苦痛的初因，可是它能加深苦痛，所以應該避免。分離的幻相是心智所造出來的，它生出幻相所導致的苦痛又是由心智來承擔。因此，苦痛是分別心所造出來的產物和後果，只要消除心智，就會發現苦痛也不存在。

這個道理對於很多提問者而言，從個人的層面上來看是可以想得通的，但是他們覺得很難接受世界上所有的苦難，只存在於能知覺苦難者的心中。拉馬納對於這

(1) S. Om, (tr.), *'Ulladu Narpadu – Kalivenba,' The Mountain Path*, 1981, vol.18, p.218.

個道理可是確信不移，他反覆地告訴大眾，能夠證悟真我的人就會發現不只是自己的苦痛不存在，且所有的苦痛都不存在。拉馬納延伸這個概念，所得出來的邏輯結論就是他經常說的，要為眾生去除苦痛，最有效的方法就是證悟真我。

這個立場不能解讀成拉馬納是在鼓勵他的追隨者可以漠視別人的苦痛。在較為實用的層面上，拉馬納說在證悟真我之前，還是應該接受別人的苦痛是真實的，無論何時遇見，都要採取行動去消除它。可是他也指出這種布施之舉不能夠有「接受幫助者不如我幸運」、「我正在從事布施」之類的心態，否則對靈性就是無益之舉。

總而言之，拉馬納對於人是否應該有什麼作為的道德問題幾乎毫無興趣。他一向維持的看法是，世俗觀點的是非對錯都是心智在做價值評斷，若是心智不存在，是非的觀念也就消失了。因為如此，他極少談論世俗的道德規範，若有人拿這個問題求教於他，他通常會間接答覆說，唯一的「正行」（right action）是去發覺真我。

(2) M. Venkataramiah (comp.), *Talks with Sri Ramana Maharshi*, p.120.

(3) T. N. Venkataraman (pub.), *Maharshi's Gospel*, pp.51-2.

(4) S. Natanananda, *Spiritual Instruction of Bhagavan Sri Ramana Maharshi*, p.27.

【第1問】您認為世間所以有苦難的起因為何？而我們作為個人或團體能如何幫助改善？

答——證悟真我即可，別的都不必要。(2)

【第2問】此生為種種束縛所苦，我如何才能證悟真我的妙樂？

答——真我的妙樂一直為你所有，只要你能誠心尋求，就會找到它。你所有的不如意，原因不是來自外在的人生，而是出在你內在的自我。你為自己設限，然後又白費心機地想跳脫它。一切不快樂都是由於自我的緣故，有了它，你所有的煩惱就來了。不如意的源頭就是你自己的內在，而你把不如意歸咎於人生外在所發生的事情，這對你有何好處？外在的事物能帶給你什麼幸福？當你得到了它，能維持多久？

如果你否定自我，不理會它，由它枯萎，你就會得解脫。如果你接受自我，它就限制了你，你百般掙扎也無法超脫。唯一能證悟你本有妙樂的方法，就是如實地成為真我。(3)

【第3問】假如不是真的有束縛和解脫，為什麼實際上仍然有歡喜和憂愁的經驗？

答——因為你背向了自己的真實本性，這些苦樂才似乎是真實的。其實它們並不是真實的存在。(4)

【第4問】世界的創造是為了快樂或憂苦？

答——「創世」是無善惡的，它就是如其所是，是人類的心智把種種的意義加諸於其上，從自己的角度去看事物，以符合自己利益的方式去解讀事物。一名婦人就是名婦人，可是有個人稱她是「母親」，另一個稱她為「姐姐」，還有一個就稱為「阿姨」等等。男人愛女人，憎厭蛇，對於路旁的草和石頭毫不關心，這種種價值觀就是世界會有一切憂苦的原因。「創世」就如一棵菩提樹，鳥類會來吃它的果子，在它的樹枝下築巢，人類會在它樹蔭下納涼，但也有人會吊死在樹上。可是樹只是繼續地靜靜過活著，完全不在乎也不知道自己提供這麼多用途。人類的心智先為自己造出困難，然後又哭訴求助。難道神會如此偏心，以至某人得到心安而另一人卻得到愁苦？「創世」可以容下一切，可是人類偏不去看善良的、健康的、美麗的。他反而嘀咕不停，就如有個飢餓的人明明坐在可口的食物旁，而不伸手取食，卻一直嘆息：「是誰的錯，是神或是人？」(5)

【第5問】如果神是一切，為什麼人要為他的行為付出代價？人要為之付出代價的行為不是受神指使的嗎？

——若以為自己是行為者，自己也就會是受苦者。

【第6問】但是行為是受神所指使，個人只不過是神的工具。

(5) S. Cohen, *Guru Ramana*, pp.47-8.
(6) 同注(2)，pp.368-9。
(7) Muruganar, *Guru Vachaka Kovai*, w.952-4.

答——這個邏輯只有在人遭受苦果時才提出，如果是樂果就不會提。如果這種思惟能推之於所有情形，就不會受苦。

【第7問】一切苦痛要何時才會消失？

答——只要個體性尚存，苦痛就不會消失。如果善行和惡行都是神在作為，你為什麼要以為只有自己才會有樂和苦？行善或行惡之人即是受樂或受苦之人。放掉這個問題，別把苦痛加諸於你自己。(6)

【第8問】您怎麼能說苦是不存在的？我到處都見到苦。

答——每個人的「真實」是內在的光明本心，它是清澄、無染的妙樂汪洋。所以，苦難實際上不存在，只是單純地被想像出來，正如同天空的藍色般是非真實的。每個人的「真實」是「智」之太陽，快樂是它綻放的光輝，不受無明的黑暗幻相所侵凌。所以，苦難無非是因為有了不實的個體性觀念而引起的幻相。真相是，從未有人真正經驗過任何苦難，所經驗到的無非是不實的幻相。真我的本質是妙樂，如果能仔細檢查自己的真我，就能明白人生完全沒有苦難。人會受苦，那是因為在觀念中把這個絕非自己的身體當作「我」，苦痛都是由於有這個幻覺而來。(7)

【第9問】我的身心都在受苦，從出生之日以來，我從未感到快樂。我聽說母親

在懷我時也受了很多苦。為什麼我會這麼痛苦？我一生都未做過什麼錯事，這都是因為前世做了錯事的結果嗎？

答——你說身心都在受苦，可是它們會問這個問題嗎？問問題的人是誰？除了那個超越身心的還有誰？你說身體在這一世受苦，問前世是否為原因之所在。如果是的話，那前世的原因還有前世，還可以一直往前推。所以，這正像是種子和芽，因果的序列是無止盡的。在此必須要指出的是，無明才是生生世世的第一因，即使此刻無明還在，且就在構思這個問題。那個無明一定要有「智」才能去除。

「這苦痛為何而來，是誰在受苦？」如果你如此問，就會發現那個「我」和身心是分離的，真我才是唯一永恆存在的本然狀態，它就是永恆的妙樂，就是「智」。(8)

【第10問】我老是活在焦慮中，深為所苦。可是我又不需要求什麼來令我快樂。

答——你睡著時憂慮還存在嗎？

【第11問】不，不存在。

答——你現在是同一個人嗎？或者和那個睡著了就沒有憂慮的人不是同一個？

【第12問】是，我是同一個。

(8)同注(2)，pp.593-4。
(9)'Who', Maha Yoga, p.192.
(10)D. Mudaliar, *My Reminiscences*, pp.98-9.

答——那可見這憂慮並不屬於你。若你認定它是你的，你只好怪自己。(9)

【第13問】我們有所傷痛時會寫信向您訴苦，或在心中對您祈求，難道您不會有所感觸而憐惜您的孩子們會如此傷痛？

答——如果會生起那種感覺，那就不是智者。(10)

【第14問】我們見到世上苦難，有人挨餓，這是生理現實，所以對他是真實的。難道我們該稱之為夢境，不為他的苦痛所動？

答——從「智」或「真實」的觀點而言，你所說的那種苦痛當然是種夢境，世界都是夢境，那苦痛不過是世界極微小的一部分。例如你在夢中覺得飢餓，也見到別人在挨餓。你自己進食，出於憐憫心也會拿食物給那些在挨餓的人進食。只要夢還持續，夢境中所見到的苦痛就和你現在見到的世間苦痛一樣真實。只有當你從夢中醒來，才會發覺夢境裡的苦痛並非真實的。

例如，你已經吃飽了才入睡，可是夢到自己在大太陽下做了一天的活，又累又餓，想要大吃一頓。然後你醒來發現肚子還是飽的，也並未離開床。但是這一切並不表示當你在夢中時，就可以做到把當時所感受到的苦痛當作幻境。夢中感到飢餓就要靠夢中的食物來解飢，夢中見到有別的人在挨餓，也必須要在夢中給他食物。清醒和做夢是兩種狀態，你絕不可把它們混在一起。你要達到「智」的境界，才能從這個幻境中清醒過來。

在此之前，你必須服務社會，見到苦難就要提供救助。但是，如我們所知，在助人時一定不可以有我執，也就是不能有「我是行為者」的想法，而是要想「我是世尊的工具」。同理，我們絕對不可以自欺地認為「我在幫助不如我的人，他需要幫助，我有能力幫他，我比他優秀」。助人，就是種對神禮拜的方式，禮拜的是他人內在本有的神。所有如此的服務，為的不是別人，正是為了你，也就是為了真我。你不是在助人，只是在助己。(11)

【第15問】如果有人無法長時間冥想，他是否也可以獻身於造福世人？

答——是的，可以。「善」在他們心中，那就夠了。「善」、「神」、「愛」都是同一件事。如果能心懷這其中任何一樣而不間斷，那就已足夠。所有冥想也正是為了一個目的，就是摒除一切其他的念頭。(12)

【第16問】所以，我們還是應該試圖減輕苦痛，即使最終它並不存在？

答——所有眾生不可能都同樣地幸福、富有、聰明、健康，過去未曾有，未來也絕對不會有。事實上，這些狀態的形容詞只有在與它相反的狀態存在時才有意義，否則就毫無意義。但這並非表示，若你遇到比你不快樂或苦痛多過你的人，你可以不必生起慈悲心，不必盡己所能地去幫助他減輕苦痛。你反而必須去愛所有人、幫助所有人，因為只有如此你才能幫助自己。若你試圖去幫助任何人或生物減輕苦痛，不論你的努力成功與否，你的靈性都會提升，尤其當你的服務是完全無私的，不帶有「我在

(11) D. Mudaliar, *Day by Day with Bhagavan*, pp.80-1.
(12) 同注(11)，p.286。
(13) 同注(10)，pp.94-5。
(14) 同注(7)，v.807, 808。

行善」的自大念頭，而是基於「是神以我為管道來提供服務，他是行為者，我是工具」的信念為之。(13)

假如能明白「為人即是為己」的真理，試問有誰不會成為善人，有誰不會為別人布施？因為每個人都是我們的真我，不論為誰而做，不論所做如何，到頭來都只是在為自己而做。(14)

【第17問】世上發生的大規模災難，例如饑荒、瘟疫等，是由什麼所引起的？

——這一切對誰而有？

【第18問】這不管用，我還是到處見到憂苦。

答——你睡著時就覺察不到有世界和其中的苦難，但是在醒來時就能意識到世界和苦難的存在。你應該保持一種不受它們影響的境地，也就是說當你不知有世界，世界的苦難就影響不到你。當你是真我時，例如在睡眠中，世界及其苦痛就影響不到你。因此，向內看。看真我！那麼世界就會不見，苦難也隨之消失。

【第19問】但那是自私。

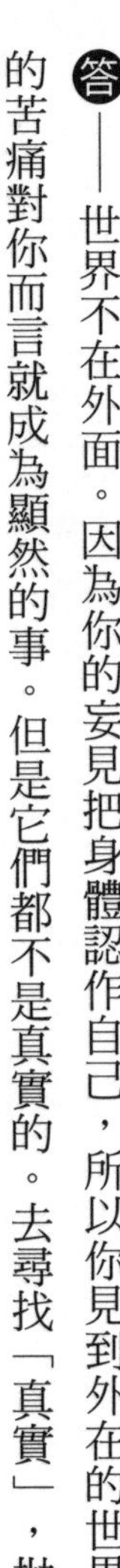

答——世界不在外面。因為你的妄見把身體認作自己，所以你見到外在的世界，它的苦痛對你而言就成為顯然的事。但是它們都不是真實的。去尋找「真實」，拋開不真實的感覺。

【第20問】有這麼多大人物、社會工作者，然而都不能解決世界苦難的問題。

——他們都是以自我為中心的人，這就是他們解決不了問題的原因。如果他們能住於真我，他們就會不一樣。

【第21問】為何摩訶靈者不能幫忙？

——你怎麼知道他們沒有出力幫忙？公開演講、身體的作為、物質的捐助都不比一位摩訶靈者的靜默來得有力，他們做得比別人多得多。

【第22問】我們該怎麼做來改善這個世界？

——如果你解脫了痛苦，並且保持解脫，那就不再會有痛苦。現在的問題是在於你的見地，你認為世界存在於外在，認為那裡有痛苦存在。但是，世界和痛苦兩者都在你之內。只要你能往內看，就不會有痛苦。

【第23問】神是完美的，為什麼他要創造出不完美的世界？作品應該反映出作者的本質，但是這裡卻不適用。

答——問這問題的是誰？

【第24問】是我這個個人。

答——是你與神分離，所以才會有這個問題嗎？

只要你認為自己只是個身體，就會見到世界在外面，所有的不完美就為你展現。神是完美的，他的作品也是完美的，但是在你眼中並不完美，那是因為你對身體的妄執。

【第25問】為什麼真我要以這苦難世界示現？

答——所以，你才會去找它。你的眼睛看不見眼睛自己，把鏡子放到眼前，它們就可看見自己，「創世」也是如此。

「先見到自己，然後就能見到整個世界都是真我。」

【第26問】所以，結論是：我應該時時往內看。

答——是的。

【第27問】我是否應該完全不要去看世界？

答——不是教你對世界閉上眼睛，你只要「先見到自己，然後就能見到整個世界都是真我」。如果你認為自己就是身體，就會見到世界在外面；如果你是真我，世界就會現形為「梵」。(15)

【第28問】要致力於世界和平該怎麼做最好？

答——「世界」是什麼？「和平」是什麼？誰是在致力於和平的人？你睡著時沒有世界，你醒著時世界也不是由外投射入你的心智中，它無非是個概念而已。沒有擾亂就是和平，擾亂是由於「個人」生起了念頭，「個人」是從清淨之本識中生起的自我。「帶來和平」的意思是不起念頭，成為清淨的本識。人只要能自己保持在和平中，就處處有和平。

【第29問】假如遇到一件自己認為是錯誤的行為，可是卻能因而阻止別人做出更嚴重的錯誤行為，是該做或是不該做？

答——什麼是「對」和「錯」？並無一個絕對的標準來衡量某件事是正確的，而另一件事是錯誤的。意見會因個人的本性和環境而異，所以無非是概念而已。不要在這上面折騰，而應該捨棄所有的念頭。只要你自己能保持於「正確」之中，然後「正確」就能普及世界。(16)

【第30問】正確的行為就足夠得到救贖嗎？

(15)同注(2)，pp.226-8。
(16)同注(2)，p.428。
(17)同注(11)，pp.304-5。
(18)同注(7)，v.574, 573。

答——誰得救贖？誰在求救贖？什麼是「正確的行為」？「行為」是什麼？什麼是「正確的」？由誰來評斷什麼是正確的、什麼是錯誤的？每個人會根據自己以前的習氣，來判斷這件事或那件事是否是正確的。只有在了知「真實」之後，才能知道什麼是真正的是非對錯。最好的方法是找出是誰在求救贖，追溯這個「誰」或自我的源頭，就是每個人都應該遵奉的正行。

【第31問】很多書都說多多行善（梵nitya karmas）可以得到救贖，不是嗎？

答——書上是這麼說的。誰能否認行善是好事，它終究能帶你抵達終點？行善能淨化你的心，讓你心清淨（梵chitta suddhi），心清淨才能成就「智」。「救贖」的意義就是「智」。因此，最終一定要成就「智」，也就是說要追溯到自我的源頭。但是有的人無法接受這個道理，我們就必須說行善能導致心清淨，心清淨能導致正知或「智」，而「智」帶來救贖。(17)

【第32問】那麼，關於動機呢？難道從事行為背後的動機不重要嗎？

答——只要是出於愛，帶著正當純淨、平靜的心，就是善行。若是受欲望污染，心中充滿焦慮不安，就屬於惡行。要行善就不要以不善的方式為之，不要以為「只要能有好結果就夠了」。因為如果方式不正確，善行也會變成惡行。因此，即使是行事的方法也應該要純淨。(18)

【第33問】商羯羅大師說我們本來都是沒有束縛而解脫自在的，我們來自於神，有如星火從火堆中冒出，我們也終將回歸於神。既然如此，我們何必害怕犯下種種罪行？

答——我們的確都是解脫自在的，真我是不受束縛的。你的確最終會回歸到自己的源頭。但與此同時，假如你做出如你所說的罪行，就得面對如此罪行的後果，且不可能逃避。假如有人打你，那麼你能說「我是解脫的，我不會被毆打所束縛，所以我絲毫不覺得疼痛，讓他繼續打下去」嗎？假如你能做到這個地步，那麼你隨心所欲做什麼都可以，僅僅口中說「我是解脫的」，這有何用？(19)

【第34問】據說這整個宇宙世界都是神的本識在遊戲，每件東西都充滿「梵」，既然如此，何必說要揚棄壞習慣和壞行為？

答——假如說身體上有個傷口，如果你以為這只佔身體的一小部分而不理會它，它就會為整個身體帶來痛楚。如果未先做簡單的護理，那最後必須召來醫生，用刀割除患部，清理不潔淨的部分。如果患部未切除，它就會潰爛。如果手術後不用紗布包紮，就會化膿。同樣的道理也應用於行為上，壞習慣、壞行為就如身體上的傷口，一有疾病就需要妥善治理。(20)

【第35問】所以，我們還是應該遵守傳統的行為準則？

(19)同注(11)，pp.258。
(20)S. Nagamma, *Letters from Sri Ramanasramam*, pp.151-2.
(21)同注(7)，v.791。

答——前人所制定的那些自律準則（梵niyamas）對我們幫助很大，所以值得信守奉行。但是如果在修練參究真知的殊勝方法時，發現這些準則變成了障礙，就要知其不足而立即放開它們。(21)

第二十一章 業、命運與自由意志

「業」的理論是許多東方宗教的共同之處，最常見的說法是有個恆在的算計機制，依據它，每個人都必須要承受他所造「業」的果報，善行帶來善報，惡行將無可避免替行為者帶來惡報。根據這理論，業行的果報（業報）不一定會在今生得驗，它們可能會被帶到來生，所以就形成了幾種業報的分類。下面所描述的是拉馬納常用到的分類，也是印度許多學派所通用的：

一、**積業（梵sanchita karma）**：貯藏著以往生生世世所累積的業。

二、**此生業報（梵prarbdha karma）**：積業中必須於此生承受的部分。由於「業」的法則，意味著人的遭遇是先天決定的，所以，梵語「prarbdha」常被譯成「命運」。

三、**來生業報（梵agami karma）**：此生所造而累積的新業力，將會被帶到來生。

拉馬納接受「業」的法則是成立的，但是他說那只適用於人繼續想像他和真我是分離的情況。他說，在這個層面（無智者的層面）的個人會歷經一連串活動和遭遇，它們都是由以往的行為和念頭所產生的。他有時甚至會說，每個人這一生的每個行為和遭遇在出生時就已經決定，而他唯一做得了主的是證悟造業者和受業報者都不存在。不過，一旦證悟真我，就連受業報的那個人也不存在，因此整個「業」的法則架構就變成多餘的了。

拉馬納認為「業」的法則是神意的體現，他說人在證悟真我之前是有人格神伊濕瓦若存在，他掌握人的命運。每個人必須要承擔他行為的後果，這法則是伊濕瓦若訂定的，而人每一生要經歷如何的遭遇也是由伊濕瓦若所選擇的。人只要還將身體的活動認作自己，視一切作為是自己的行為，就跳脫不出伊濕瓦若的管轄。唯一能掙脫他威權的方法，是證悟真我，因而能超脫「業」。

【第1問】據說「此生業報」會維持到身體的死亡為止，有無可能在肉身仍然存在的期間克服它？

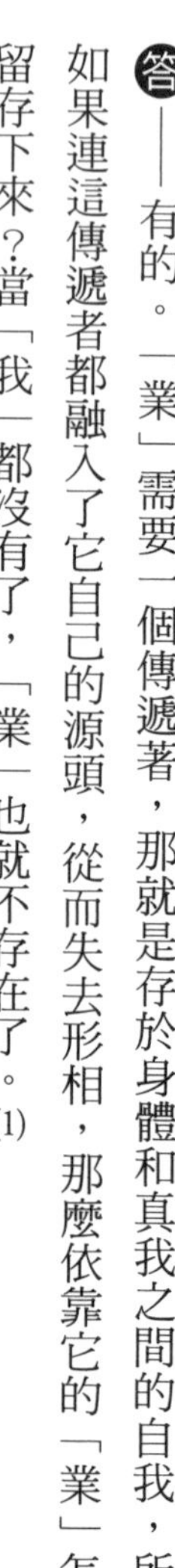

答——有的。「業」需要一個傳遞著，那就是存於身體和真我之間的自我，所以，如果連這傳遞者都融入了它自己的源頭，從而失去形相，那麼依靠它的「業」怎麼能留存下來？當「我」都沒有了，「業」也就不存在了。(1)

【第2問】據說「此生業報」只是多生所累積業報中的一小部分，是真的嗎？

答——人在多生中可能造下了許多業，在此生只有少數的「業」會被選中，以作為他在這一世必依循承受的果報。這就如同一場投影片展示，由負責投影的人選擇少數幾張投影片為這次展示之用，其餘的投影片則保留到下一場去展示。等到一旦了知真我，所有的「業」就會滅盡。業報是過去經歷的結果，種種不同的「業」是那些投影片，投影機則是心智。投影機必須要毀掉，如此就不會再有投影，不再有生，也不再有死。(2)

【第3問】誰是投影者？他是以何種機制從「積業」中選出一小部分，然後定為「此生業報」，而在這一世經歷？

答——個人必須要受業，而由伊濕瓦若依他的意圖來決定如何妥當運用眾生的「業」。神會操控業果，但是他並不會增加或減少「業」。人的善、惡業是貯藏在他

(1) S. Natananananda, *Spiritual Instruction of Bhagavan Sri Ramana Maharshi*, p.21.

(2) C. Aiyer, 'Quotations from the Maharshi', *The Mountain Path*, 1982, vol.19, p.23.

(3) P. Brunton, *Conscious Immortality*, p.135. 此處所引用的文字，有部分在已發行的版本中不慎脫漏。而本文中所引用者，是直接來自此書的原稿。

(4) S. Nagamma, *Letters from Sri Ramanasraman*, p.78.

(5) M. Venkataramiah (comp.), *Talks with Sri Ramana Maharshi*, p.470.

的潛意識中，伊濕瓦若是從這個貯藏所中，挑選出他認為對每個人現階段的靈性成長最合適的苦或樂的「業」。因此，「業」不是任意而來的。(3)

【第4問】您在《教習心要》文中說道，「業」會有果報是由於神意。這意思是否說我們之所以要承擔業果完全是出於神意？

答——這一句話中的「神」指的是伊濕瓦若。他依每個人的「業」，而分配行為的果報，這意味著他是「梵」的示現。真實的「梵」是隱而不顯的且是不動的，稱之為「伊濕瓦若」的只是「梵」的示現。伊濕瓦若依每個人的「業」，而給予他果報。這意味伊濕瓦若只是名傳遞者，他依所提供的勞務付出薪資，僅此而已。若無伊濕瓦若的力量，「業」就不會成立。所以，有人會說「業」不會聽人使喚，是改變不了的。(4)

【第5問】現在所經歷的，是過去之「業」的結果。如果我們知道過去犯了是什麼過錯，就可以矯正它們。

答——就算能把一個過錯矯正回來，但過去生生世世所累積的「業」還在，仍然會讓你重入無數生死輪迴。所以，那終究不是辦法。你越是去修剪植物，它會長得更茂盛；你越是去矯正「業」，它就會累積更多。找出「業」的根，然後鏟除它。(5)

【第6問】「業」的理論是否說世界是行為和反應的行為所造成。如果是肯定的話，那麼，是什麼的行為和什麼的反應？

答——尚未證悟以前，就有「業」，即行為和反應的行為。證悟之後，就沒有「業」，也就沒有世界。(6)

【第7問】如果我不是這個身體，為什麼我要承擔我的善行和惡行的結果？

答——如果你不是身體，也沒有「我是行為者」的概念，那麼，善、惡行為的結果都影響不了你。你為什麼會說身體的行為是「我做這個」或「我做那個」？只要你依舊把身體認作自己，就要受行為結果的影響，這也就是說，你把身體認作自己，就會累積善業和惡業。

【第8問】既然我不是這個身體，所以我也就不必真的要承擔善行或惡行的結果。

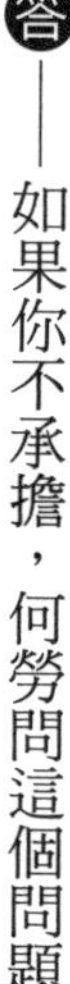

答——如果你不承擔，何勞問這個問題？(7)

【第9問】有些地方寫道，「人為努力」（梵purushakara）是一切力量的來源，乃至能超脫「業」；別的地方卻說，這全要靠神力加持。不清楚它們哪個才是正確的。

答——是的，有的哲學宗派說一切都是前生的「業」而來，不是由於神，而根據某些經文說，這一世所做的「業」是種「人為努力」，前世和此生所做的「業」彼此正面交鋒，就如二羊角力，勢弱的一方就會被排除。所以，主張這個道理的人會說應該

(6)同注(5)，p.462。
(7)D. Mudaliar, *Day by Day with Bhagavan*, p.222.
(8)同注(4)，p.171。
(9)Muruganar, *Guru Vachaka Kovai*, v.703.
(10)功德（梵 punya）：因善行累積而來的福德。
(11)罪業（梵papa）：因惡行累積而來的過失。

要加強「人為努力」。如果你問這些人，「業」的源頭是什麼，他們會說這種問題如同在問「先有種子或先有樹」，是不能問的。

這些爭辯僅是徒然的爭論，永遠不會因而得出最後的真理，這就是為何我說先去找你究竟是誰的原因。如果能自問：「我是誰？我人生這缺點（梵dosha）是怎麼來的？」那個「我」會消逝，就能證悟真我。只要做得正確，「缺點」的概念會被根除，而能得到平靜。其實哪裡有所得？真我本來如是。(8)

「業」的要義在於參究：「我這造業者、行為者，究竟是誰？」從而真實地認識自己。除非是以「參究」的方法徹底摧毀自我——造業者，否則不可能成就至上妙樂的圓滿平靜，而這妙樂的平靜正是「業瑜伽」的成果。(9)

【第10問】是否可能以持咒、持名來抹除惡業的果報，還是說果報必須要承受？

答——如果沒有「我在持名」的感覺，以前所犯的惡行就不會纏住你。如果有「我在持名」的感覺，惡行的果報就一定不會消除。

【第11問】功德（梵 punya）(10)不能抵消罪業（梵papa）(11)嗎？

答——只要還存有「我在做」的感覺，就一定要承受自己行為的果報，不論是善行或惡行都如此。怎麼可能用一個行為去抵消另一個行為呢？當「我在做」的感覺消失了，此人就不會再受任何影響。除非證悟真我，否則「我在做」的感覺絕對不會消失。已證悟真我者哪裡用得著持咒？又哪裡用得著苦行？由於「此生業報」勢力的緣故，人生非得繼續下去，但是證悟真我者會毫無所求。

「此生業報」分為三類——一己之欲（梵ichha）、無所欲（梵anichha）、順應他人之欲（梵parechha）。已證悟真我者並無一己之欲的作為（梵ichha-prarabdha），但是會留存其餘兩種——無所欲和順應他人之欲。智者一切所做所為都只是為了他人，如果他需要為他人做什麼事，他會去做，但是那結果不會影響到他。如此之人無論有任何作為，功德和罪業都不會附著他們。但是他們只會依照世間所認可的標準而行事，不會超越。(12)

若人知道此生的遭遇都不出「此生業報」所注定，對於自己將會面臨的遭遇就絕不會感到憂懼。要明白，不論你想要與否，一切該要面臨的遭遇一定會來到。(13)

【第12問】已證悟者不再造業，他不受業力所拘束，為何還需要留在自己的身體內呢？

答——是誰在問這問題？是已證悟者或無智者？你何必要為智者操心他做什麼或為什麼要做？顧好你自己才關緊要。你目前的印象是你就是這個身體，所以便以為智者也有個身體。智者曾說他有身體嗎？在你看來，他好像有個身體，也似乎和別人一樣用身體去做事，但是他自己知道他是沒有身體的。例如已燒盡的繩索，看來仍然有繩索的外形，但是如果你想用它來捆綁任何東西，它可起不了繩索的作用。智者正是如此，也許他看來和他人無異，但這只是外觀。人只要還將這個身體認作自己，就會難以明白這一切。所以，對這種問題有時會回答：「智者的身體會繼續存在到『此生業報』的勢力自然耗盡為止，一旦『此生業報』都消除了，身體就會脫落。」關於這個

(12)同注(4)，p.65。
(13)同注(9)，v.150。
(14)同注(7)，pp.295-6。
(15)同注(9)，v.697。
(16)D. Mudaliar, *My Reminiscences*, p.63.

道理，有個例子可用來說明，弓箭一旦射出去，它就會繼續飛行直到擊中目標為止。不過，智者其實已經超脫所有的「業」，也包括「此生業報」在內，他不會受到身體和身體所造的「業」所束縛。(14)

本識之光明恆久展示為「我是」，本識不會局限於宇宙空間之內，它周遍一切而無有邊際，能不間斷地專注於本識虛空的人，「此生業報」對他而言絲毫都不存在。只有如此，才是古人所說：「已到達或已體驗過天界之人，命運於他是不存在的。」(15)

若是能夠念念不離本識所在之處，就不會存有一丁點的業果。本識所在之處，因「我是」而恆持光明，它不受限於廣大的物理空間，能周遍一切而無邊無際。這就是古諺所說：「已到達或已體驗過天界之人，無有命運可言。」

【第13問】如果我享用了不勞而獲的東西，它會帶來不好的果報嗎？

答——不是的。每個行為一定有後果，如果有什麼東西是由「此生業報」而來，你就避不掉。對於所遇到的事物，你只要不特別執迷於它，不求更多，不求再遇，它就不會讓你受禍陷入輪迴。換言之，假如你深深執迷於享用它，自然會要得到更多，就必然會束縛你，使你陷入輪迴。(16)

【第14問】根據占星學，未來事件因為受星體運行的影響，所以是能預測的。這是真的嗎？

——只要你還在感覺自我，那就都是真的。如果摧毀了自我，一切就都不是真的。

【第15問】這是指對於已經摧毀自我的人而言，占星學就不是真的？

答——留下誰來說它不是真的呢？有個在看的人，才有「看」這回事。至於已經摧毀自我的人，即使他們似乎是在看，但他們並不是真看見。(17)

命運是過往行為的結果，它與身體有關，你就由身體順著命運而行。你何必關心它？你為什麼要注意它？如果要發生什麼事的話，都是自己過往的行為、天意和其他因素所造成的結果。(18)

【第16問】據說現在是受過去的「業」所影響，我們現在能以自由意志來跳脫過去的「業」嗎？

答——去看看什麼是「現在」。若你做得到，你就會明白是哪個在受影響，是哪個有過去、未來，是哪個永恆在當下，是哪個一向不受過去、未來影響，乃至不受任何過去「業」的影響。(19)

【第17問】真的有自由意志嗎？

答——是誰的意志？只要「行為者」的概念仍然存在，就會感覺良好，就會有個人意志。可是如果修練「參究」，這種感覺就會消失，天意就會起作用，就會主導一切。「智」能克服命運，它是真我之智，是超越意志和命運的。(20)

(17)同注(4)，pp.347-8。
(18)同注(5)，pp.159-60。
(19)同注(7)，p.75。
(20)S. Cohen, *Guru Ramana*, p.50.
(21)同注(16)，pp.90-1。
(22)同注(5)，p.393。

【第18問】我能夠理解人一生的大事，例如他的國家、國籍、家庭、事業或職業、婚姻、死亡等等，都是由他的「業」所前定，但是他人生中所有的細節，甚至最細微的事情，都是前定的嗎？例如我現在把手中這把扇子放在這地上，難道我在某年某月、某時某刻，會將一把扇子放在這裡，也是命中注定的不成？

答——當然。無論身體要做什麼，無論它會有何遭遇，在它來到世上時就都有定數了。

【第19問】那麼，人因為有自由，所以必須為他的行為負責，這又怎麼說？

答——人唯一能有的自由是努力求取「智」，不把身體當作自己。身體無可避免地要去承受「此生業報」所帶來的結果，可是人有自由去決定，或者把身體認作自己，而執著於身體行為所產生的結果；或者從身體抽離，只是作為身體活動的旁觀者。(21)

【第20問】所以，自由意志是虛幻不實的？

答——自由意志能站得住腳和個體性有關。只要有個體性存在，就有自由意志。所有經典都不離這個道理，它們所勸諭的是把自由意志導入正途。

去找出自由意志或命運是跟誰有關，找到它們的來處，就安住於它們的源頭。如果你做得到，就能跳脫而超越它們。這是為何要討論這類問題的唯一目的。這些問題對誰而起？去找出來，就能住於平靜。(22)

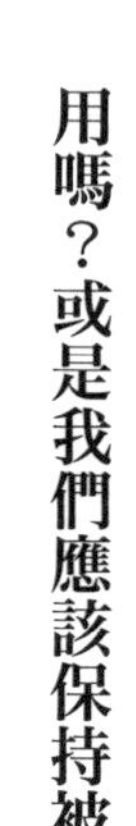

【第21問】如果注定該發生的必會發生，那麼祈禱或是採取什麼作為會有任何作用嗎？或是我們應該保持被動？

答——要克服命運或脫離命運，只有兩個辦法。一個是去參究這命運屬於誰，從而發現只有自我才受命運所限，而真我是不受限的，並發現自我並不存在。另一個方法是殺掉自我，具體作法是徹底歸伏神，明白到一己的無助，無時無刻都說：「噢，神！沒有我，只有您。」捨棄所有「我」、「我的」的概念，由神定奪該拿你怎麼辦。假如虔愛者還在對神祈求這個或祈求那個，那就尚未徹底地歸伏。真正的歸伏是愛神，就只為了愛，不是為了其他，甚至也不是為求解脫。換言之，完完全全滅除自我是克服命運所必須，不論是由參究自我而來，或由虔愛之道而來，都可以做到滅除自我。(23)

(23)同注(7)，p.230。

【參考書目】

Abhishiktananda (1979), *The Secret of Arunachala*, New Delhi, ISPCK.

Aiyer, C.S. (1982), 'Quotations from the Maharshi', *The Mountain Path*, vol.19, p.23.

Brunton, P. (1980), *A Search in Secret India, Bombay,* BI Publications.

Brunton, P. (1984), *Conscious Immortality*, Tiruvannamalai, Sri Ramanasramam.

Cohen, S. (1980), *Guru Ramana, Tiruvannamalai*, Sri Ramanasramam.

Madhavatirtha, S. (1980), 'Conversations with the Maharshi', *The Mountain Path*, vol.17, p.211.

Madhavatirtha, S. (1981), 'Conversations with Bhagavan', *The Mountain Path*, vol.18, pp.153-5

Mudaliar, D. (1970), *My Reminiscences*, Tiruvannamalai, Sri Ramanasramam.

Mudaliar, D. (1977), *Day by Day with Bhagavan*, Tiruvannamalai, Sri Ramanasramam.

Muni, G. (1977), *Sri Ramana Gita*, Tiruvannamalai, Sri Ramanasramam.

Muruganar, Guru *Vachaka Kova*i, unpublished translation by Sadhu Om, Tiruvannamalai.

Nagamma, S. (1973), *Letters from Sri Ramanasramam*, Tiruvannamalai, Sri Ramanasramam.

Natanananda, S. (1974), *Spiritual Instruction of Bhagavan Sri Ramana Maharshi*, Tiruvannamalai, Sri Ramanasramam.

Om, S. (1980), *Guru Vachaka Kovai* (Urai), New Delhi, Sri Ramana Kendra.

Om, S. (1981a), *The Path of Sri Ramana, Part One*, Varkala, Kerala, Sri Ramana Kshetra.

Om, S. (1981b), *'Ulladu Narpadu – Kalivenba', The Mountain Path*, vol.18, pp.217-22.

Om, S. (tr,), 'The Original Writings of Sri Ramana', unpublished translation.

Osborne, A. (ed.) (1972), *The Collected Works of Ramana Maharshi*, London, Rider and Company.

Osborne, A. (1979), *Ramana Maharshi and the Path of Self Knowledge*, Bombay, BI Publications.

Sastri, K. (1975), *Sat-Darshana Bhashya*, Tiruvannamalai, Sri Ramanasramam.

Spenser, M. (1982), 'Sri Bhagavan's letter to Ganapati Muni', *The Mountain Path*, vol.19, pp.95-101.

Swarnagiri, R. (1981), *Crumbs from his Table*, Tiruvannamalai, Sri Ramanasramam.

Venkataraman, T.N. (pub.) (1979), *Maharshi's Gospel*, Tiruvannamalai, Sri Ramanasramam.

Venkataramiah, M. (comp.) (1978), *Talks with Sri Ramana Maharshi*, Tiruvannamalai, Sri Ramanasramam.

'Who' (1973), *Maha Yoga*, Tiruvannamalai, Sri Ramanasramam.

BA1034R

走向靜默 如你本來——印度一代聖哲拉馬納·馬哈希對話錄

作　　者　室利・拉馬納・馬哈希（Sri Ramana Maharshi）
英文編者　大衛・高德曼（David Godman）
譯　　者　石宏
責任編輯　于芝峰
特約編輯　釋見澈、曾惠君
封面設計　黃聖文
內頁構成　舞陽美術・張淑珍
校　　對　曾惠君

發 行 人　蘇拾平
總 編 輯　于芝峰
副總編輯　田哲榮
業務發行　王綬晨、邱紹溢、劉文雅
行銷企劃　陳詩婷
出　　版　橡實文化 ACORN Publishing
231030新北市新店區北新路三段207-3號5樓
電話：02-8913-1005　傳真：02-8913-1056
網址：www.acornbooks.com.tw
E-mail信箱：acorn@andbooks.com.tw
發　　行　大雁出版基地
231030新北市新店區北新路三段207-3號5樓
電話：02-8913-1005　傳真：02-8913-1056
讀者服務信箱：andbooks@andbooks.com.tw
劃撥帳號：19983379；戶名：大雁文化事業股份有限公司

印　　刷　中原造像股份有限公司
二版一刷　2024年7月
I S B N　978-626-7441-38-1
定　　價　520元

國家圖書館出版品預行編目(CIP)資料

走向靜默・如你本來：印度一代聖哲拉馬納.馬哈希對話錄/室利・拉馬納・馬哈希(Sri Ramana Maharshi)作；石宏譯. -- 二版. -- 新北市：橡實文化出版：大雁出版基地發行, 2024.07
面；公分
譯自：Be As You Are：The Teachings of Sri Ramana Maharshi
ISBN 978-626-7441-38-1

1.CST:佛教修持2.CST:佛教說法

225.7　　113006653